中国式离婚调查报告

林建军 主编

法律出版社
LAW PRESS · CHINA

编委会主任：鲁　为　夏吟兰　宋鱼水　李明舜
石金平

主　　编：林建军

执行主编：黄　晶　但淑华

撰 稿 人：（按姓氏笔画排序）
王克鸽　王丽霞　王葆莳　但淑华
姜　虹　郝　佳　黄　晶　曾　竞

导　言

近年来,我国工业化、城市化进程发展迅速,社会经济、文化等多种因素交织,给婚姻家庭带来了一定冲击:婚姻凝聚力减弱、破裂家庭增多、两性关系放任、公民财产种类增加、价值及变动性增大等。这些都直接或间接折射到审判实务中,在司法窗口集中反映出来。但长期以来,我国离婚立法的理论研究缺乏与离婚审判实务的密切互动,较少从审判实务这一维度对离婚立法适用情况加以系统梳理分析:一方面实证调研不够,缺乏离婚案件的实证调研数据支撑;另一方面从审判实务中探寻立法问题不够,将审判实务中的问题做问题化的处理并加以研究分析上升为学术理论不够。

本书以司法裁判结果为取向,从北京市某基层法院随机抽取2001—2010年每年100件十年总计1000件离婚判决书,以此作为样本逐一进行统计分析研究。本书样本量较多,时间跨度大,涉及的指标全面,对离婚判决书的统计分析涉及离婚率、离婚案件程序适用、离婚当事人情况、共同财产情况、子女情况、子女抚养归属抚养费、离婚原因、离婚救济制度、涉外离婚案件等近40项指标,呈现的问题具有代表性。

之所以选择法院离婚判决书作为研究样本对离婚立法的适用状况进行实证考察,是因为判决书作为法院依法解决夫妻离婚的书面处理决定,承载着适用法律、解决冲突、宣示正义的重要功能,是法院适用离婚法律规范的权威载体,也是解读离婚法律规范适用状况的重要窗口。

本书置身于司法,将千份离婚判决的实证调查分析作为重要的事实前提,从中获知法律适用的真实图像,依据实证调研数据解读、评析我国的离婚立法,从中透视分析审判实务中呈现出的立法问题,探究外部社会变迁对离婚的影响,提出构建我国离婚立法的构想,并进一步将经验事实提炼总结为学术理论。

目录

Contents

第一部分　“中国式离婚”调查报告

第一篇　考察：离婚案件之时代背景

第二篇　描述：离婚案件之实证调查

第三篇　检审：离婚案件之法律适用评析

第四篇　修正：离婚立法之前瞻

第一篇
考察:离婚案件之时代背景

家庭是一个激烈动荡、与时俱进的领域,家庭是深入了解当时社会经济、文化、法律等问题的重要窗口,社会经济、文化、法律的变化都会对当时的婚姻家庭产生一定影响。正因如此,婚姻家庭关系呈现出法律制度设计与法治实践演进之间的强烈张力。

对于家庭与社会发展之间的互动关系,恩格斯曾作出精妙的论断,“家庭是一个能动的要素;它从来不是静止不动的,而是随着社会从较低的阶段向较高阶段的发展,从较低的形式进到较高的形式”。[1] 在进一步的论证中,恩格斯指出了家庭关系对于社会发展的反作用:“根据唯物主义的观点,历史中的决定性因素,归根结底是直接生活的生产和再生产。但是,生产本身又有两种。一方面是生活资料即食物、衣服、住房以及为此所必需的工具的生产;另一方面是人类自身的生产,即种的繁衍。一定历史时代和一定地区内的人们生活于其下的社会制度,受着两种生产的制约;一方面受劳动的发展阶段的制约,另一方面受家庭的发展阶段的制约。”[2]

探究家庭与社会互动关系的发生机理对于本研究而言具有至关重要的意义。一方面,对婚姻家庭关系与社会经济、文化、法律等各项因素间互动关系的微观审视,能够呈现出婚姻家庭制度和其他社会制度的契合度;另一方面,也是最为现实的,通过个案的分析和综合数据的比对,探析婚姻家庭变动的原因,体察现有制度适用的后果,则能提出更有针对性的对策建议,以应对正在发生或将会发生的婚姻家庭问题和冲突。

婚姻家庭制度的每一次变革都被深深地打上了时代的烙印。当代婚姻家

---

〔1〕［德］恩格斯:《家庭、私有制和国家的起源》,人民出版社1999年版,第28页。

〔2〕《马克思恩格斯选集》(第4卷),人民出版社1972年版,第2页。

庭最为显著的特点便是“开放”，当封闭的大家族式的家庭模式逐渐式微，核心家庭成为主流的家庭模式；当家庭矛盾解决方式由封闭（以族法家规等进行判断）走向开放（借助诉讼、仲裁等外部力量解决家庭内部矛盾），婚姻家庭就以比以往任何一个时期都更开放的姿态立于社会生活之中，这使得其他社会因素对于婚姻家庭的作用和影响更为直接也更为明显。

一、1949—1979 年：政治制度变革下被动“开放”的婚姻家庭

《礼记·昏义》曰：“婚礼者，将合两姓之好，上以祀宗庙，下以继后世也。”此语在定义婚姻的同时，明确地传达了婚姻与家庭的内在联系，即婚姻一方面可以组建一个新的家庭，另一方面又将两个本不相同的家庭相联系，正所谓“合两姓之好”。家族传承是婚姻的重要目的之一。千百年来，传统的中国家庭都是以亲属宗族为载体，以封建礼教为内核的相对封闭的体系。因此，尽管经历了无数战乱和朝代的更迭，中国人的家族谱系和家族制度却得以传继并保持了相当的稳定性。

这种稳定的打破，缘起于现代性对传统的挑战，发端于新民主主义革命时期对封建家长制的批判，“一个将家庭作为组织、管理社会基础的传统社会，在现代化进程中，为了从传统之茧中蝶化，对家庭制度进行批判是必然的。”[3]批判直指封建家族制度的核心——封建礼制，为打开这一封闭的传统制度撕开了一个口子。吉登斯说：“家庭是传统和现代性之间斗争的场所。”[4]这一时期的斗争带有浓重的政治色彩，传统家庭在由政治制度变革所主导的革命或者政治运动的迫使下，猝不及防地走向开放。一方面，这一时期婚姻家庭的“开放”体现出极强的被动性，即是在外力的作用下被迫开放；另一方面，婚姻家庭的“开放”本身作为政治革命的工具和手段，被纳入政治制度变革的计划当中。政治因素对于婚姻家庭的影响在这一时期体现得淋漓尽致。

---

〔3〕 孟宪范：“家庭：百年来的三次冲击和我们的选择”，载《清华大学学报》（哲学社会科学版）2008 年第 3 期，第 134 页。

〔4〕 郑曦原、李方惠：《通向未来之路：与吉登斯对话》，四川人民出版社 2002 年版，第 147 页。

（一）政治革命促成婚姻家庭制度改革

自“五四”新文化运动开始的新民主主义革命，旨在推翻旧的封建体制，自始就将封建家庭制度作为批判的首要对象，这一策略贯穿整个新民主主义革命时期。尤其是解放区的历次土地革命，更是如此。将这一策略执行至巅峰的典型代表即是1950年新中国第一部法律《中华人民共和国婚姻法》（以下简称1950年《婚姻法》）的制定。这部法律被认为是废除封建婚姻家庭制度，建立新民主主义婚姻家庭制度的革命性成果。其制定背景、制定过程和其后的宣传执行活动无一不带有浓厚的政治革命色彩。

1950年《婚姻法》是以1934年《中华苏维埃共和国婚姻法》和抗日战争、解放战争时期各边区的婚姻立法（如《陕甘宁边区婚姻条例》、《晋察冀边区婚姻条例》等）为基础制定的。这些立法本身就肩负着土地革命、制度变革的政治使命。毛泽东早在《湖南农民运动考察报告》中就将族权、政权、神权、夫权代表的全部封建宗法思想和制度视为“束缚中国人民特别是农民的四条极大绳索”，并明确表示：“家族主义、迷信观念和不正确的男女关系之破坏，乃是政治斗争和经济斗争胜利以后自然而然的结果。”这表明了共产党人试图从传统家庭出发，以其为突破口，变革家庭的封建制度，从而实现社会制度变革的基本思路。

1950年《婚姻法》的制定即是这一政治斗争的继续。“解除封建婚姻、实现婚姻”自由、保护妇女权益的基本精神在立法中贯穿始终。首先，通过土地革命，妇女地位得以提升。根据1947年颁布的《土地法大纲》，在土地分配上，不分男女，按照实际人口平分。通过强制推行生产资料分配上的性别平等，女性“赔钱货”的历史被终结，家庭地位提升，开始拥有家庭话语权。其次，在婚姻家庭领域进一步赋权，以妇女的解放来瓦解旧式家庭制度。早在1928年中国共产党第六次全国代表大会关于《妇女运动决议案》中就明确指出：“在农妇中宣传与暴动工作，应直接提出关于农妇本身利益的具体要求，如继承权、土地权、反对多妻制、反对年龄过小之出嫁、反对强迫出嫁、离婚权……”[5]就1950年《婚姻法》来看，此种思路和意图更加清晰明确。在1948年召开的一次解放区妇女工作会议上，刘少奇曾表示“婚姻问题是妇女

---

〔5〕 黄传会：《天下婚姻——共和国三部婚姻法纪事》，文汇出版社2004年版，第47页。

工作的重要组成部分”,[6]也是在这次会议上,作出了起草婚姻法的决定。会后,在邓颖超的主持下,成立了由帅孟奇、杨之华、康克清、李培之、罗琼、王汝琪组成的七人起草小组。此七人均有丰富的妇女工作经验,但仅有毕业于复旦大学法律系的王汝琪一人谙熟法律。婚姻立法本身被作为了妇女运动的一个组成部分。

为了新中国第一部婚姻法的顺利实施和保证婚姻家庭制度改革的推进,中共中央和政务院于1952年和1953年分别发布了关于贯彻婚姻法的重要指示,并于1953年3月实施贯彻婚姻法运动月活动。通说认为,1950年婚姻法的颁布实施“取得了建国初期婚姻家庭制度改革的决定性胜利”。[7] 根据1950年下半年对京、津、沪三大城市880件离婚案件的调查,女方提出离婚的占68%;山西的文水、宁武、代县三县763件离婚案件中,原告为女方的有705件。[8] 1953年婚姻法运动月后,我国更是出现了第一次离婚高潮,1953年法院系统受理离婚案件高达117万件。[9]

以政治革命和运动促成了婚姻家庭制度改革,一方面解体了旧有的封建家庭制度,打破了其旧有的封闭系统,使得个人尤其是妇女从中解放出来;另一方面,也对国人的婚姻观、择偶观产生了深远的影响。封建门第等级观念被彻底破除,婚姻自由观念深入人心。在城市,干部、专业退伍军人、大学生、有理想、有抱负的科技或政工人员、出身好有技术的工人成为女青年择偶所青睐的对象;在农村,劳动好、学习好、政治好的党员、积极分子或者民兵则是择偶的首选。[10]

(二)政治运动冲击婚姻家庭

如果说新民主主义革命时期的革命、运动将婚姻家庭的封闭系统打破,使之脱离旧的封建家族体制是一种进步,而此后“文化大革命”期间,刚刚构建起来的新的婚姻家庭观念和体制却遭受了破坏性冲击,几乎瓦解了此前婚姻

---

[6] 黄传会:《天下婚姻——共和国三部婚姻法纪事》,文汇出版社2004年版,第36页。

[7] 夏吟兰主编:《婚姻家庭继承法》,中国政法大学出版社2004年版,第30页。

[8] 黄传会:《天下婚姻——共和国三部婚姻法纪事》,文汇出版社2004年版,第93页。

[9] 黄传会:《天下婚姻——共和国三部婚姻法纪事》,文汇出版社2004年版,第92页。

[10] 黄传会:《天下婚姻——共和国三部婚姻法纪事》,文汇出版社2004年版,第91页。

立法所确立的以婚姻自由为基础的新型的婚姻家庭观。

“文化大革命”中，强调“阶级斗争为纲”，婚姻生活也受到极左路线干扰，曾经出现过夫妻或情人之间因参加不同派别而造成的思想对立或生活失调，有“亲不亲，线上分”，“爱不爱，线上见”的说法。[11] 在婚姻的缔结和解除上，政治成了唯一的衡量标准。作为婚姻家庭成立基础的情感因素，被彻底抛弃，“这种因婚姻政治化而产生的婚姻现象是婚姻本质的一种异化”。[12] 非但配偶之间的婚姻关系本质被强行扭曲异化，父母子女之间的关系也遭到了同样的瓦解破坏。1970 年，年仅 16 岁的张红兵写了封检举信，与红卫兵胸章一起，塞进了军代表的门缝。他检举的是自己的母亲方忠谋。两个月后，方忠谋被认定为“现行反革命”，并被枪决。十年后，1980 年 7 月 23 日，安徽宿县地区中院作出了再审判决，认定原判决完全错误，“实属冤杀，应予昭雪”。[13] 以亲情、爱情为纽带而得以维系的人类最基本的生活单元，在“文化大革命”中遭到了破坏和扭曲。

二、1980—2000 年：市场经济大潮中主动“开放”的婚姻家庭

还没来得及从“文化大革命”的阴影中恢复和平静，中国家庭就又随着社会转型再次归于变动。这一时期，中国逐步从农业社会向工业社会的转化，农业经营的主导地位为现代工业、金融业、服务业所取代，农村人口大规模地向城市流动。这场世纪转型肇始于改革开放政策的实施，借由这一政策，封闭的乡村与开放的城市之间的隔阂被打破，乡土中国的社会规范逐渐被现代城市的社会规范所稀释、替代，乡土化、封闭化的生活模式、交往模式乃至于生活习惯都被打破。

这场转型浪潮中，婚姻和家庭亦不可避免地被裹挟其中，生产力、经济、人口……任何一个社会因素的发展变化都会导致婚姻家庭领域的深刻变化，尽管这一变化不是立刻显现的。较之前一时期由政治体制变革所主导的婚姻家

---

〔11〕 汪玢玲：《中国婚姻史》，上海人民出版社 2001 年版，第 433 页。

〔12〕 孟宪范：“家庭：百年来的三次冲击和我们的选择”，载《清华大学学报》（哲学社会科学版）2008 年第 3 期，第 137 页。

〔13〕 “那些文革中的道歉者”，载新京报网，http://www.bjnews.com.cn/news/2014/01/13/301712.html，2014 年 1 月 13 日访问。

庭的被动开放，生产力发展、社会转型所施予婚姻家庭的并非那种暴风骤雨的、革命运动式的强制力，其影响和作用力更多的是潜移默化的，是以多种社会因素的变革来催化婚姻家庭的变化和发展。

（一）独立、自由、平等的婚姻家庭观逐渐成型

自工业化时代之始，到信息化时代的到来，教育和社会机会更加充分，婚姻家庭本身逐渐由人们生活的基点转变为社会生活的一个普通选项。独立、自由、平等成为支撑当代婚姻家庭观的三大要素。

首先，夫妻双方、家庭成员的独立人格得到更为充分的尊重。主体的活动场域不再局限于家庭内部，而是更多地延伸于社会生活当中。个人因素在婚姻关系维系要素中的比重加大。人们不再为了孩子而维系一段名存实亡的婚姻。从这一角度上来看，作出离婚的决定变得更加容易。

其次，离婚更加自由。社会对于离婚的评价也更为宽容，离婚与否越来越被视为个人私领域之事项，进而试图避免对其进行社会道德层面的评价；离婚的自由程度更被视为是一个社会自由程度的反映。阻碍离婚的思想负担被卸下。

最后，平等是人格独立与自由的必然结果。这一点充分地体现在性别平等之上。女性更加独立、平等，敢于追求幸福，离婚不再被认为是羞于启齿之事，离婚本身也不再被认为是女性的悲剧，更多的女性在感情破裂、婚姻关系崩溃之际，选择主动提出离婚。

人格的独立、地位的平等以及对自由的崇尚，造就了较之以往更为开放的婚姻家庭观，婚姻越来越多地被作为生活的一个选项，家庭生活在人们生活中的比重也逐渐缩小，离婚加之于当事人的社会评价压力、生活压力、心理压力都在降低，离婚与其说是一段婚姻的结束，不如说是新生活的开始。

（二）陌生人社会中婚姻态度呈现多元化趋势

费孝通先生曾经把中国乡土社会的基层结构定义为一种“差序格局”，是一个“一根根私人联系所构成的网络”。[14] 互相熟识是私人网络的特点，在由熟人织就的社会网络中，个人行为所受到的约束力较大。这是因为，一方面在

---

〔14〕 参见费孝通：《乡土中国》，北京出版社2005年版，第41页。

熟人网络当中,个体的一言一行更易被网络所监视、捕捉;另一方面,个体本身及其行为也更易受到群体的评价,而这种评价往往是日常的。在受到较大约束的同时,熟人网络当中,个体更易得到群体的协助。体现在婚姻家庭领域,当矛盾发生,当事人无力解决时,通常会有一个外力来帮助协调,在老式家族中,这个外力可能是族长、家长。在改革开放之前和之后的一段时期内,这个外力通常都由当事人双方的单位扮演。其实,此种外力的介入即是社会约束力的体现。无论对其作用做何种评价,在其约束之下,离婚率总会被控制在一个较低的水平。

生产力的发展、家庭结构的改变、广泛就业的实现和深入,使得这“一根根私人联系所构成的网络”被打破,人们的交往不再局限于熟识的关系当中,开始从一个封闭的网络进入到一个开放的世界。家庭规模缩小,核心家庭成为主流的家庭结构模式。人也不再是单位的人,人的标签开始多元化,职业、年龄、籍贯等多种元素的综合才能体现一个人。也正因如此,原本用以化解矛盾、解决问题的外力丧失了其来源,原有的社会约束力被瓦解。这样一来,家庭矛盾激化导致婚姻破裂的可能性就增大了。

此外,在现代社会中,由一段成熟感情培育起来的婚姻,似乎已成为了一件奢侈品。与熟人社会不同,现代陌生人社会的生活节奏、生产节奏更快。尤其是在情感生活领域,人们似乎没有时间也没有兴趣去细细品味一段情感,去悉心呵护一段感情。由此而衍生出的“闪婚”(草率结婚)、“闪离”(草率离婚)现象也成为普遍。此次调研显示,草率结婚,婚姻基础薄弱是离婚的主要原因之一。“双方当事人婚前缺乏相互了解与感情基础,草率结婚后又不注意培养感情,遇矛盾双方都不能相互宽容、谅解,以致无法共同生活,是判决离婚案件中一个比较常见的离婚原因。”〔15〕

(三)家庭功能发生深刻变化

随着市场经济的发展,国家功能日渐强大,市场、国家逐渐被认为能够提供家庭的部分功能,而这些功能在历史上都是由夫妻、父母和子女来完成的,而另一部分功能受到体制与环境的影响反而逐渐增强。这些都会对婚姻家庭关系产生相应的影响。

---

〔15〕 详见报告图十八:离婚原因为“草率结婚”或“婚姻基础薄弱”的案件情况。

首先，家庭的生育功能降低。由经济体制改革所带动的生产力的发展，人们的生活方式、生活理念也随之发生变化，生育意愿普遍降低。一是计划生育政策推行的结果；二是因为人们获取生产资料和生活资料的能力在增强，社会的各项福利保障也在逐步完善，“养儿防老”的必要性因之降低，从而导致了人们生育意愿的降低。

其次，家庭的赡养功能降低。社会福利制度的不断发展完善，使家庭的养老功能在逐步地减弱。人们不再那么依赖家庭，离开家庭，借助强大的国家功能，个体完全可以实现生存和发展，因此，在面对离婚与否的抉择时，当事人得以更加洒脱。

最后，家庭的抚养功能内涵发生变化。较之改革开放前的中国家庭，这一时期的家庭抚养功能发生了重大变化，由“养活”转向“养育”，更为重视对子女的教育和培养。一方面，以限制生育为主要内容的计生政策下，一对夫妇普遍仅有一个子女，因此，其对子女所给予的期望，子女所承载的家庭未来发展希望，都使得家庭愿意在子女的教育和抚养上支付较高的成本。另一方面，“在农业社会向工业社会、农业就业为主向非农就业为主转型初期，子女就业社会化和对未来就业竞争增强的预期，导致家庭将有限的收入向子女教育投资倾斜。”〔16〕抚养功能的强化，使得在离婚过程中，子女的抚养问题成为双方争议的焦点。

（四）社会巨变酝酿婚姻立法改革

如前所述，改革开放的前二十年，随着生产力水平的提高，国人的生活水平也得到了相应的提升。“各种社会福利增多，家用电器的普及，一胎化政策的普遍推行，从而减轻了夫妇抚育子女在体力上的劳作，闲暇时间增多，文娱精神生活的内容也得以拓展，部分夫妻间长期被忽视、压抑的感情需求和现实生活的矛盾变得日益突出。”〔17〕加之独立、自由、平等的婚姻家庭观念逐渐深入人心，离婚大潮开始涌来，新的一拨婚姻家庭立法改革亦呼之欲出。

1980 年婚姻法将“夫妻感情确已破裂”作为判决离婚的法定标准，在此部

〔16〕 王跃生：“制度变革、社会转型与中国家庭变动——以农村为基础的分析”，载《中国社会科学》2008 年第 7 期，第 92 页。

〔17〕 田岚：“中国改革开放后的离婚率与离婚方式探析”，载《比较法研究》2004 年第 6 期。

法律颁布的第二年，中国的离婚数字较前一年增长了4.8万对，离婚率的增长高达14.1%。这还仅仅是这一时期离婚量增长的第一个高潮。此后，第二个离婚高潮在1990年到来，这一年的离婚绝对数字较之1985年上升了34.2万对，5年间的离婚增长率高达74.7%。到了1997年，这一数字上升到34.9万对，即1997年较1992年的离婚绝对数字上升了34.9万对，5年间离婚增长率更是高达40.1%。

离婚大潮一方面对司法实践提出了挑战，市场经济条件下，夫妻财产关系发生了很大的变化，而1980年婚姻法对夫妻财产仅有一条规定，远远不能满足新形势的需要。同时，其对离婚的法定理由也只做了原则性的规定，在司法实践中不易掌握。另一方面，离婚率增长的同时，婚外情、“小三”、“包二奶”等社会现象也大量出现，是否应当以法律手段来规范此类问题也引发了公众的讨论。

针对离婚问题，尤其是离婚条件是否严苛的问题上，全社会展开了一场大规模的讨论。法学界普遍认为应当在保障离婚自由的前提下，防止草率离婚。反对意见主要来自社会学界，认为离婚自由应被充分保障，婚外情不应受到法律惩罚。[18] 1995年修改《婚姻法》的决定在八届人大常委会第16次会议上通过，《婚姻法》的修改被纳入议事日程。

三、新世纪：转型时期婚姻家庭的深度“开放”

更为深刻的变化发生在世纪之交，网络革命的发生，网络技术的革新、网络信号的普及，使得乡村、城市乃至于地球上每一个国家每一个城市、乡村都被裹挟其中，四面八方源源不断而来的信息、数据强烈地刺激着乡村、城市里的每一个大脑，进而促发了封闭系统内缘式的改革和开放。

（一）人口因素引发家庭关系变动

2001—2010年这十年，我国第一代独生子女逐渐进入婚育年龄。一批“421”形态的家庭也随之出现，即4位老人、2人夫妻、1个子女的家庭模式开始出现，并渐成主流。这使得第一代独生子女需要面对养老、育幼的上下双重

〔18〕 李银河：“在修改婚姻法时要防止倒退”，载黄传会：《天下婚姻——共和国三部婚姻法纪事》，文汇出版社2004年版，第159页。

压力，尤其是养老，由于没有兄弟姐妹的分担，压力尤为显著。由于在独生环境下长大，缺乏处理人际关系、矛盾纠纷的经验，第一代独生子女往往不能很好地处理家庭问题，这也是推高离婚率的一个重要原因。

从人口素质角度来看，十年来，人口的受教育程度不断提高，以本调查涉及的某区为例，区内高素质人口居多，仅科研院所单位就有142个，本科以上学历人员32.1万人（本区2010年户籍人口为219.6万人）（数据来自《某区情手册》）。人口素质的提高，客观上导致了人的独立自主意识的提升，促进了人在精神、情感方面的需求的增加，年轻的夫妻更为看重婚姻家庭对于个人心理和情感的满足，因此对婚姻的希望值大大提升，与柴米油盐的现实生活形成了强烈反差，这也使得其维系婚姻的愿望大大降低。以本次调研来看，2001年至2010年这十年中，“性格不合”是当事人提出离婚的主要理由之一。

从人口流动性上看，流动性的增强，客观上增大了婚姻家庭的不稳定性，是导致婚姻家庭矛盾频发、离婚率上升的主要原因之一。首先，横向的流动增加人们之间的空间距离，最终导致情感疏离。所谓横向流动，是指人口在不同地域间的流动，如夫妻一方因赴外地工作、求学等原因而与另一方两地分居的情况。此种流动形式加大了家庭成员间的距离，相互间情感沟通减少，进而导致成员间尤其是夫妻之间的情感梳理。其次，纵向流动增加当事人之间的身份、心理距离，最终导致结构性冲突的爆发。所谓纵向流动，是指当事人社会位置的变动，即由较低社会层次向较高社会层级的流动。现代社会的开放性导致个体在社会当中所处的层次是可以变动的，可以由低层级向高层级流动。这种流动“迫使人们在极短的时间内去适应新的环境，应对全新的人际关系和工作环境，培养相应的工作技能”，[19]而夫妻间的模式相较于人口的纵向流动，则相对“静止”，它包括“婚内经济支配权、家务劳动的分配或分担、子代的抚养和教育方式的确定、闲暇时间的利用方式等等”，[20]是夫妻之间相互适应相互协调的产物。这种“静止”建立在“夫妻双方的职业角色、社会身份相对稳定”[21]的基础上，纵向的流动恰恰打破了这种“静止”，进而引发矛盾和冲

〔19〕 潘文岚：“结构性流动与婚姻危机”，载《社会》1998年第1期，第6页。

〔20〕 潘文岚：“结构性流动与婚姻危机”，载《社会》1998年第1期，第6页。

〔21〕 潘文岚：“结构性流动与婚姻危机”，载《社会》1998年第1期，第6页。

突,甚至导致婚姻的破裂。

此外,人口流动性对家庭的影响还存在一定的持续性,即便家庭已经解体,其影响力依然在发生作用。这一作用集中体现在子女抚养问题上。流动性的增大,尤其是横向流动性的增大,致使探望权的顺利实现存在实际障碍。甚至,未成年人监护人的责任都因此而难以落实。本次调研显示,虽然相关法律规定其他有监护资格的人或单位可以起诉要求监护人承担民事责任,但实践中由于人口流动等因素影响,基层民政部门很难掌握抚养人与被抚养人的详细状况,导致被抚养人在无人抚养的情况下其权益难以获得有效救济。

(二)广泛就业改变家庭成员间的交往模式和生活方式

除了提升生产力水平,网络革命的成果之一便是改变了人类的生存方式,人们的就业不再依托传统的农业、工业、服务业,也不再受到地域的限制,而是在网络技术的支持下发生着更为深远的变化。同时,广泛就业本身即会导致家庭成员间地位的变化和交往模式、生活方式的改变。

在农村,劳动力尤其是青壮年劳动力被吸引到城市,逐渐形成一个新的劳动者群体——农民工,男耕女织的传统作业模式被新型的工业化的劳动模式所取代,一方面走出家门劳动获利不再是男人的专利,无论男女,在新的系统中都被打上了统一的标识——劳动力;另一方面,日出而作日落而息、季节化的农业生产方式,被全天候的工业化生产所取代,而走出乡村的每一个人都必须适应现代工业生产的节奏。这导致的结果,一是女性在家庭中地位的上升。现代化工业大生产中,劳动力价值的评定以提供劳务的数量和质量而定,性别并非决定性因素,因此,即便是农村女性,亦能够凭借自己的劳动取得与男性同样的劳动报酬。由此,女性在家庭中的话语权增多,地位随之提升。二是婚外情的发生更加容易了。一方面,农民工与原来家庭的距离被拉远,与原家庭成员的接触减少,情感维系也随之减少;另一方面,农民工与工作地的工友、朋友交往的机会增多,原家庭成员与其生活地的朋友交往的机会增多,这给了婚外情以发展的空间。此外,常年的城市生活,也导致农民工群体思维的城市化,他们处理两性关系问题的观念更为开放,对待离婚的态度也更为宽容。

在城市,广泛就业所带来的女性地位提升的态势进一步固化,女性在家庭中的地位和话语权亦在进一步提高和增加,女性在两性关系中的话语权也在增加。较之农村,广泛就业对城市婚姻和家庭的影响带有更多现代科技和网络因素。网络革命的一个重要结果就是让家庭办公成为可能,足不出户即可通过网络完成各项工作。电子商务的发展,网上购物的普及化,使得更多的人选择开设网店,这样,“宅”在家里就能完成商品交易,获得劳动收入,“SOHO模式”(居家工作模式)成为城市(甚至于乡村)人口的一种新的就业形式。科技革命、网络技术在使得人们可以越来越便利、高效地实现就业居家化的同时,也改变着家庭环境中家庭成员的交往模式。一方面,大量的户外活动,如购物、休闲,被网络购物、网上冲浪所取代,成员间亲密接触的机会大量减少;另一方面,就业的居家化实际上是工作对家庭生活的一种侵略,即此种方式,网络进一步地蚕食着家庭成员的共享空间,家庭成员进行家庭活动、交流的时间被大大缩短。情感沟通的欠缺往往导致感情的破裂,进而导致婚姻的解体。本次调研显示,近年来在海淀法院受理的离婚案件中,就有一方当事人因对方上网聊天不理家事,或与他人在网络虚拟环境中恋爱、结婚而诉请离婚的情形。

(三)经济发展引发家庭财产内容变化

在21世纪的第一个十年里,经济体制变革所带来的财产范围、形式和数量的变化体现的尤为明显。在农村,联产承包责任制的推行以及巩固,使得农民的生产积极性得到调动,家庭收入大幅增加。同时,也有了更多时间上的剩余,这又加剧了农村人口向城市的流动,进而又导致了如上文所述的由人口流动所带来的情感疏离。

在城市,经济发展的一大表现便是财产形式的多样化,体现在婚姻家庭领域便是夫妻共同财产(债务)的多样化。就本次调研结果来看,除存款外,涉案夫妻共同财产还包括了房产、汽车、基金、股权等多种形式。《海淀区情手册》显示,2010年私营企业存量单位数为102905个,较2009年增长10.8%;个体工商户存量单位数亦达66191个。存款、家具家电不再是家庭或夫妻所拥有的唯一财产。

财产形式的多样化一方面增加了夫妻或家庭矛盾产生的机会,另一方面也给法院分割共同财产增加了难度,如股权的分割、共同债务的分担等等,都较单纯的存款分割或家具分配要复杂得多。

除了财产形式越来越多,夫妻共同财产的价值也日益提高。以房产为例,十年里,北京市的商品房均价由2001年的不到5000元每平方米,暴涨至2010

年的23000元每平方米，增值达4.6倍。这直接导致了离婚当事人双方对房产的高度关注和争议。以本次调研为例，2008年至2010年这三年间，涉房产案件占同年涉其他财产的离婚案件的比率明显高于前7年，而这三年恰是北京市商品房价格飙涨的三年。此次调研统计显示，2001年，海淀法院判决离婚案件所涉夫妻共同财产的最高值在21万元至50万元，而到了2010年，这一数值已升至1000万元以上。

（四）婚姻家庭立法改革走向深入

新世纪开始的十年是中国社会法制飞速完善的十年，这十年中，婚姻法的修订、物权法的颁布以及各种相关条例的制定实施，一切看似应接不暇却又是稳步为之。婚姻法的修订和完善，进一步细化了家庭成员，尤其是夫妻之间的身份关系；物权法的出台，则是对国人财产关系的一次洗礼。此外，合同法、公司法、民事诉讼法的一一修订，每一步都或多或少地对婚姻家庭关系产生着微妙的影响。一方面，个人权利被置于崇高地位，离婚自由被作为原则固定在立法当中；另一方面，从维护公平和正义的角度出发，立法又天然地要对离婚自由作出一定程度的限制，不幸的是，由于制度设计的缺憾，此种以公平正义为目的的限制在司法实践中的实现还在遭遇种种障碍。

1. 婚姻法修正案：离婚自由与限制的博弈

20世纪90年代末关于婚姻立法的大讨论，在21世纪初有了结论。离婚自由被进一步确认，同时，对于婚姻家庭关系的处理更具人性化和现代性。2001年颁行的《中华人民共和国婚姻法》修正案及此后两年发布的两个婚姻法司法解释，在维护离婚自由的同时，引入了衡平理念，通过相关制度的设置，对离婚自由进行了一定程度的限制，对离婚当事人中弱者的利益予以救济，所受的损害予以补偿，最终达到各方利益的平衡。本次调研也专门针对离婚制度的各项制度设计进行了专门的统计和分析。

首先，《婚姻法》修正案增设了判决离婚的列举性规定，明确了准予离婚的具体情形。夫妻感情确已破裂的笼统标准下，家庭暴力、重婚或有配偶者与他人同居、有赌博吸毒等恶习屡教不改、因感情不和分居满两年这四种情形被明确列为判决离婚的法定理由。从某区法院近十年的具体判决来看，这四种情形均有适用，但“性格不合”还是占据绝对比例。本次调研显示，家庭暴力或者第三者问题是当事人主张离婚的主要理由，但是能够得到法院认定的并不多，此次抽样的1000件案例中，家庭暴力的认定率为7.3%；被告有第三者的认定率约为43%，由于在法院认定的离婚原因中，该项除有第三者之外，也包含与异性关系密切的情形，后者实际上说明原告主张的被告有第三者这一原因是未得到法院认定的。事实上，举证难、认证难是认定家庭暴力和被告有第三者的最大障碍。

其次，增设了离婚的过错方赔偿原则，因重婚、有配偶者与他人同居、实施家庭暴力、虐待遗弃家庭成员等原因导致离婚的，无过错方有权请求损害赔偿。自2001年增加该条款开始，某区法院每年受理的离婚诉讼案件中均有涉及损害赔偿的事项。条款持续被当事人引用并被法院适用，说明离婚损害赔偿的制度设计是符合当事人真实诉求的，亦符合法院审判实际的，但是，本次调研的数据同时显示，该条款的引用率并不高。某区法院2010年诉讼离婚案件的100个样本中，涉及离婚损害赔偿的仅有6件。这也从司法层面反馈了制度设计的缺漏，索赔事由少、举证责任过重等因素都导致当事人难以适用该条款进行索赔。

最后，增设了家务劳动补偿条款，实施约定财产制的夫妻，若一方为家务劳动付出较多，离婚时有权请求另一方进行补偿。但该条款的适用并不理想，十年间某区法院受理的离婚诉讼中，仅有1起涉及家务劳动补偿。究其原因，适用条件过于严苛——夫妻书面约定婚姻关系存续期间所得财产归各自所有，是症结所在。2001年婚姻法修订增设家务劳动补偿条款的目的，一是要承认家务劳动或协助工作的价值，二是弥补分别财产制度存在的实际上的不平等。[22] 而由于其适用条件的苛刻，制度设计的目的无法达至，当事人间利益的平衡也难以做到，尤其是在家庭事务上付出了更多精力的一方，他们的权益无法得到支持。由此，形成了婚姻立法上一个遗憾的尴尬，即制度设计本身导致了制度目的的不能。

总体看来，2001年《婚姻法》修正案对离婚制度的补充和完善，维护了配偶双方的利益，是对离婚自由原则的落实。但是，从制度构建上来看，还存在缺失，如上述家务劳动补偿的适用条件过于严苛。结合前文所述，在婚姻观转变的过程中，组织及社会舆论等传统约束逐渐丧失，而新的责任和约束又没有很好地建立起来，这也是造成我国离婚率不断攀升的原因之一。

---

〔22〕 夏吟兰：《离婚自由与限制论》，中国政法大学出版社2007年版，第221页。

2.《婚姻登记条例》:离婚自由的强化

2003 年 8 月国务院继而颁布了《婚姻登记条例》(同年 10 月 1 日施行,以下简称《条例》),较之前的《婚姻登记管理条例》最大的区别在于对离婚程序和手续的简化。尽管离婚登记以行政行为为其本质,但该行为系由婚姻当事人双方的合意而达至,因此,淡化离婚登记的行政色彩,在登记时仅做形式审查,是在离婚自由原则确立并固化后,婚姻登记体制的必然选择。《条例》的出台无疑是以政府行为的手段回应了离婚自由的理念,其对公众婚姻价值观的引导作用不容小觑。同时,《条例》在技术上的处理、程序上的简化,则给予了离婚自由最为现实的支持,为登记离婚的进一步自由化提供了制度保障。

如上所述,程序和手续的简化,直接导致了离婚成本的降低,刺激了离婚率的上升。《条例》首先取消了内地居民办理离婚登记需要由单位或村居民委员会出具证明的规定,改由本人声明婚姻状况。其次取消了对离婚申请的审查期。根据《条例》的规定,婚姻登记机关在履行了形式审查程序后,对当事人确属自愿离婚,并已对子女抚养、财产、债务等问题达成一致处理意见的,应当当场予以登记,发给离婚证。这里,当事人的意思自治被充分的尊重,代表国家权力的行政机关的审查仅仅是形式意义上的。

离婚率上升的同时,《条例》的出台,客观上也分流了一部分原本打算诉讼离婚的当事人,减少了诉讼离婚的案件量。本次调研揭示 2003 年到 2004 年间离婚群体对离婚方式即登记离婚和诉讼离婚两种不同方式的选择发生了重大变化。2003 年以前,通过诉讼离婚的方式解除婚姻的比率远远高于登记离婚,居离婚总数的 60% 以上,但是 2003 年当年诉讼离婚比率已经比上一年度有较大幅下降,到 2004 年时登记离婚成为大多数离婚主体的选择,诉讼离婚占比降到 30% 左右,此后便一直保持着这一格局。

如果将视域聚焦于诉讼本身,则可以看到一个更为有趣的现象。本次抽样调查显示,诉讼离婚案件在民事案件中的比重以 2004 年为界有较大幅度的下滑。但经过 2003 年和 2004 年的调整之后,诉讼离婚的数量重新开始增加,并保持了相当稳定的态势,自 2005 年到 2010 年一直在 4500 件左右。这表明,在存在重大分歧,如财产分割、子女抚养等问题时,诉讼仍是最佳的解决方案。

《条例》对离婚作了更为人性化的规定,简化了繁琐的程序,更体现了婚姻自由的立法理念。同时也由于登记离婚自由充分、限制不足、离婚成本降低

（包括时间成本、精力成本、社会舆论成本、个人名誉成本等），导致草率随意和冲动离婚的情况有所增加，对离婚率的上升产生了一定的影响。同时对妇女和未成年儿童等弱势群体的权益保障带来负面影响。

3.《物权法》颁布：对夫妻财产关系的一次冲击

《物权法》的颁布本不应视为婚姻立法改革的内容，然而由于其对夫妻财产制的深刻影响，所以在讲述新世纪中国婚姻家庭立法改革的时候，《物权法》是不能回避的。

2007 年 3 月，十届全国人大第五次会议审议并通过了《物权法》。这部财产领域的基本法一经颁布就对婚姻家庭领域产生了重大的影响，这一影响主要体现在夫妻财产制上，具体说来有两点。

一是善意取得制度对夫妻财产制的影响。按照《婚姻法》的规定，婚姻关系存续期间取得的财产应认定为夫妻共同财产，夫妻双方为该项财产的共同共有人，对该财产享有共有人权利，主要体现在，非经共有人另一方同意，一方擅自处分共有财产的，该处分无效。

《物权法》颁布后，增加了关于善意取得制度的规定，根据《物权法》第 106 条[23]的规定，在受让人善意、转让价格合理或已完成交付这三种情况下，受让人可以取得所涉动产或不动产的所有权。此时，共有人只得向无权处分人追偿，而无法向受让人追回。

若将《物权法》第 106 条做婚姻家庭领域的解读，即应为，夫妻一方擅自处分夫妻共同财产的，受让人在上述三种情形下可以取得该财产所有权。这显然与《物权法》颁布之前对夫妻共同财产纠纷的处理大相径庭。

二是《物权法》关于共同财产分割的规定对夫妻共同财产制的影响。按照《婚姻法》的规定，夫妻共同财产在婚姻关系存续期间是不能分割的。但

---

〔23〕《物权法》第 106 条规定：“无处分权人将不动产或者动产转让给受让人的，所有权人有权追回；除法律另有规定外，符合下列情形的，受让人取得该不动产或者动产的所有权：（一）受让人受让该不动产或者动产时是善意的；（二）以合理的价格转让；（三）转让的不动产或者动产依照法律规定应当登记的已经登记，不需要登记的已经交付给受让人。受让人依照前款规定取得不动产或者动产的所有权的，原所有权人有权向无处分权人请求赔偿损失。当事人善意取得其他物权的，参照前两款规定。”

《物权法》第99条[24]的规定则表达了与之迥异的主旨。根据《物权法》第99条的规定,遇有重大理由需要分割,共同共有人可在共有关系存续期间分割共同财产。

《物权法》的这一规定直接影响到对婚姻关系存续期间夫妻共同财产是否能够分割的判定。对于这一问题,在之后出台的婚姻法司法解释三给出了明确的答复,解释三的判定原则基本遵循了《物权法》的规定,即遇有重大理由,可以分割,并明确列举的两项重大事由。[25]《物权法》颁布对《婚姻法》适用与修订的影响可见一斑。

4.《婚姻法解释三》:家庭伦理和财产法则的冲突

2011年8月12日,最高人民法院召开新闻发布会,公布《婚姻法解释三》,并宣布于2011年8月13日施行。尽管本次抽样调查的案件,大部分都发生在《婚姻法解释三》颁布实施之前,但要谈及法律制度变化对婚姻家庭的影响,这部影响力深远的司法解释就不得不提。在其颁布之后的第二年,社科院发布《法治蓝皮书》指出:“2011年7月最高人民法院公布的《婚姻法解释三》对婚姻关系稳定造成冲击,会以法律规范的方式改变人们的行为预期,改变中国的婚姻家庭制度。”[26]

改变从婚姻家庭内的财产关系开始。这部新颁布的司法解释将重点放在了财产关系上,在其内容涵盖的六个方面中,有四个方面都是关于婚姻中夫妻双方财产的划分。这一选择恰恰是与离婚案件的基本情况相符的,在离婚案件的司法审理实践中,财产分割是涉及较多也是较难处理的部分。以某区法院2010年数据为例,该年度某区法院离婚案件100份样本中,涉及财产分割

[24] 《物权法》第99条规定:“共有人约定不得分割共有的不动产或者动产,以维持共有关系的,应当按照约定,但共有人有重大理由需要分割的,可以请求分割;没有约定或者约定不明确的,按份共有人可以随时请求分割,共同共有人在共有的基础丧失或者有重大理由需要分割时可以请求分割。因分割对其他共有人造成损害的,应当给予赔偿。”

[25] 《婚姻法解释三》第4条规定:“婚姻关系存续期间,夫妻一方请求分割共同财产的,人民法院不予支持,但有下列重大理由且不损害债权人利益的除外:(一)一方有隐藏、转移、变卖、毁损、挥霍夫妻共同财产或者伪造夫妻共同债务等严重损害夫妻共同财产利益行为的;(二)一方负有法定扶养义务的人患重大疾病需要医治,另一方不同意支付相关医疗费用的。”

[26] 罗旭:“《婚姻法司法解释三》对婚姻家庭关系稳定造成冲击”,载人民网,http://legal.people.com.cn/GB/17163573.html,2012年2月2日访问。

的案件就有48件。

是否真正的解决了司法实践中的财产关系处理难题，还需要长期的时间检验，但可以肯定的看到，《婚姻法解释三》正以全面的财产法思维来覆盖那种原本无法抛却情感因素和纽带的婚姻家庭领域。以房产为例，惯有安居乐业观念的国人向来重视房产的所有，在当今房产经济的大潮下，房价的节节推高进一步加剧了人们的房产情结。因此，在离婚时，房产的分割成为了当事人必然的争点。而《婚姻法解释三》的出台，将这一争点提前到了婚姻缔结之前。在司法解释的影响下，“结婚前以婚前协议确定双方个人财产，以登记注册确定房产归属，以法律规定个人财产孳息及收益归个人所有；离婚时，按照《婚姻法解释三》所确立的财产分割标准自行离婚，彻底实现‘爱情归爱情、财产归财产’的现代契约婚姻。”[27]

《婚姻法解释三》抛开“同居共财”的传统婚姻家庭模式，向着“个别财产制”的方向大幅迈进，这样的制度设计的确起到了降低财产分割难度，提升审判效率的效果，客观上降低了离婚的诉讼成本。但是，婚姻家庭的运转，除了需要一定量的财产支撑，更重要的是爱情和亲情的维系。婚姻家庭领域的财产关系并非单纯的物权或债权关系，它由身份关系派生，交织着众多身份和情感因素。在司法上，通过技术将爱情与财产强硬的剥离，以物权和债权的基本法则去处理婚姻家庭中的财产关系，是对以亲情和爱情构建起的当代婚姻家庭伦理的冲击，必会撼动婚姻家庭关系稳定的基础。

在物质观念深入人心，社会生活成本不断提高，物价持续上涨的今天，《婚姻法解释三》的制度设计无疑动摇了社会的道德底线，使得原本纯洁高尚的婚姻关系变得复杂而功利化。一方面，不利于婚姻间的相互信任，可能影响婚姻关系的稳定；另一方面，由于离婚弱势方的权益得不到保障，会引起人们对婚姻价值观的困惑，影响到对未来婚姻关系的预期。

网络革命对婚姻家庭的影响是深远的。网络技术的不断进步，改变了人们的生存方式、生活方式，进而改变了人们对待婚姻、对待家庭的态度，改变了家庭成员间的交往模式。美国学者阿尔温·托夫勒在《第三次浪潮》中预言：“家庭将从传统的生产环节中退出来，男耕女织、家庭作坊式的情景将不会再

---

〔27〕 罗旭：“《婚姻法司法解释三》对婚姻家庭关系稳定造成冲击”，载人民网，http://legal.people.com.cn/GB/17163573.html，2012年2月2日访问。

在历史中重演，取而代之的是人们用电脑在家里工作，劳动又脱离了工厂和办公室，重新回到家庭。”〔28〕总体看来，网络的开放性使得人们的择偶空间得以扩展；使得人们的交流、沟通更加容易；更为重要的是，网络赋予其间的每一个主体以平等的话语权，随着网络的普及，平等、独立的人格观念将更加深入，于是，家庭关系也将朝着平等、民主、自由的方向进一步发展。与此相对应的，婚姻家庭制度也必将随之进行不断的完善和修订。

综上所述，一段时期内，一个地区婚姻家庭情况的发展变化，自有其社会、文化、经济及法律的诱因，而婚姻家庭情况的变化又会反过来影响该地区社会各个方面的发展，二者成相关互动关系。因此，一方面，我们可以从各项社会因素的变迁中探寻婚姻家庭变化的根因；另一方面，我们更能从婚姻家庭尤其是婚姻家庭案件的变化中预测一个地区甚至更广泛地区在未来一段时间内的发展趋势，并提出相对应的建设性意见。

新中国成立以来，我国的婚姻家庭经历了深刻的变革。在中国社会走向开放的同时，中国人的婚姻、家庭也在经历着一个由封闭到开放的过程。此间，每一个家庭成员都需要面对观念的变革、经济条件的变化，都需要在工作与家庭之间平衡，都需要应对社会发展中的种种变化。婚姻制度关注的并不是某一对相爱的恋人或反目的夫妻的婚姻将如何处理，而是讨论一个将在中国这个“政治、经济、文化发展不平衡的大国”普遍实施且应当得到人们普遍接受的制度。〔29〕对于法院而言，在处理开放时期的离婚案件时，以开放的心态去看待开放所导致的问题，以变化的眼光去审视社会变革中的冲突和矛盾，或许是必须练就的基本功。

---

〔28〕 郝玉璋、鄢庆丰：“试析网络对婚姻和家庭的影响”，载《福建论坛》（经济社会版）2002 年第 6 期，第 67 页。

〔29〕 朱苏力：“用法的观点看待婚姻”，载共识网，http://www.21ccom.net/articles/sxwh/fzqy/2014/0225/101158_2.html，2014 年 2 月 25 日访问。

第二篇
描述:离婚案件之实证调查

一、离婚案件基本情况及特点

(一)离婚总体情况及特点

第一,全国离婚率总体呈上升趋势。根据《中国民政统计年鉴(2012)》统计,[1]2001年至2010年,十年间我国每千名居民的离婚宗数(粗离婚率)分别为0.98‰、0.90‰、1.05‰、1.28‰、1.37‰、1.46‰、1.59‰、1.71‰、1.85‰、2.00‰。全国总体离婚率呈上升趋势,增幅达1‰,2001年和2002年不足1‰,之后逐年递增,至2010年达到2‰。

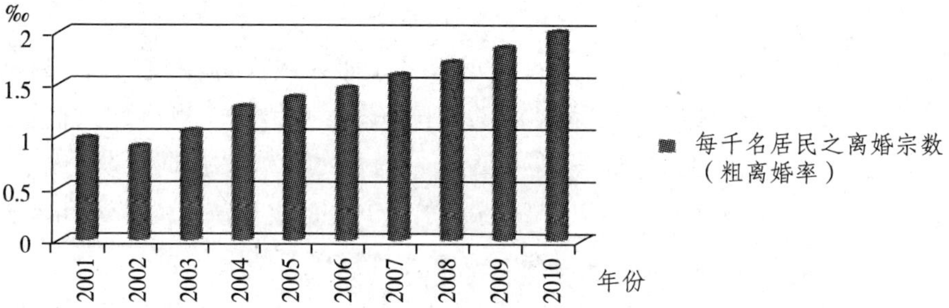

图1 每千名居民之离婚宗数(粗离婚率)

据本次调研某区民政局和某区人民法院有关数据显示,自2001年到2010年的十年间,该区的离结率(离婚对数/结婚对数)[2]不断发生波动,从

---

[1] 中华人民共和国民政部编:《中国民政统计年鉴2012》,中国统计出版社2012年版,第158页。

[2] 离结率是离婚率的重要表征。从逻辑意义上来讲,最为准确、最有效用的离婚率应是追踪考察一定时间内同一婚姻群体中离婚情况(包括诉讼离婚和登记离婚)所得比率,但是由于人口具有高度的流动性,这样的数据很难获取,所以实践中,我们通常采用两种方式来考察离婚率问题:其一为粗离婚率,即在一定时间内,离婚人口占总人口的千分比;其二即为离结率,即在某段时间内,离婚对数与结婚对数之比。

2001 年到 2004 年呈下降趋势,但到达 26% 的点位之后旋即反弹和上扬,于 2005 年达到 34% 的高位,随后渐次下降,至 2007 年到达最低点 13%,此后又开始逐渐上升,2008 年和 2009 年尚保持在 20% 以下的低位,但 2010 年却升至 28%。从 2010 年最新数据来看,该年某区结婚对数为 24222 对,离婚对数为 6697 对(诉讼离婚对数 2088 对与登记离婚 4609 对之和),由此计算离结率为 28%。

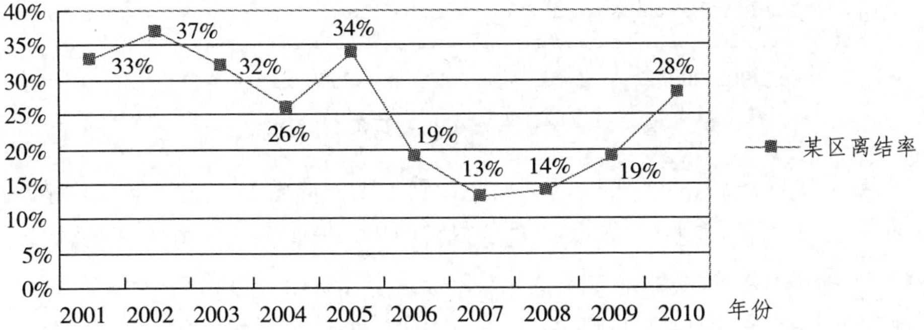

图 2 某区 2001—2010 年离结率走势

从全国与地方的离结率对比可以看出,二者的走势图并非完全吻合,这种差异的产生值得我们思考。

第二,离婚方式选择上,登记离婚率上升趋势明显。图 3、图 4 分别显示了全国和某区诉讼离婚与登记离婚的情况。尽管某区的十年数据 2008 年有较大幅度的变化,但是总体趋势仍与全国基本一致。十年间离婚总数呈上升趋势,且趋势较为明显。具体到离婚方式上,登记离婚数量呈明显上升趋势,带动离婚总体趋势亦呈上升趋势;诉讼离婚数量基本持平。登记离婚数量在总体离婚数量中比例的增加,表明人们离婚观念开始转变,越来越倾向于好离好散。

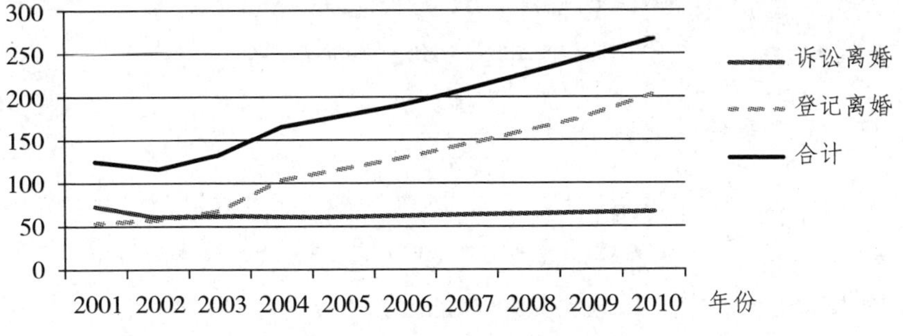

图 3 全国诉讼离婚与登记离婚对比

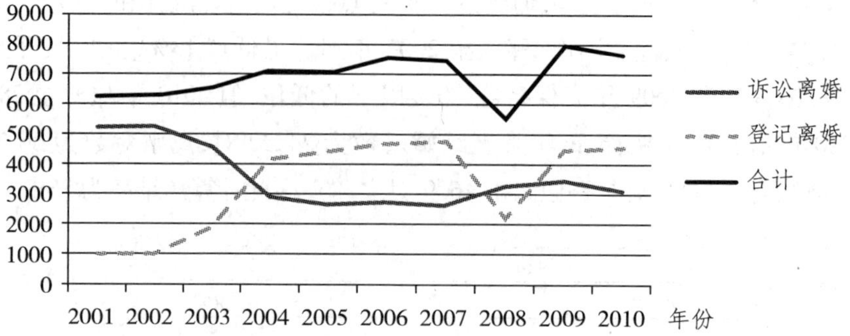

图 4 某区诉讼离婚与登记离婚对比

图 5“某区离婚路径”可以更直观地看到当事人离婚方式选择的变化情况。数据显示,离婚群体对离婚方式即登记离婚和诉讼离婚两种不同方式的选择于 2003 年到 2004 年间发生了重大变化。2003 年以前,通过诉讼离婚的方式解除婚姻的比率远远高于登记离婚,占离婚总数的 70% 以上,但是 2003 年 10 月 1 日之后,《婚姻登记条例》开始施行,离婚当事人无须提供单位出具的婚姻状况证明,结婚手续更为简化,诉讼离婚比率开始出现大幅下降,诉讼离婚占比连续四年维持在 40% 以下,2008 年例外地达到 57% ,此后两年间又回落至 40% 左右。

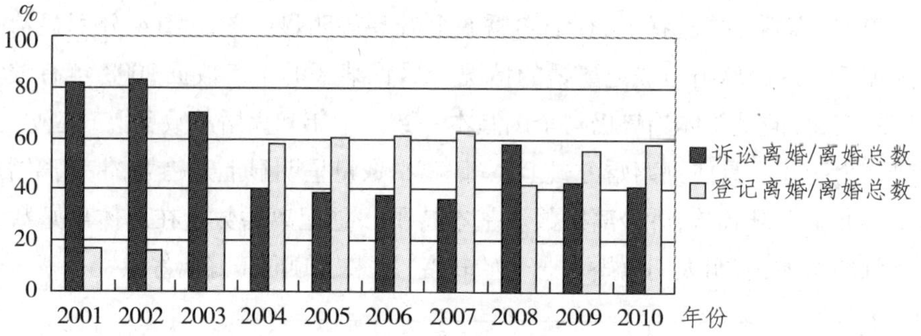

图 5 某区 2001—2010 离婚路径选择

(二) 离婚案件的总体特点

第一,离婚案件数量总体呈下降态势。前五年下降趋势明显,后五年虽开始缓慢上升,但并不显著。除 2001 年和 2002 年离婚案件达 5200 件以上、2003 年 4600 余件之外,其他七年基本都维持在 3000 件左右,上下浮动最多在 10% 左右。2009 年和 2010 年虽有上扬,但是并不显著。

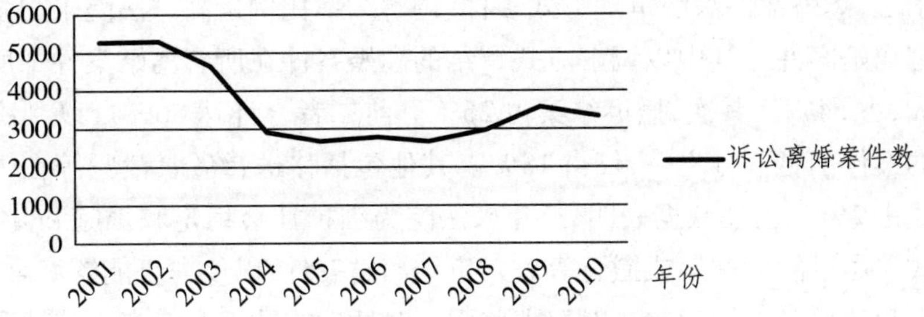

图 6 十年诉讼离婚案件数

第二,离婚案件在婚姻家庭案件、民商事案件中的比例呈下降趋势。离婚案件在婚姻家庭案件的比例由 2002 年、2003 的 84%、85%,逐年下降,最低达 2008 年和 2010 年的 71%;在民事案件中的比例由 2001 年、2002 年 36%、33%,逐步下降至 2007 年和 2008 年的 12%,尽管 2009 年和 2010 年又有所反弹,但是总体趋势未改变。上述数据显示离婚案件在婚姻家庭案件中处于绝对地位,在民事案件中也占有相当大的比重;但是离婚案件在民事案件中所占比例下降趋势更为明显。这些变化说明民众维权意识不断增强,离婚案件以外的抚养、赡养、继承等婚姻家庭案件数量不断提高;婚姻家庭案件以外的其他民事案件数量增加明显;人们已经改变了以往民事案件就是婚姻家庭案件,婚姻家庭案件就是离婚案件的传统民诉观念。

图 7 离婚案件与婚姻家庭案件、民事案件数据比较

第三，离婚案件法院审理方式多样、调解结案比例最高。法院采用多种方式审理离婚案件。其中以调解方式审结的离婚案件在所有离婚案件中所占比例最大，占54%。其次，撤诉结案占26%。前二者合计达80%。以判决方式审结的案件不足五分之一，仅占18%。其他包括移送、终结、裁驳等在内的结案方式占2%。上述数据表明，近年来法院为维护社会稳定和家庭和睦，在结案方式上尽可能以调解或撤诉等方式审结离婚案件，以使夫妻能够好合好散、慎重理智地面对婚姻问题。对于那些因一时冲动或缺乏交流产生感情隔阂而诉至法院要求离婚的夫妇，在以劝解疏导为主的审结方式下有可能维护家庭完整。

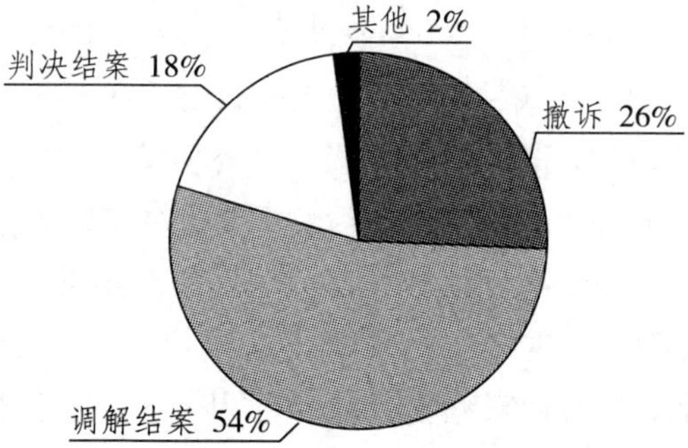

图8 法院审理方式对比

第四，诉讼离婚案件婚姻解除率高。诉讼中，婚姻解除率（包括调解离婚和判决离婚）平均达60%，婚姻解除率最高的年份（2002年和2003年）达71%。即使最低的年份，也有48%。法院高婚姻解除率与将离婚纠纷诉至法院的夫妇绝大多数“离”意已决的现实相符。

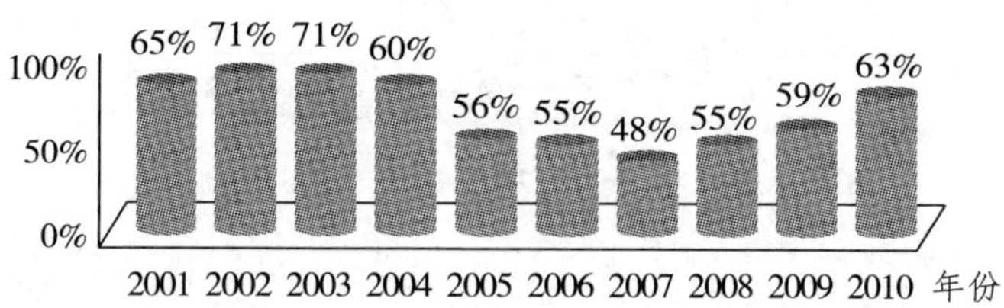

图9

(三)离婚案件程序适用基本情况及特点

1. 原告起诉情况及特点

第一,第一次起诉的离婚案件明显高于第二次起诉和多次起诉的案件;第二次起诉离婚的案件数量有所增加,多次起诉离婚的案件数量相对平稳。

抽样统计数据显示,63%的案件是当事人第一次起诉离婚。具体而言,在2001年至2010年这十年间,此类案件占52%至73%不等,均明显高于当年第二次起诉和多次起诉的离婚案件。当事人在第一次提起的离婚诉讼中被法院调解撤诉、调解和好或判决不准离婚之后,再次提起离婚诉讼的案件数量有所增加,尤其是自2004年以后平稳上升。当事人第三次及以上起诉的离婚案件相对较少,约占当年离婚案件总数10%,纵向而言相对平稳。

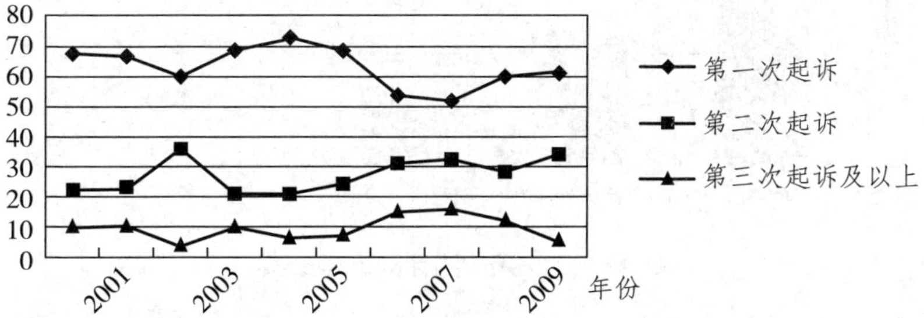

图10 判决离婚案件的起诉离婚次数

第二,在第一次起诉离婚的案件中原告为女方的略多于男方,第二次或多次起诉离婚的案件绝大多数系一方当事人反复提起。

在抽样统计的1000件离婚案件中,当事人第一次起诉离婚的案件共计633件,其中原告为女方的共340件,占第一次起诉离婚案件的53.7%;原告为男方的共293件,占首次起诉离婚案件的46.3%。就每一年第一次起诉离婚的案件而言,其中六年中原告是女方的案件居多,占当年首次起诉离婚案件的比例为53.4%至66.7%不等;2003年原告为女方的案件与原告为男方的案件数量持平;2007—2009年三年原告为男方的案件略高于原告为女方的案件。女方第一次起诉离婚的案件在绝对数量和相对占比上的增加与女性社会地位的提高、权利意识的增强和经济的相对独立具有密不可分的关系,但同时也反映出女性在婚姻家庭中仍处于相对弱势地位,需要通过离婚来维护自己合法权益的事实。

第二次或多次起诉离婚的案件绝大多数系由一方当事人反复提起，历次离婚诉讼由男女双方分别提起的仅占第二次起诉离婚案件的10.7%和多次起诉离婚案件的6.3%。就当事人性别而言，在第二次起诉离婚的案件中，两次均由男方提起的案件占全部第二次起诉离婚案件的45.6%，两次均由女方提起的案件占比与之大体相当，为43.8%；但在多次起诉离婚的案件中，均由男方提起的案件数量明显高于均由女方提起者，二者占全部多次起诉离婚案件的比例分别为55.8%和37.9%。

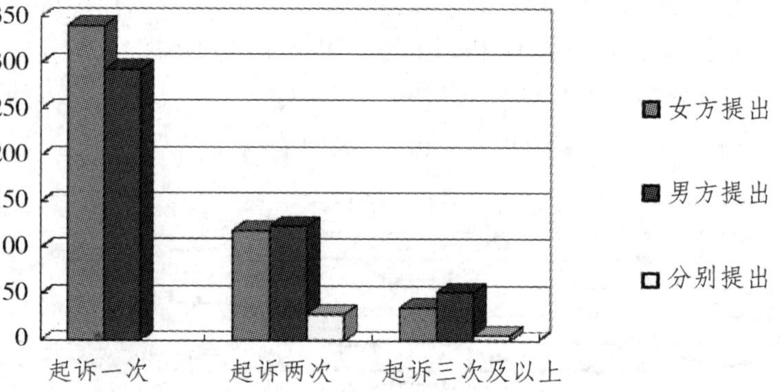

图11 判决离婚案件的提起主体

2. 被告应诉情况及特点

第一，绝大多数判决离婚案件的被告能到庭应诉，少数被告因主观或客观原因未到庭应诉。据抽样统计，在84.3%的判决离婚案件中，被告能够按照法庭要求出庭应诉或提交书面答辩意见，其余少数案件中的被告则因主观或客观原因未到庭应诉。在未到庭应诉的被告中，有的是因双方当事人长期分居，疏于联络，原告对被告的下落不甚清楚（其中，被告长期居住在国外或我国港澳台地区的占相当大比例），法院依法邮寄送达或公告送达起诉书副本、应诉通知书、开庭传票等文书后，被告仍未到庭应诉或提交书面答辩状；也有的是被告经合法传唤，无正当理由拒不到庭应诉。

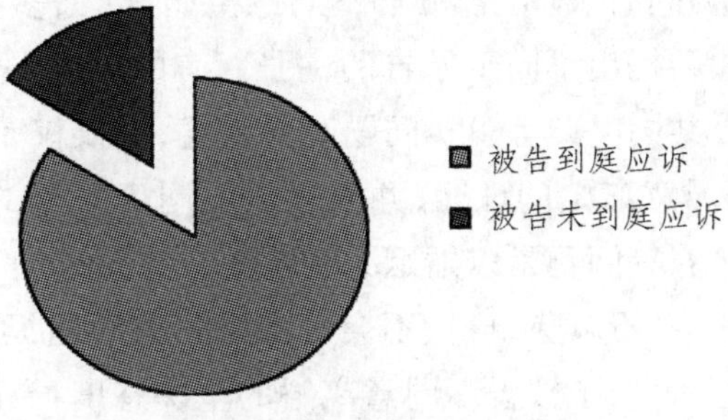

图 12 判决离婚案件中被告到庭应诉情况

第二,被告不同意离婚的居多,且其中绝大多数不会对子女抚养、财产分割等问题提出主张。在上述 84.3% 的被告出庭应诉的判决离婚案件中,47.1% 的被告与原告在是否离婚的问题上存有争议,只有 37.2% 的被告同意离婚。[2] 具体到各个年份而言,仅在 2002 年和 2010 年被告同意离婚的人数明显多于被告不同意离婚的,其余各年份都是被告不同意离婚的人数居多或是与被告同意离婚的人数大体相当。司法实践中,有一些被告不同意离婚是对自己在离婚诉讼中的权利和义务缺乏正确的认识,以为自己不出庭、不应诉,离婚诉讼程序便无法进行,法院便不能判决离婚,因而采取消极态度,经合法传唤无正当理由拒不到庭,以达到拖延诉讼、避免离婚的目的。如果考虑到这一因素,事实上被告不同意离婚的人数应该更多,所占比例也应更大。

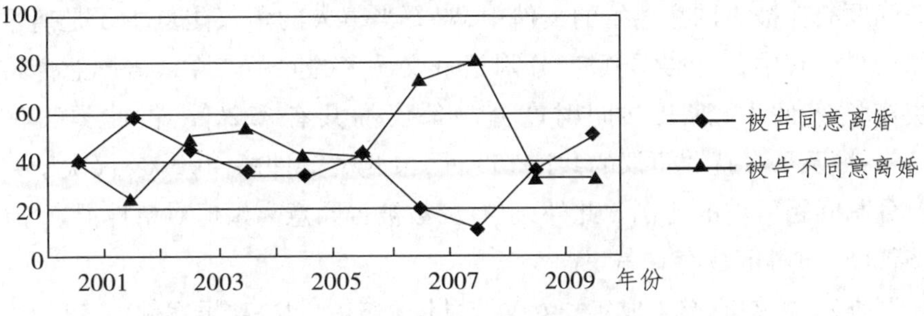

图 13 判决离婚案件中被告对离婚的态度

〔2〕 有一些判决离婚案件的被告看似附条件同意离婚,如主张“如果拿出存折我就同意离婚”,“如果原告将转移的财产退回,我就同意离婚”,“如果不给我房子,我就不同意离婚”等等。究其实质,被告是同意离婚的,只是对于财产或其他问题具有不同的主张,因此统计时是将其作为被告同意离婚对待的。

抽样统计数据同时表明,若被告不同意离婚,绝大多数也不会对子女抚养、财产分割等问题提出不同于原告的主张。有的被告虽在答辩状或庭审中对子女抚养、夫妻共同财产等事实问题有所表述,但仅仅是将其作为“感情尚未破裂”,进而不同意离婚的证明,并未提出不同于原告的主张。究其原因,财产分割、子女抚养等问题是以婚姻关系解除为基础的,不同意离婚的被告的诉讼目标是婚姻关系不解除,自然不会对离婚效力问题提出主张。而且这种做法在某种程度上表明了被告不同意离婚的坚决态度,有时会被作为一种诉讼策略和技巧加以运用。仅有少数被告(约占被告不同意离婚人数的23.8%)在不同意离婚的同时,会在向法院提交的书面答辩状中或在法庭审理过程中对子女抚养、财产分割等问题明确表达自己的主张。

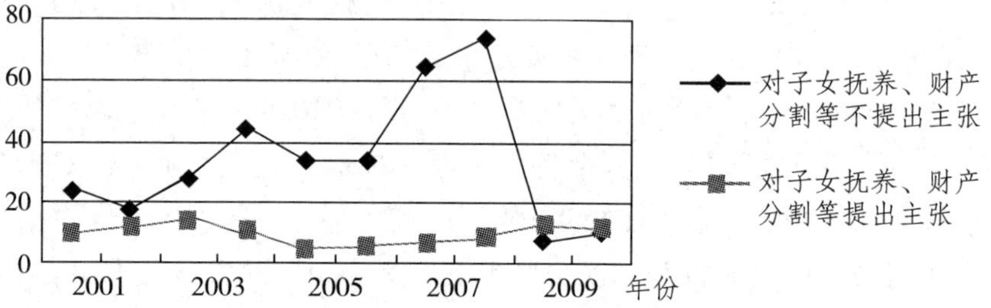

图14　不同意离婚的被告在离婚诉讼中的做法

第三,被告同意离婚的,与原告争议最多的是财产分割问题,其次为子女抚养问题。在被告同意离婚的案件中,双方当事人的争议焦点主要是离婚的法律后果。其中,夫妻共同财产分割是争议最多的问题。在被告同意离婚的判决离婚案件中,涉及共同财产分割争议的共有222件,占此类案件的59.7%;涉及子女抚养争议的共计150件,占此类案件的40.3%,仅次于共同财产分割问题所占的比例。此外,也有少数被告同意离婚但对精神损害赔偿、经济帮助[3]等问题存在争议。

调查发现,在既有未成年子女又有共同财产的判决离婚案件中,有相当数量的被告对子女抚养和共同财产分割均有不同意见。以前述被告同意离婚的案件为例,被告对子女抚养和共同财产分割均有不同意见的有104件(其中包含21件被告对子女抚养、财产分割和精神损害赔偿均有不同意见的案

〔3〕　在统计中被计入“其他”项中。

件),占被告同意离婚案件的28%。子女抚养与共同财产分割问题之所以多数捆绑在一起,主要是因为在有未成年子女抚养问题时,共同财产分割对离婚当事人的利害关系更为显著,拟与子女共同生活一方势必希望争取更多的财产份额。

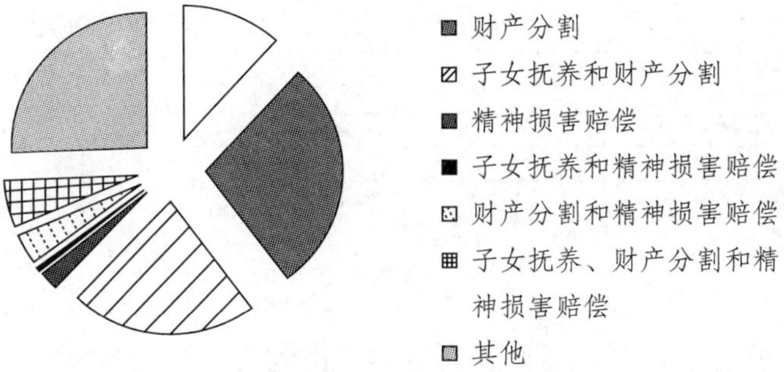

图15 被告同意离婚的案件中双方当事人的争点

值得一提的是,在被告同意离婚的案件中,有为数不多的被告是对子女抚养、共同财产分割等问题均无不同意见的,即双方当事人对离婚及其法律后果均能形成一致意见。[4] 这说明诉讼离婚虽然是争议离婚的主要方式,但在司法实践中并不绝对。无争议离婚案件比较多见于如下情形:一是结婚登记不是在中国内地办理,或当事人一方为无民事行为能力人或限制民事行为能力人,根据《婚姻登记条例》的规定不能采用登记方式解除婚姻关系;二是原告未与对方进行协商便直接向法院提起离婚诉讼。

3. 结案方式的基本情况与特点

对于被告不同意离婚的案件,法院判驳的数量远高于判离的数量,且此类案件中法院判离的可能性与当事人起诉离婚的次数之间具有一定的正相关关系,但并不绝对。

此次抽样调查结果显示:对于被告同意离婚的案件,法院无一例外地判决准予双方当事人离婚;而对于被告不同意离婚的案件,法院判决驳回原告离婚诉讼请求,不准予离婚的共计329件,远高于此种情形下法院判决准予离婚的142件。除2002年和2010年法院对此类案件判离的数量略高于判驳的数量

〔4〕 在统计中也被计入“其他”项中。

之外，其余各年都是判驳的案件数量较多。显然，尽管从判决离婚案件总体上说，法院判离的案件数量高于法院判驳的案件，但仅就被告不同意离婚的案件而言，法院判驳的案件数量远高于法院判离的案件。

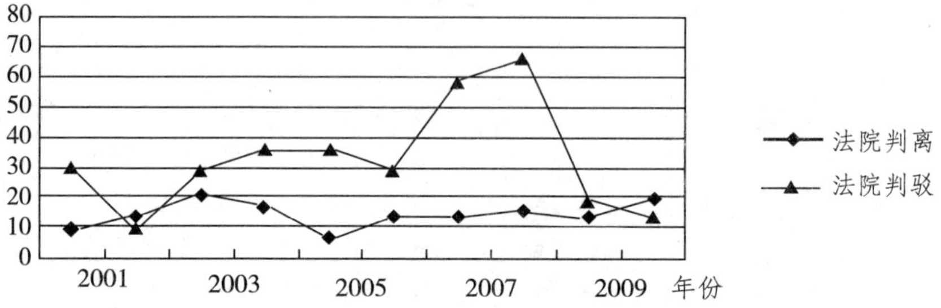

图 16 被告不同意离婚时法院的判决情况

在被告不同意离婚的案件中，原告第一次起诉离婚，法院即予以支持的有32件，占第一次起诉离婚案件的5.1%；第二次起诉离婚，法院予以支持的为71件，占第二次起诉离婚案件的26.1%；第三次起诉离婚和第四次以上起诉离婚，法院才予以支持的分别为29件和10件，合计占第三次以上起诉离婚案件的41.1%。[5] 不难看出，法院对此类案件判决准予离婚的可能性与当事人起诉离婚的次数之间具有一定的正相关关系，但此种关系并不绝对，并非原告起诉离婚的次数越多，法院判决准予离婚的可能性便一定越大。对于原告第一次起诉离婚的案件，除非证据非常充分，足以证明夫妻“感情确已破裂”（实践中最普遍的情况是双方当事人因感情不和长期分居，或婚姻当事人一方因犯罪被判处长期监禁，无法与对方共同生活），法院大多会以夫妻感情尚未破裂或尚未完全破裂为由判决驳回原告的诉讼请求。而在原告第二次或多次起诉离婚的案件中，即使没有新情况、新理由，法院判决准予离婚的可能性也要大一些，因为反复提起离婚诉讼本身就可以认定为夫妻关系未能改善和感情

〔5〕 本次抽样统计对判决离婚案件中“起诉离婚次数及提起主体”和“被告不同意离婚的案件中诉讼次数与离婚的关系”进行了统计。前一数据中的“起诉离婚次数”是指原被告双方提起离婚诉讼的总次数，后一数据中的“诉讼次数”则是指原告一方当事人起诉离婚的次数，二者有一定出入。例如原被告双方分别提起一次离婚诉讼，在前一数据中将被作为起诉二次处理，在后一数据中则被计入起诉一次之中。此处将后一数据中法院支持案件数除以前一数据中的起诉离婚次数，以此计算法院支持率，严格说来并不准确，但能大体反映出二者之间的关系。

破裂的一种表现。实践中，也有一些当事人在法院判决不准予离婚后即分居生活，经过一段时间之后再次提起离婚诉讼，此种情形下法院判决准予离婚的可能性当然较前次更大。

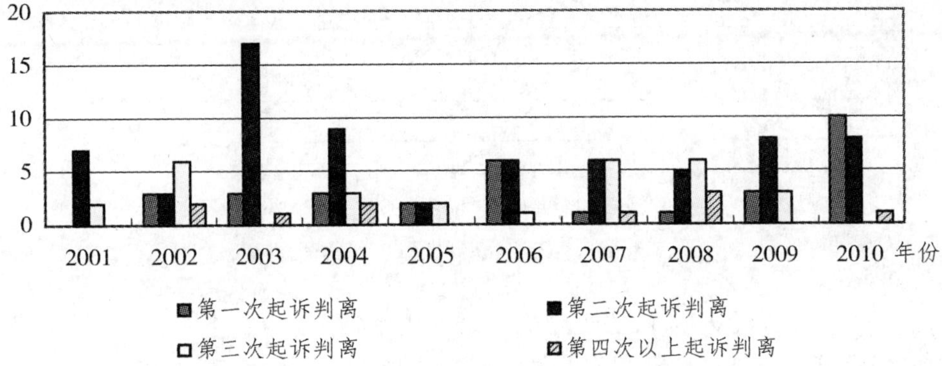

图 17　被告不同意离婚的案件中诉讼次数与离婚的关系

4. 公告送达情况及特点

第一，公告送达与缺席判决关系密切。统计数据显示，公告送达的案件均采缺席判决方式，但缺席判决不意味着有公告送达。离婚案件缺席审理主要有两种情形：被告下落不明而采用公告送达方式缺席审理和被告经传票传唤无正当理由拒不到庭而缺席审理。故公告送达仅是法院缺席判决的一种情形。公告送达的情形主要有被告离家出走或多年未联系而下落不明，被告在国外无法联络等客观原因。统计数据表明，十年间公告送达的比例并不高，平均只有 6.6%。除 2009 年达到 17% 之外，其他年份均较低，有些年份（2003 年和 2004 年）甚至没有，2007 年仅有 1 件。然而，每年法院缺席判决的比例却不低，平均达 16.6%，最高年份达到 35%。

从十年间抽取的 1000 件判决来看，凡是采用公告送达的案件最后都是缺席判决。即使个别案件中，被告在公告送达之后，亦提交答辩状或通过电话等方式向法院传达了自己的意见，但是均未正式出庭应诉。所以公告送达与缺席判决之间存在必然联系。

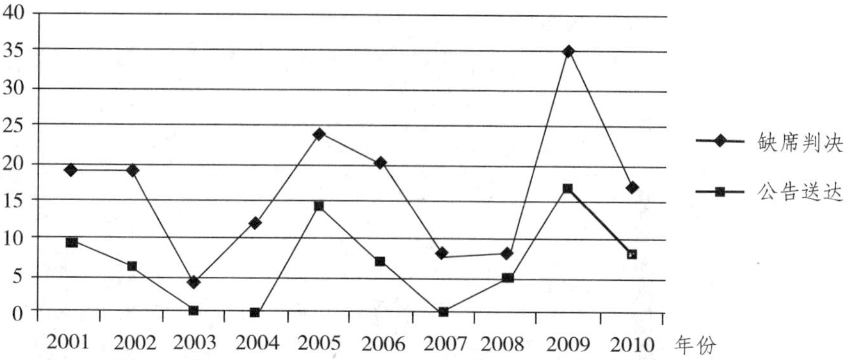

图 18　2001—2010 年缺席判决与公告送达情况

第二，公告送达案件，法院判决离婚的概率较高。从十年间 1000 份离婚判决的统计数据来看，公告送达离婚案件被法院判决准予离婚的概率较高，达 91%。但是随着法院对离婚案件适用公告送达的认识不断深入，驳回起诉的比例不断增加。2005 年以前无一例外地，只要是公告送达的离婚件均被判决准予离婚。但是从 2006 年开始，累计有 6 份判决驳回原告起诉。尽管比例不高，但也表明法院在离婚案件中开始慎重适用公告送达方式。

5. 调解的基本情况与特点

调解离婚的案件比例在 2001 年、2002 年和 2003 年分别达到当年全部离婚案件的 55%、63% 和 61%，但是从 2004 年开始到 2007 年，调解离婚比例明显下降，2007 年最低，仅占 36%；后又开始上升，至 2010 年调解离婚结案比例达到 50%。撤诉、调解和解、判决离婚、判决驳回、移送、裁定驳回、终结等，数量上变化不大，十年基本持平。

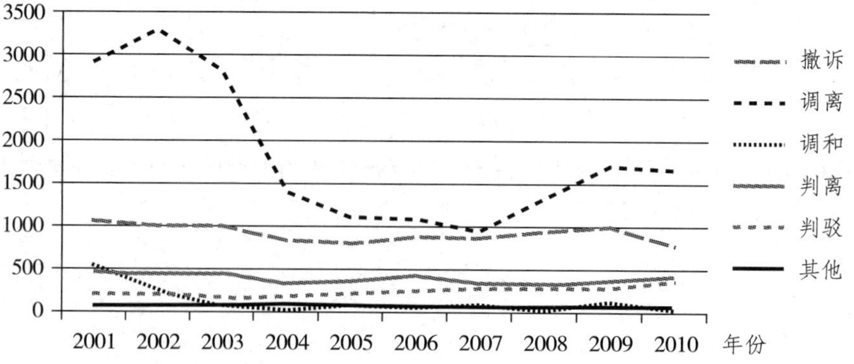

图 19　2001—2010 年诉讼离婚结案方式一览

6. 适用简易程序的基本情况及特点

第一,法院审理离婚案件适用简易程序的比例较高。从抽样判决书的统计图表可以看出,十年间每年离婚案件适用简易程序审理的情况变化差异较大,最高年份 2003 年高达 97%,最低年份 2009 年和 2010 年分别是 21% 和 20%,适用比例超过 50% 的年份有 6 年,十年间平均适用比例为 54%。

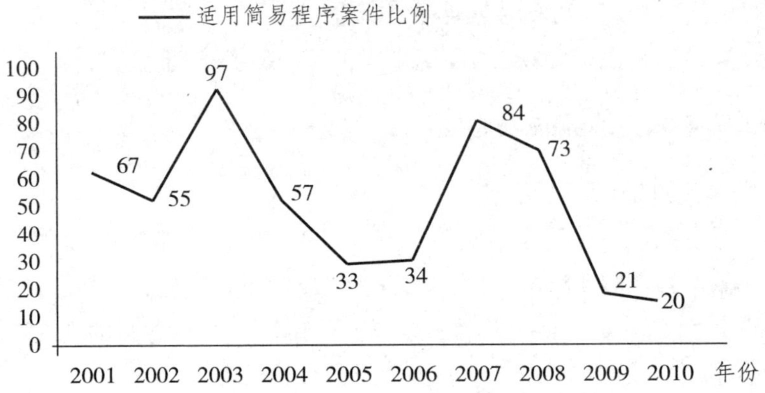

图 20 适用简易程序案件比例

第二,适用简易程序审理的案件相对简单。我国《民事诉讼法》第 157 条规定,“基层人民法院和它派出的法庭审理事实清楚、权利义务关系明确、争议不大的简单的民事案件”,可以适用简易程序。从 1000 份判决书来看,适用简易程序的案件基本都符合这些条件,具体案件类型包括:原被告只对是否离婚有争议,对于财产分割和子女抚养问题无争议;原被告对离婚没有争议,对子女抚养或财产分割有争议,但是法律关系不复杂、案件事实较清楚。

第三,法律关系复杂或难以判断的离婚案件一般适用普通程序审理。从 1000 份判决来看,以下类型的案件一般适用普通程序审理:

第一类案件是被告处于特殊情况,法院的判决对被告或其他相关人员会产生重大影响,需要法院调查事实审慎判断“原被告感情是否破裂”、婚姻关系能否继续维持。具体包括:(1)被告下落不明或因其他理由未出庭应诉,法院将缺席判决,特别是采用公告送达的离婚案件采用普通程序审理的概率最高;(2)被告被限制人身自由,如被告是服刑人员,或者正在被劳动教养,或者正在被羁押,不论被告同意还是不同意离婚,采用普通程序的概率均较高;(3)被告患精神有疾病或者行为能力有欠缺,不能正确表达自己的意愿,采用普通程序的概率较大;(4)被告是军人,军婚采用普通程序的概率较大。

第二类是有涉外因素的离婚案件,如一方是外国人或一方身处国外,因调查取证较为困难,并可能涉及国家利益,一般采用普通程序。

第三类是法律关系或事实复杂的离婚案件,如财产较多、争议较大,即使双方对离婚没有争议,也采用普通程序审理。

第四类案件是案情复杂,如发回重审的案件采用普通程序。

(四)当事人基本情况及特点

1. 当事人婚姻状况及特点

双方均为初婚的比例在婚姻关系状况中比例最高,相应地其在离婚中所占比例也最高,达到84%。在一方或双方为再婚的婚姻关系中,双方均为再婚的离婚比例较高,达11%,远高于男方为初婚、女方为再婚的2.2%和女方为初婚、男方为再婚的2.8%。

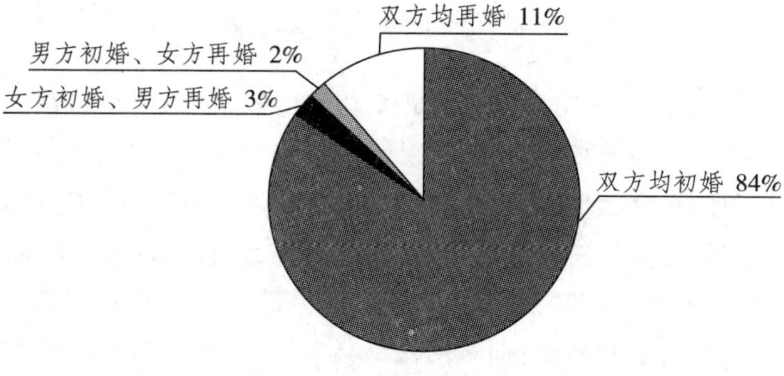

图21 平均值

但就十年的总体情况看,双方均为初婚的离婚率略有下降,双方均为再婚的离婚率缓慢上升,一方为初婚一方为再婚的离婚率持平。

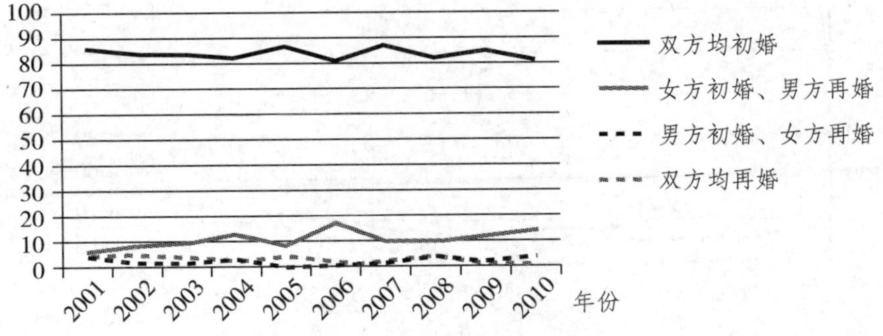

图 22 离婚当事人婚姻状况对比

2. 当事人年龄状况及特点

当事人所处年龄段较为集中，且双方年龄差距不大。

(1)男性离婚当事人年龄特点。统计数据表明，30—39 岁、40—49 岁是男性离婚危险期，占全部离婚案件总数的 76.5%，有些年份如 2001 年、2002 年、2004 年甚至达到 83%。其中 30—39 岁的男性占 41.6%，40—49 岁的男性占 34.9%。但是 2006 年之后，该年龄段的男性离婚率总体处于下降趋势，反之 50—59 岁和 60—69 岁的老年男性离婚率呈上升趋势。

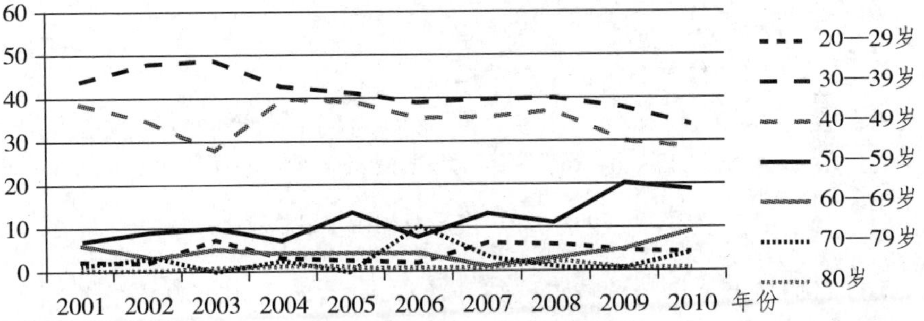

图 23 男性离婚当事人年龄

(2)女性离婚当事人年龄特点。统计数据显示，女性离婚年龄与男性基本相同，也集中在 30—39 岁和 40—49 岁，但是比例数不如男性突出，平均占总数的 74.4%。其中 30—39 岁的女性占 44.2%，40—49 岁的女性占 30.2%。与男性相比，十年来女性离婚年龄特点是趋势较平稳，没有太大的变化。高龄妇女对待离婚态度谨慎，相比男性近年来呈上升趋势而言，反倒有下降的态势。

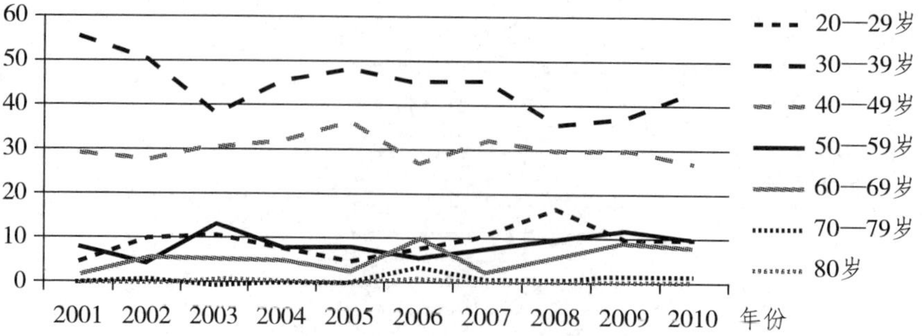

图 24 女性离婚当事人年龄

(3)男女离婚高发年龄段对比。女性总体离婚年龄比男性略低。从下图中可以看出,女性在 30 岁之前离婚数高于男性,但是 30 岁以后,特别是接近 40 岁以后,离婚意愿明显低于男性。该项调查研究结果符合大众的一般认知。

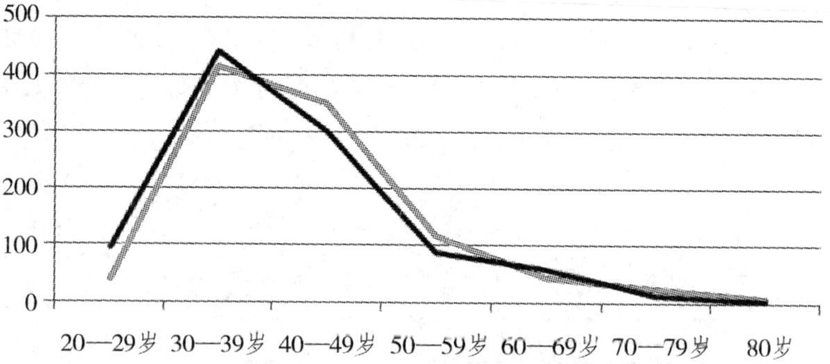

图 25 2001—2010 年男女离婚年龄总对比

(4)离婚当事人年龄差特点。统计数据显示,双方当事人年龄差别不大,绝大部分婚姻当事人的年龄差在 5 岁以内。从十年数据的平均值来看,当事人年龄差在 5 岁以内的达 74.8%,占全部离婚数的近 3/4。最高年份如 2003 年,甚至高达 88%。除此之外,离婚案件当事人的年龄差主要集中在 5—9 岁,占 18.9%。相差 10 岁以上的仅占 6.3%,[6]其中 10—19 岁的占 5.9%、20—29 岁的占 0.3%、30—39 岁的占 0.1%。相差 20 岁以上的就很少见了,相差 40 岁以上的没有。上述年龄差特点基本与我国“择偶要年龄相当”的婚

〔6〕 相差 10 岁以上的一般不超过 10%,只有 2006 年的数据达到 12%。

姻观一致，绝大部分的婚姻当事人年龄差集中在5岁以内，年龄差越大的婚姻越少，相应地离婚数量也少。

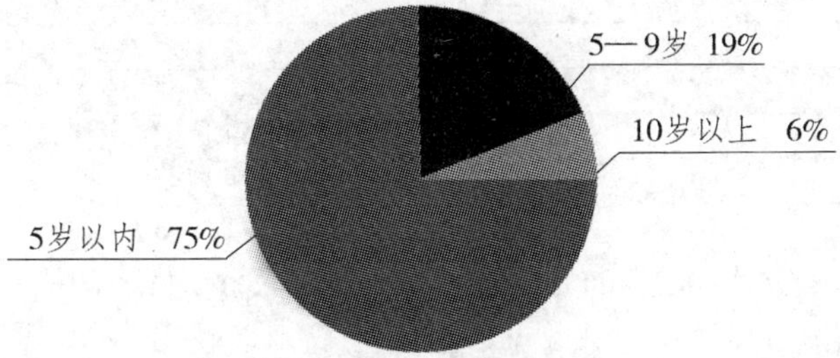

图26 当事人年龄差平均值

但是从十年离婚数据统计来看，特别是下图的折线图显示，年龄差在5岁以内的离婚率在下降，相反年龄差在5岁以上的离婚率有上升趋势，表明2001年至2010年十年间，年龄差在5岁以上的离婚案件数量在增加，这在一定程度上反映了近年来婚姻当事人的年龄差不断增大的现实。

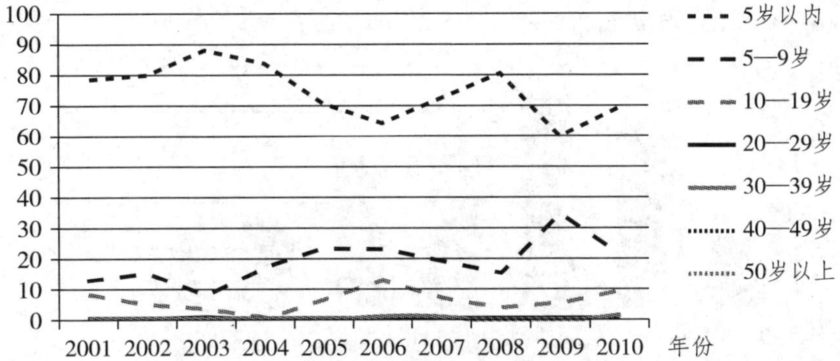

图27 当事人年龄差

3. 当事人婚龄状况及特点

当事人婚姻关系存续时间与离婚率呈正态分布。2001年至2010年，1000份离婚判决中，当事人婚龄状况各年度差异较大。如26年以上婚龄的离婚，最少年份只有1件(2007年)，最多年份达13件(2009年)，百分比相差12%。

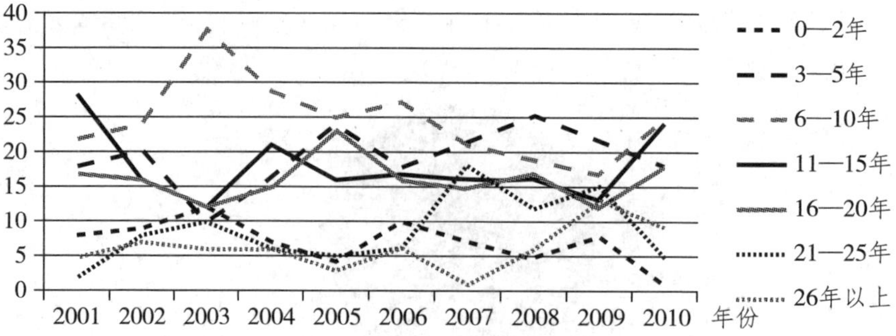

图 28 当事人婚龄状况

但是从这十年间的总体情况看，离婚率确实与婚龄存在密切联系。离婚率最高的是6—10年婚龄的当事人，平均离婚率为24.7%，占全部离婚总数的近1/4。以6—10年婚龄为分界点，婚龄不足6年的婚姻随着婚姻年限的增加，离婚率呈上升趋势，但是当婚龄达10年以上后，随着婚姻年限的增加，离婚率逐渐降低，婚龄达到30年以上后离婚已经属于偶发事件。婚龄在6—10年的当事人离婚率最高，基本印证了婚姻“七年之痒”的说法。

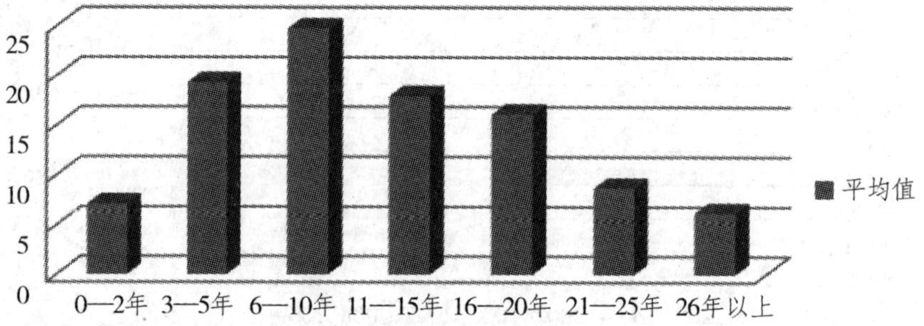

图 29 婚龄与离婚率关系

（五）子女基本情况及特点

1. 子女人数基本情况及特点

数据显示，十年来，离婚案件当事人中有一名婚生子女的占多数。其中，有一名婚生子女的案件数为598件，占61.1%，当事人无婚生子女的比例为34.5%，当事人有两名以上婚生子女的比例为4.4%。另外，在再婚的当事人中，男方有其他子女的比例为37%，女方有其他子女的比例有41%，双方均有其他子女的比例为22%。

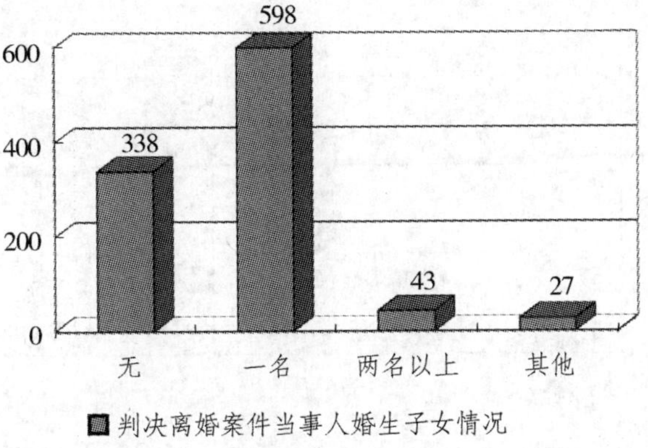

图 30 判决离婚案件当事人婚生子女状况

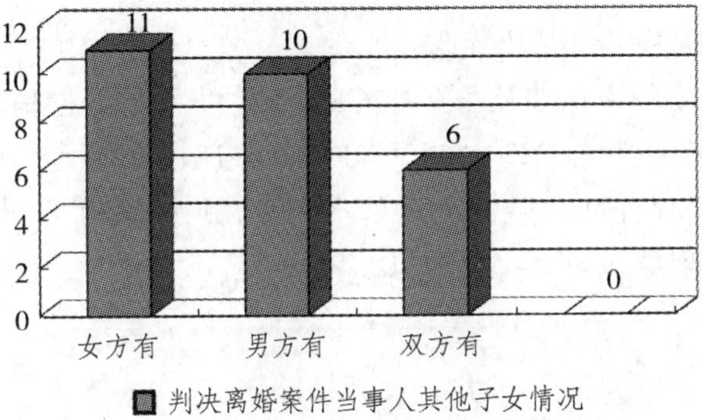

图 31 判决离婚案件双方当事人其他子女状况

2. 子女年龄基本情况及特点

调查显示，十年来在涉及子女抚养的案件中，子女年龄较为集中，其中较多地集中在 3—6 岁（130 件）、7—12 岁（162 件）以及 13—18 岁（147 件）之间，1—2 岁相对较少（39 件），而一岁以内的极少，为 3 件。

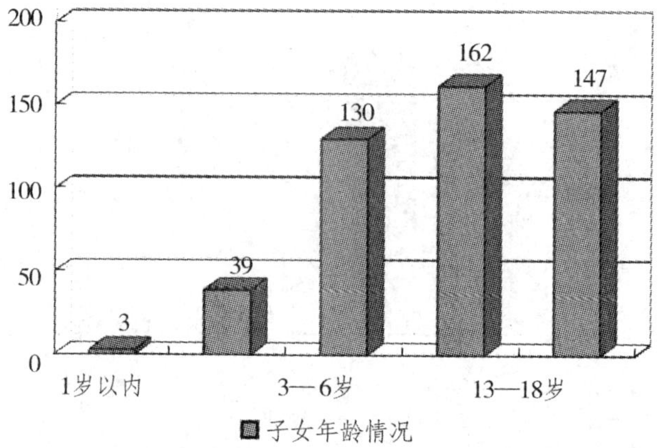

图 32 判决离婚案件双方当事人子女年龄状况

3. 子女性别基本情况及特点

数据显示，十年来在涉及子女抚养的案件中，女孩数量稍稍多于男孩，其中男孩有 189 名，女孩有 222 名，女孩在子女中所占比例为 54%。在 3—9 岁以及 10—18 岁年龄段内，男女比例基本持平，其中 3—9 岁男孩 90 名、女孩 102 名，10—18 岁男孩 89 名，女孩 101 名。

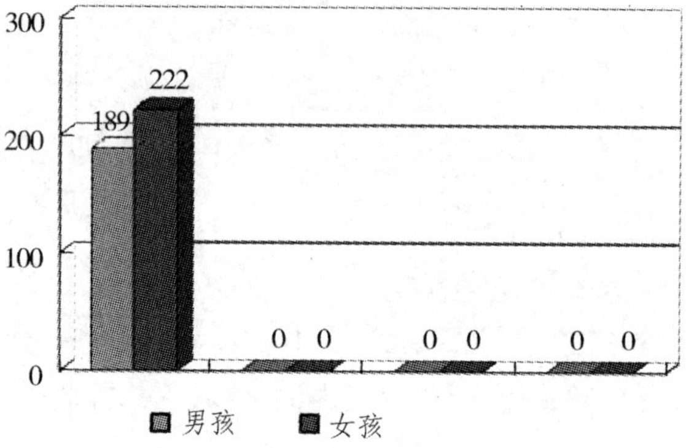

图 33 判决离婚案件双方当事人子女性别状况

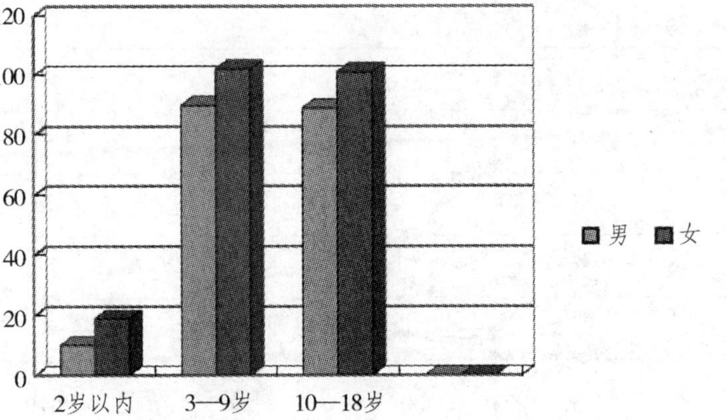

图34 判决离婚案件双方当事人各年龄段子女性别状况

(六)夫妻财产基本情况及特点

1. 家庭共同财产数量与价值情况及特点

卢梭曾经指出:财产权是公民神圣不可侵犯的权利,该权利甚至比自由还要重要,这是因为财产密切影响着生命,而且财产权更容易受到侵犯。[7] 财产是维系一个家庭的物质基础,随着精神物质生活的丰富,家庭共同财产的数量日益增多,价值也越来越大。

---

〔7〕 钟良生:“夫妻离婚,无形财产如何分割”,载《上海法治报》2009 年 3 月,第 B08 版。

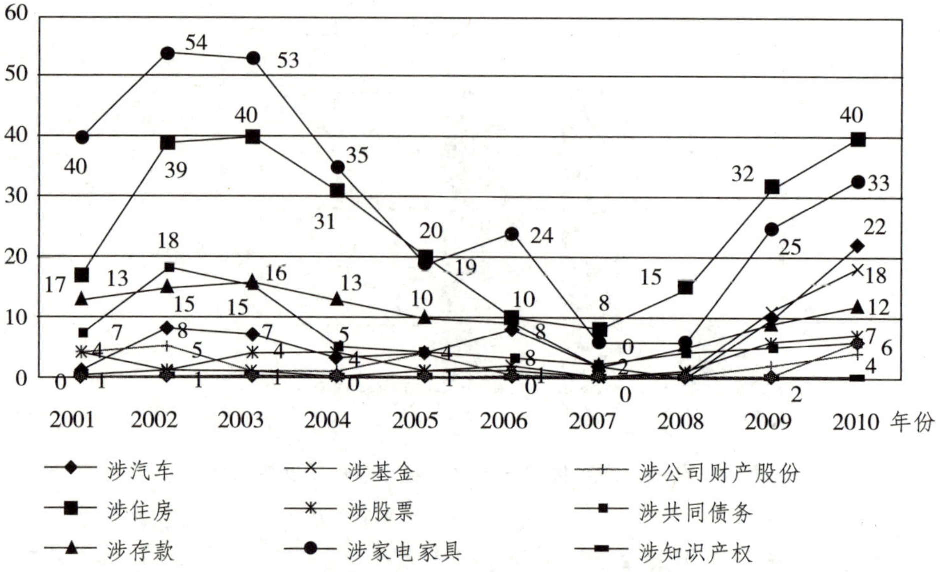

图 35 判决离婚案件夫妻共同财产及共同债务状况

第一,财产数量不断增多。1000 份离婚判决显示,2001 年至 2010 年十年间,靠后年份的财产数量高于靠前年份的财产数量。以涉汽车案件数量为例,2001 年抽样的 100 件案件中仅有 1 件案件涉及汽车的分割,2010 年共有 22 件案件涉及汽车的分割,而且,涉及汽车分割的案件中分割汽车的数量也逐步增多,2001 年的唯一一件涉及汽车分割的案件是分割一辆汽车,而 2010 年有 17 件案件涉及分割一辆汽车,4 件案件涉及分割两辆汽车,1 件案件涉及分割 3 辆汽车。涉及分割一辆以上汽车的情况是从 2003 年开始出现的。[8] 再以涉住房案件数量为例,2001 年最多出现分割两处住房的情形,而 2010 年出现了分割四处住房的情况,其中涉及分割住房数量最多的是 2009 年,出现了一个涉及分割六处住房以上情况的案件。

第二,财产价值增大。存款作为家庭中最主要最常见的财产,可以直观地反映出家庭财产价值增大的趋势。2001 年所涉及的存款最高额在“21 万—50 万元”这个区间范围内,而 2003 年出现了在“101 万—200 万元”这

〔8〕 由于样本总量所限,统计表格中没有显示出严格的财产数量、价值增长的情况,但对总体数据结合实际情况进行分析可以看出其增长的趋势。

个区间范围的存款,2010 年所涉及的存款达到了“1001 万元以上”这个区间范围。从分布的区间范围来看,2001 年涉存款案件的存款数额主要分布在“5 万元以内”、“5 万—10 万元”、“11 万—20 万元”、“21 万—50 万元”这几个区间范围内,2010 年涉存款案件的存款数量分布在“5 万元以内”、“5 万—10 万元”、“11 万—20 万元”、“21 万—50 万元”、“51 万—100 万元”、“101 万—200 万元”、“501 万—1000 万元”、“1001 万元以上”区间范围内。在相对靠前年份存款的数额大多集中在数额较小的区间范围,而相对靠后年份更多呈现出多区间分布的特点。

2. 家庭共同财产的构成情况及特点

2001 年至 2010 年间家庭共同财产主要包括以下几类:汽车、住房、存款、基金、股票、家电家具、公司财产、股份,几乎涵盖婚姻家庭生活的各个方面,涉及大部分财产类型。

第一,基本需求类财产仍然占据高位。在随机选取的 1000 件案件中,涉家电家具 295 件,涉住房 252 件,涉存款 104 件,涉汽车 62 件,涉基金 34 件,涉股票 30 件,涉公司财产、股份 21 件,其中涉家电家具、住房、存款的离婚案件位于前三位,而涉基金、股票、公司财产或股份的案件居于后三位。可以看出生活基本需要类型财产,[9]比如家电、住房、存款,远高于非基本需要类型财产,比如汽车、基金、股票。

第二,新类型财产不断出现。在相对靠前的年份中,财产类型比较单一,且涉及实物分割的情况较多,而在相对靠后年份中逐渐出现一些新类型案件,比如 2007 年出现涉及投资合作协议中的权利义务分割,2008 年出现饭店、美容店的所有权、经营权分割,2010 年出现了保单的分割,还有手机号码的分割等。

第三,财产类型具体构成的变化。有些类型的财产虽然数量没有明显变化,但是该类型财产的具体构成在相对靠后年份与相对靠前年份差别较大,比如在涉家电家具案件中,2001 年、2002 年等相对靠前年份中,家电家具分割的主要物品包括锅碗瓢盆、被子、衣柜等生活必需品,但是越往后的年份中出现价值更大的家电家具类财产,如红木家具以及个人享受型物品如电脑、照相机等。

---

[9] 笔者根据财产与基本生活关系密切程度,区分为基本需要类型财产和非基本需要类型财产。家电家具属于基本需要类型财产,而汽车、基金、股票属于较高层次的生活追求所用,所以属于非基本需要类型财产。

（七）离婚原因基本情况及特点

1. 当事人主张的离婚原因基本情况及特点

（1）经常争吵、性格不合、因感情不和分居满二年、草率结婚是当前当事人主张较多的几种离婚原因。在当前的判决离婚案件中，当事人以经常争吵、因感情不和分居满二年、性格不合、草率结婚（或婚前缺乏了解）这几种原因诉请离婚的较多，占到了判决离婚案件的六成以上。紧随其后的依次为对家庭无责任心（或不尽家庭义务）、[10] 实施家庭暴力（除重婚、有配偶者与他人同居外的）、其他违反夫妻忠实义务的行为、不尊重家人、经济问题。除此之外，有赌博吸毒等恶习屡教不改、重婚或有配偶者与他人同居、遗弃家庭成员等在当事人主张的离婚原因中也占一定比例。在某些特定的时期，也曾出现一些具有鲜明时代特征的离婚原因，例如在2001—2003年不乏夫妻一方因对方痴迷法轮功而诉请离婚的情形，近年来一方当事人因对方上网聊天不顾家，或与他人在网络虚拟环境中恋爱、结婚而诉请离婚的情形也时有发生。

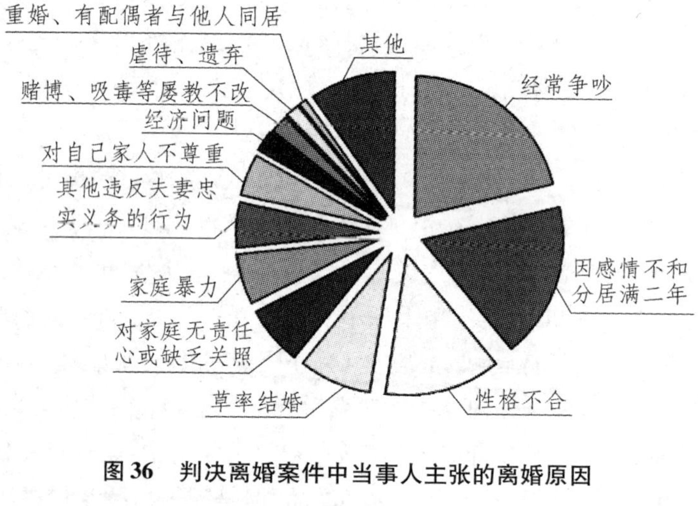

图36 判决离婚案件中当事人主张的离婚原因

〔10〕本次调查根据司法实践中当事人经常主张的离婚原因设计了统计项目，但其中有些项目之间并不存在互斥关系，例如"对家庭无责任心"与"缺乏关照"。在当事人一方以"缺乏关照"为由诉请离婚的案件中，绝大多数是对方当事人对配偶或其他家人不管不问；或是对老人、孩子不尽赡养、抚养义务等；或是长期不回家，也不承担家庭生活费用等，这实际上也是"对家庭无责任心"的表现。故此处将二者合并计算。

第一,经常争吵(甚或打骂)。抽样统计数据显示,在1000件判决离婚案件中,“经常争吵(甚或打骂)”是当事人主张最多的离婚原因,共计348件。当事人主张经常争吵的,往往也同时主张性格不合、草率结婚等其他原因,这是因为争吵、打骂仅仅是夫妻感情恶化或破裂的外在、客观表现,其深层原因可能是双方当事人性格不合、生活环境或习惯差异,也可能是草率结婚、婚姻基础薄弱,还可能是当事人家庭责任心缺失、有经济问题等等。

第二,因感情不和分居满二年。因感情不和分居满二年在当事人主张的离婚原因中占有较大比例,在此次抽样的1000件判决离婚案件中共计295件。在有的判决离婚案件中,当事人虽未以“分居”为由诉请离婚,但客观上也存在分居事实。其中,大多数是双方当事人因为感情不和而主动选择分居,也有少数是因为一方当事人长期在国外工作、学习,或在监狱服刑、被劳教,甚至是离家出走、下落不明等客观情况分居,在长期分居后感情恶化。在有的案件中,双方当事人在第一次离婚诉讼之前已经分居生活,而在另一些案件中,当事人是在第一次或前次离婚诉讼被法院调解和好、判决不准予离婚或当事人撤诉以后,因矛盾仍然无法缓和、夫妻感情无法恢复而分居的。

第三,性格不合。在此次抽样的1000件判决离婚案件中,当事人以“性格不合”为由诉请离婚的有219件,紧随“经常吵架”居于当事人主张离婚原因的第三位。由于性格不合,婚姻当事人可能在工作事业和理想上追求不同,没有共同的兴趣、爱好,没有共同语言,难以沟通或培养感情,夫妻关系自然难以维系。

第四,草率结婚(或婚前缺乏了解)。双方当事人婚前缺乏相互了解与感情基础,草率结婚后又不注意培养感情,遇到矛盾后双方不能相互宽容、谅解,以致无法共同生活,是判决离婚案件中又一个比较常见的离婚原因。在抽样案件中,当事人主张的离婚原因为“草率结婚”的共计136件。

(2)多数判决离婚案件起因于夫妻对日常生活琐事的分歧和矛盾。尽管当事人主张的离婚原因各有不同,但在大多数判决离婚案件中,双方当事人之间并不存在原则性问题或根本矛盾,而仅仅是对日常生活琐事存在分歧和矛盾。

婚姻当事人是两个独立的个体,不同的价值观、生活方式和习惯、家庭和职业背景等因素,使其在日常共同生活中因家庭琐事产生的矛盾无可避免。如果当事人能够进行及时、有效的沟通和交流,妥善地处理纠纷、解决矛盾于无形，通常不会影响夫妻感情，但若当事人对婚姻心理规律的认知存在偏差，只看到对方的缺点，产生纠纷时习惯于彼此指责，缺乏包容，不从自身寻找原因，疏于感情交流等，都可能导致双方对婚姻冲突的容忍程度、调和能力降低，使产生于日常生活琐事中的细微矛盾演变、升级为经常性的冷战、争吵或打闹，进而导致夫妻感情的恶化或破裂。

（3）在相当一部分判决离婚案件中，当事人主张的离婚原因并非单一的。本次调研样本每年100件，然而经汇总统计发现，每年当事人主张的离婚原因总数均远远超过了100。这说明在相当一部分判决离婚案件中，原告主张的离婚原因并非单一的，提起离婚诉讼往往是多种原因共同作用的结果。司法实践中较为常见的情形如双方当事人因草率结婚，婚前缺乏了解，感情基础不好，婚后又因性格差异、脾气不和、生活习惯差异等经常为生活琐事争吵甚至打闹，以致影响夫妻感情，长期分居生活。

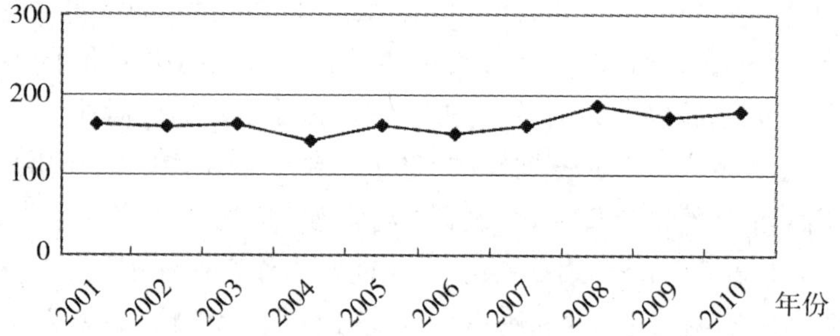

图37 当事人主张的离婚原因总数

2. 法院认定的离婚原因[11]基本情况及特点

（1）法院认定最多的离婚原因是经常争吵，其次为因感情不和分居满二年。在法院判决准予离婚的案件中，法院认定得最多的离婚原因是“经常争吵”，共计261件；其次为“因感情不和分居满二年”，共计148件，二者数量均远多于法院认定的其他离婚原因。需要说明的是，在一些判决离婚案件中，当事人主张的离婚原因是“家庭暴力”，但因其提供的证据材料不足以认定家庭暴力，而被法院认定为“经常争吵”，从而使得这一离婚原因的认定数高居首位。此外，性格不合、婚姻基础薄弱、与家人关系不睦等也是法院认定较多的离婚原因。

[11] 法院认定的离婚原因，是指法院据以认定夫妻“感情确已破裂”的原因。

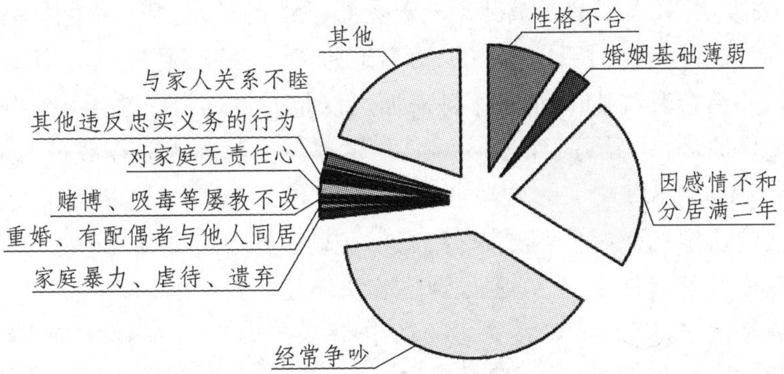

图 38 法院认定的离婚原因

(2)在一些判决离婚案件中,法院认定的离婚原因有时也不是单一原因。正如当事人可能主张多个离婚原因一样,在判决离婚案件中,法院认定的离婚原因有时也不是单一的。统计数据表明,每年法院认定的离婚原因总数均高于当年法院判决准予当事人离婚的案件数量,[12]这表明在一些案件中,法院是基于多个原因认定夫妻感情确已破裂的。例如双方因性格严重不合,经常为家庭生活琐事产生矛盾,且分居生活已经超过两年;又如双方因感情基础薄弱,婚后不久即开始分居生活,影响了夫妻感情的交流与沟通;等等。

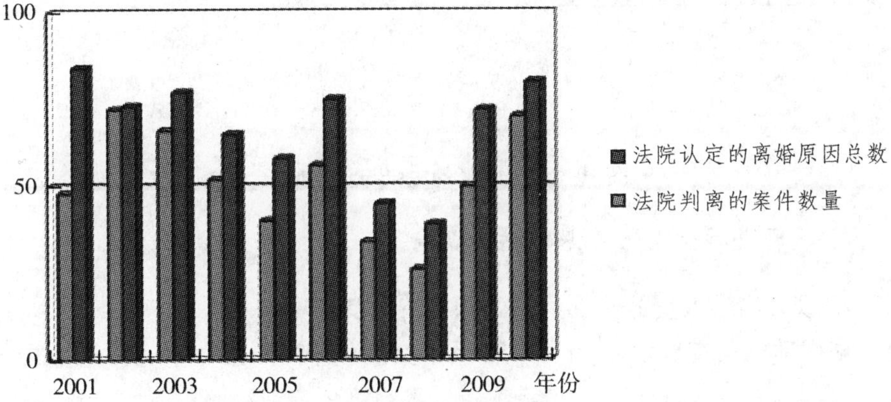

图 39 法院认定的离婚原因总数与法院判离案件数量对比

---

〔12〕 法院判决准予当事人离婚的案件数量,为当年被告同意离婚的案件数量与被告不同意离婚,法院判离的案件数量二者之和。

(3)一方当事人服刑或被劳动教养易于被法院认定,虐待、遗弃家庭成员较难得到法院认定。对于原告主张的离婚原因,法院要通过双方当事人的陈述、辩论,并结合其提供的证据材料来加以认定。抽样统计表明,在当事人所主张的离婚原因中,最易于得到法院认定的是一方当事人服刑或被劳动教养,认定率[13]高达98.5%。一方当事人下落不明的认定率也有95.2%之高。最难得到法院认定的离婚原因是虐待、遗弃家庭成员,在12件当事人主张虐待、遗弃家庭成员的案件中,无一例得到法院认定。

在离婚法定情形中,家庭暴力的认定率仅有7.3%;有赌博、吸毒等恶习屡教不改,有配偶者与他人同居的认定率也不高,分别为11.8%和25%。“因感情不和分居满二年”的认定率为50.2%,属于认定率较高的例示情形。法院认定率最高的例示情形是重婚,为66.7%,细究其原因,在原告主张的离婚理由包括重婚的三个案件中,有两件有法院先前作出的认定一方当事人构成重婚罪的刑事判决书。[14]

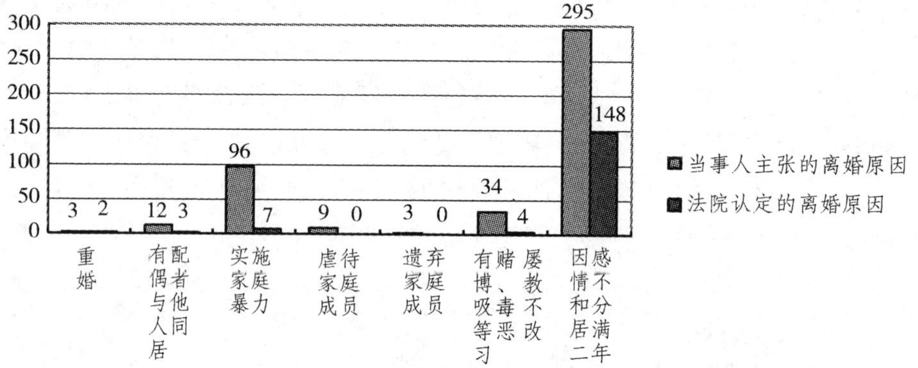

图40 法定情形的主张与认定情况

(八)离婚时子女抚养基本情况及特点

1. 双方当事人抚养子女意愿的基本情况及特点

根据随机调查显示,十年来在涉及子女抚养的离婚案件中,女方主张抚养

---

[13] 本书的认定率为相对认定率,即法院认定的案件数与当事人主张的案件数之比例。其计算公式为:某一例示情形的认定率 = 法院认定的案件数/当事人主张的案件数 ×100%。

[14] 法院作出的裁判文书是非常有力的证据,然而绝大多数以重婚为由诉请离婚的案件并无此类证据。

子女的占多数(205 件),达到 49.9%;而双方争养子女的案件(98 件)与男方主张抚养(106 件)的基本持平,双方均拒绝抚养子女的情况极为少见,仅有 2 件。其中在双方争养子女的案件中,男孩、女孩比例为 1∶1,在双方均拒绝抚养子女的案件中,男孩、女孩比例亦为 1∶1;在女方主张抚养子女的案件中,男孩、女孩比例为 1∶1.47;在男方主张抚养子女的案件中,男孩、女孩比例为 1∶1.12。

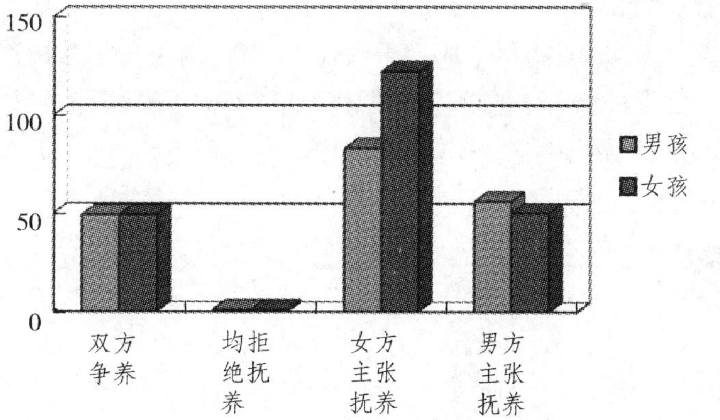

图 41 判决离婚案件双方当事人抚养子女意愿情况

2. 未成年子女抚养权归属基本情况及特点

在子女抚养权的确定上,根据子女年龄的变化有所不同,其中 2 岁以内的子女绝大部分由女方直接抚养,由男方直接抚养的仅为 3 件;子女处于 2—10 岁之间的,多由女方直接抚养,有 126 件,男方直接抚养的则有 57 件,二者比例为 2.2∶1,子女处于 10—18 岁之间的,由女方直接抚养(74 件)的比例逐渐下降,由男方直接抚养(47 件)的比例有所增加,二者比例逐渐均衡。

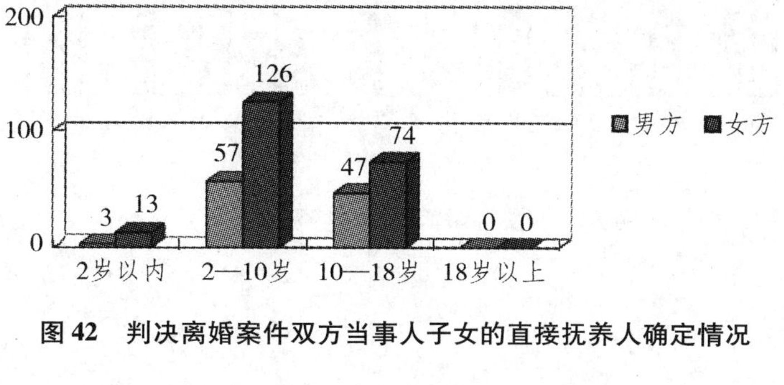

图 42 判决离婚案件双方当事人子女的直接抚养人确定情况

3. 子女抚养费给付基本情况及特点

子女抚养费以每月给付为主要方式,以一次性给付为辅助方式;其中以每月给付方式支付的抚养费的数额十年来有较大变化,初期抚养费数额以500元/月以内较多,之后慢慢增长至约2000元/月。另外,子女由一方自行抚养的比例逐渐减少,判决离婚案件中涉及子女抚养的,自行抚养与由一方支付抚养费的比例为1∶2.3;而一次性给付子女抚养费的情况则较为少见,且一次性给付子女抚养费案件中子女年龄集中在2—10岁区间,数额随个案情况的不同有较大差异。如2002年未成年子女在2—10岁段一个,其抚养费数额在51万—100万元,而2010年的两个案件中,均在2—10岁,但支付抚养费的数额分别在10万元以内、21万—50万元以内。

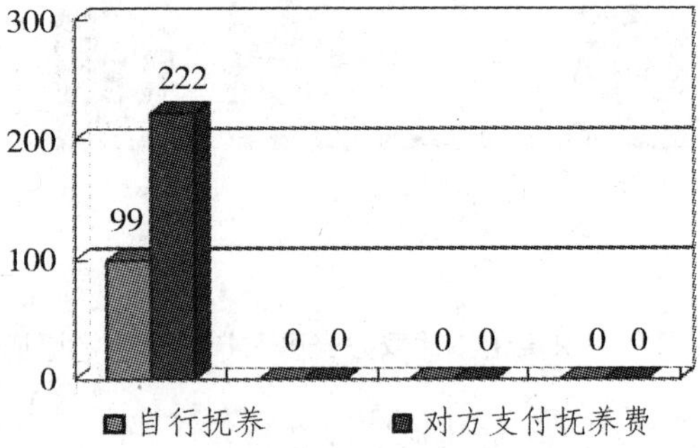

图43 判决离婚案件中自行抚养与对方支付抚养费情况

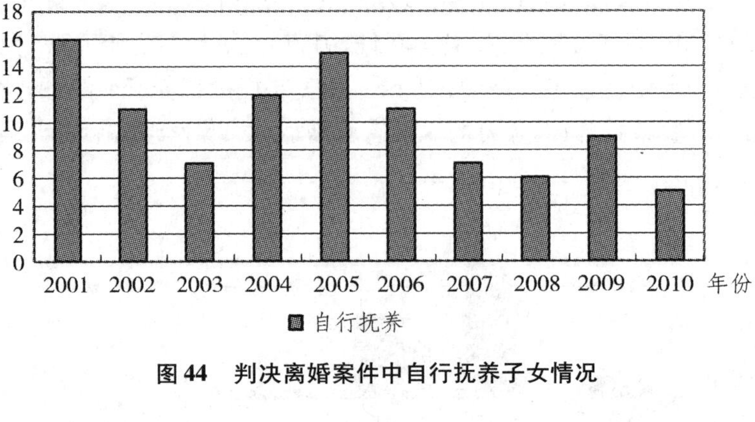

图44 判决离婚案件中自行抚养子女情况

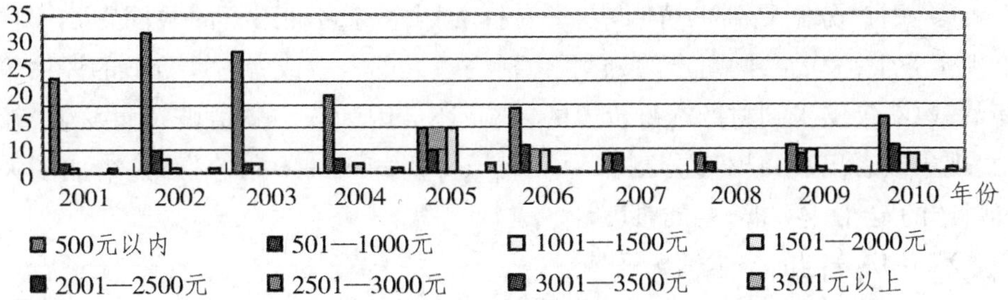

图45 判决离婚案件中子女抚养费数额

4. 离婚案件中涉探望的基本情况及特点

数据显示,当事人对于离婚的争议焦点主要集中在财产分割和子女抚养上,涉及探望的案件数量非常少,十年来仅有13件,占1.3%,根据随机调查显示,近几年在离婚诉讼中涉及探望的案件呈上升趋势。

(九)离婚时财产分割基本情况及特点

1. 总体情况及特点

离婚案件的财产分割是一个重要问题,在许多案件中共同财产的分割甚至成为决定夫妻双方是“和平分手”还是“反目成仇”的关键。总体来看,离婚时的财产分割主要有以下特点:

(1)财产分割是案件的最大争议点。在大部分离婚案件中,财产分割是当事人进行诉讼活动和法院审判所围绕的一个核心关键点。婚姻关系成立之后,夫妻双方共同居住、生活,夫妻财产不断增长、消减、分合,一旦婚姻关系破裂,需要查清其中的法律事实、厘清法律关系,自然存在一定的难度。

(2)价值越大的财产争议越大。价值越大的财产在当事人间达成合意的可能性越小,比如房产往往成为案件中双方当事人争夺最激烈的部分,不仅当事人之间难以达成合意,法官介入的调解也难以成功。

(3)新类型财产分割案件开始出现。社会经济生活的多样化和复杂化,科技冲击和改变人们原有的生活方式,并导致新类型财产的出现,比如离婚案件中涉及的知识产权和淘宝网店、游戏账号等虚拟财产的分割等情况。[15]

---

〔15〕 由于抽样的局限性,新类型财产虽然在本次调研中没有得到良好的体现,但是新类型财产的分割在审判实务中成为不可忽视的一部分。

(4)财产分割受到感情因素、子女抚养因素等多种因素的共同影响。在审判实务中,夫妻共同财产的分割,包括当事人的合意或者财产价值的评估等环节,均不仅仅受到财产本身价值的影响,还会因为双方感情破裂而发生“较劲”现象或者出现将财产分割作为争夺子女抚养权的筹码的行为,增加了夫妻财产的定性[16]和分割的难度。

2. 住房分割的基本情况及特点

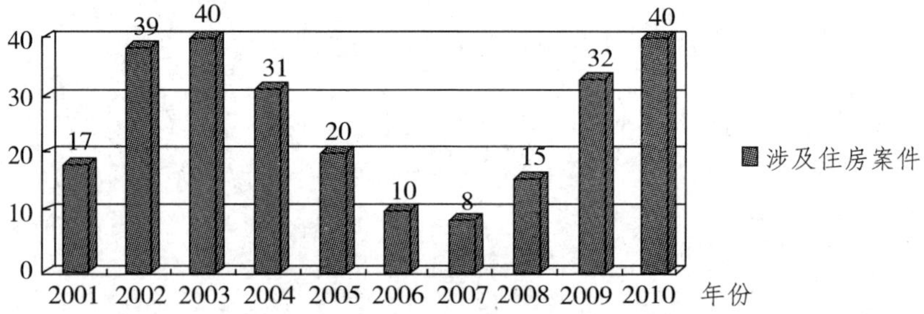

图46 2001—2010年判决离婚案件夫妻共同财产状况(涉住房)

随着房价的飞涨,住房分割成为夫妻共同财产分割里的“重头戏”,2001年至2010年共有252件涉住房案件,占全部案件的25.2%,在全部财产类型中位于前列,而且房屋分割的数量呈现增加趋势,这表示家庭房屋持有量在增加。

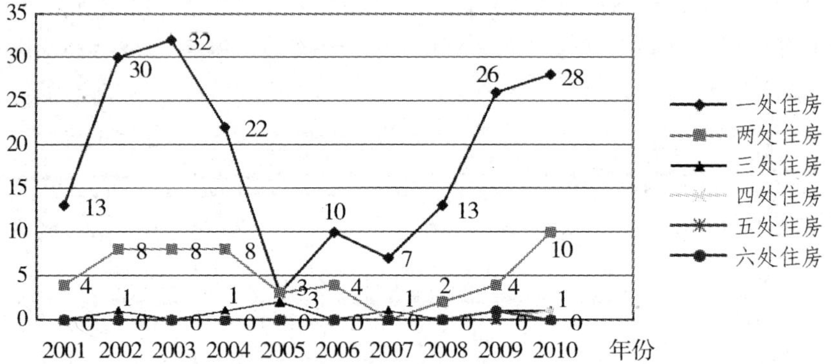

图47 判决离婚案件夫妻共同财产状况(涉住房)

〔16〕 此处定性主要指区分夫妻个人财产还是夫妻共同财产。

如统计数据中2001年所涉及的住房最多为两处,2004年开始涉及三处住房,2009年、2010年均出现三处以上住房的情况。

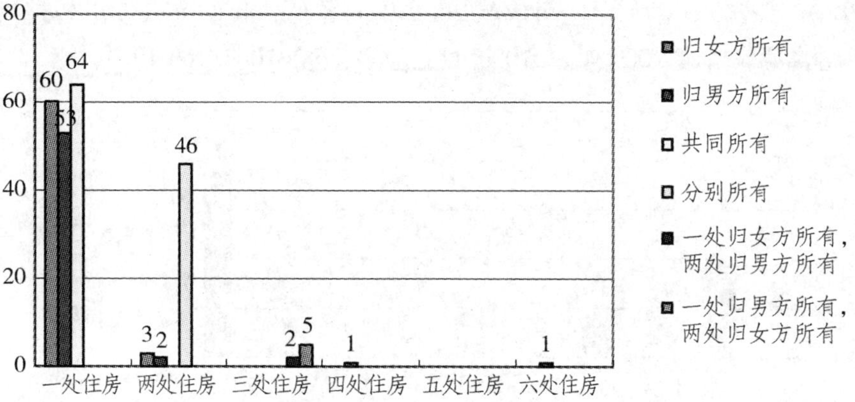

图48 判决离婚案件夫妻共同财产状况(涉住房)

具体到男女性别与分配房产的状况,一处住房的,法院判决房产归女方所有的案件数略高于判决归男方所有的案件数,共有60个案件判给女方,占全部涉一处房产类案件的33.89%;共有53个案件判给男方,占全部涉一处房产类案件的29.94%;共有64个案件判决双方共同共有,占总数的36.15%;有两处住房的,共有3个案件全部判给女方,占全部涉两处房产类案件的5.88%;共有2个案件全部判给男方,占总数的3.92%;共有46个案件判决男女方分别所有,占总数的90.19%。三处住房的情况下,2个案件判决一处归女方所有,两处归男方所有,占总数的28.57%;5个案件判决为一处归男方所有,两处归女方所有,占总数的71.42%。四处住房的情况出现在2009年,共计1件,判决归男方所有。样本中未出现五处住房的情况。六处住房的情况出现在2010年,共计1件,判决归男方所有。

3. 汽车分割的基本情况及特点

随着生活水平的提高,家庭汽车的持有量也在提高,汽车成为离婚时分割的重要财产之一。数据显示,相对靠后年份所涉汽车的案件数量明显高于相对靠前年份的,2001年的唯一一件涉及汽车分割的案件是分割1辆汽车,而2010年有17件案件涉及分割1辆汽车,4件案件涉及分割2辆汽车,1件案件涉及分割3辆汽车。涉及分割1辆以上汽车的情况是从2003年开始出现的。

在抽样调查的2001年至2010年间的1000件案件中,共有62件涉及汽车，占全部案件的6.5%。除2008年未有案件涉及对汽车的处理外，其余年份的离婚案件均涉及汽车的分割问题，其中最高的年份为2010年，共有22件，其次为2009年的10件，再次为2002年的8件。我们可以看出处理汽车问题的离婚案件在2009年、2010年明显增多，至2010年达到顶点。

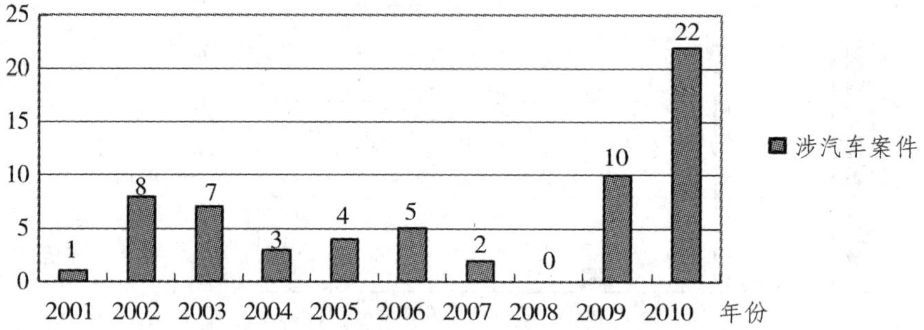

图49 判决离婚案件夫妻共同财产状况(涉汽车)

在十年的1000件离婚案件中，分割汽车的数量以1辆居多，其次是2辆，再次为3辆，没有4辆及4辆以上的情况出现。其中有50个案件涉及分割1辆汽车，11个案件涉及分割2辆汽车，1个案件分割3辆汽车。

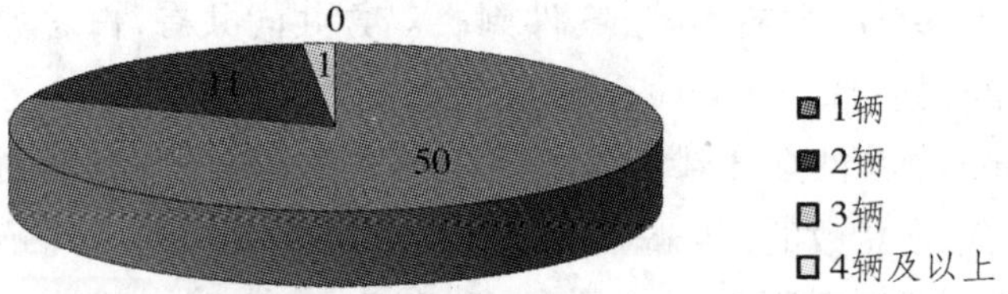

图50 判决离婚案件夫妻共同财产状况(涉汽车)

4. 家电家具分割的基本情况及特点

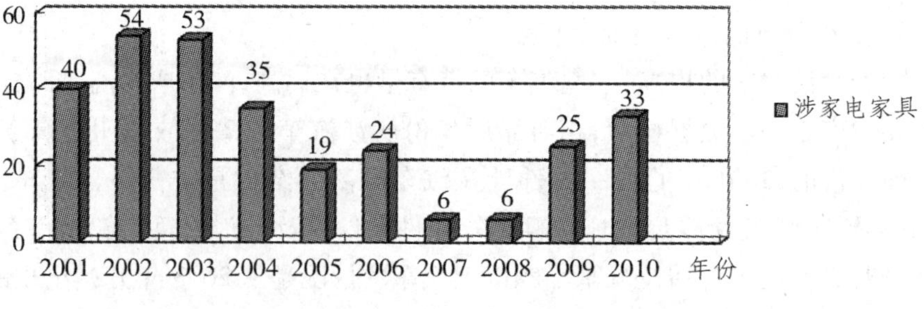

图51 判决离婚案件夫妻共同财产状况(涉家电家具)

家电家具是家庭生活的基本需要财产类型。2001 年至 2010 年间的 1000 件案件中，涉家电家具共有 295 件位居第一。从统计数据中可以看出相对靠后年份的该类型案件相比相对靠前年份数量略有降低。值得提出的是，虽然涉家电家具类案件数量一直居高不下，但是具体家电、家具的内容发生了一定的变化，比如 2001 年、2002 年靠前年份中，家电家具分割的类型涉及锅碗瓢盆、被子、衣柜等生活必需品，但是越往后的年份的该类型财产不局限在生活必需品，而构成变化为价值更大的家电家具类，以及个人享受型物品，例如电脑、照相机等。

5. 存款分割的基本情况及特点

存款一直是夫妻共同财产需要分割的重要内容之一，离婚案件中夫妻分割的存款数额多为 5 万元以内，共有 50 件，占全部涉存款案件的 50%；5 万—10 万元的共有 20 件，占全部涉存款案件的 20%。11 万—20 万元共有 14 件，占全部涉存款案件的 14%；21 万—50 万元的共有 7 件，占全部涉存款案件的 7%；50 万—100 万元的共有 2 件，占全部涉存款案件的 2%；100 万—200 万元的共有 5 件，占全部涉存款案件的 5%；200 万—500 万元的为 0 件；501 万—1000 万元的共有 1 件，占全部涉存款案件的 1%；1000 万元以上的共有 1 件，占全部涉存款案件的 1%。

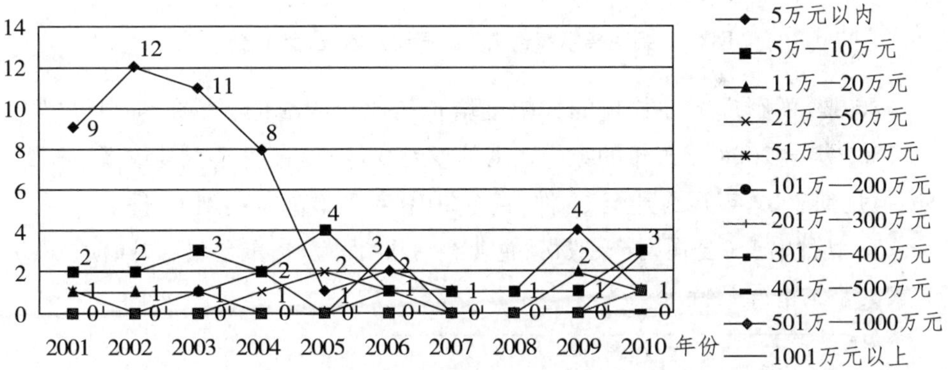

图 52 判决离婚案件夫妻共同财产状况（涉存款）

6. 有价证券分割的基本情况和特点

家庭财产中主要的有价证券财产类型为股票和基金。2001 年至 2010 年间的离婚案件，均涉及股票、基金的分割问题。

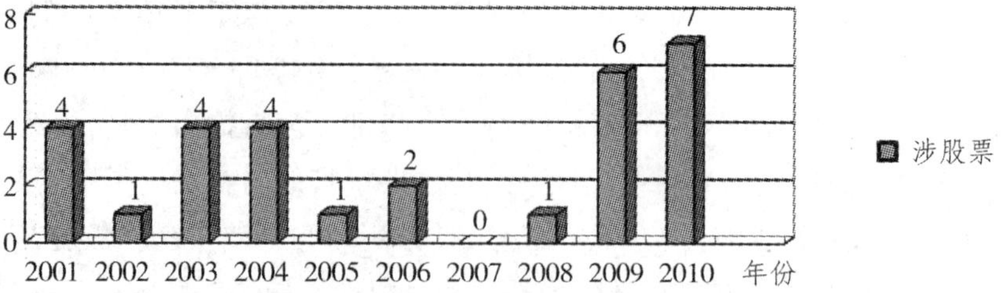

图 53 判决离婚案件夫妻共同财产状况(涉股票)

涉股票类财产案件数量没有明显的变化,从2001年的4件到2010年的7件,只有略微的升高,但仍能看出增长的趋势,在2009年和2010年时,涉股票的案件达到了最高值。

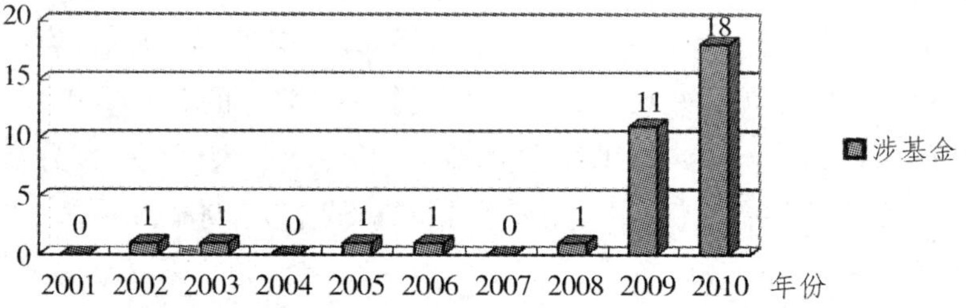

图 54 判决离婚案件夫妻共同财产状况(涉基金)

涉基金的财产案件数量的大幅度增长是比较明显的,从图54中可以看出,2001年至2008年每年的数量在1件或者0件,没有明显上升或者下降趋势,但是到2009年开始升至11件,直至2010年到最高位达到18件。

7. 其他财产(公司财产、股份、企业经营权、保险、贵重金属、共同债权等)分割的基本情况及特点

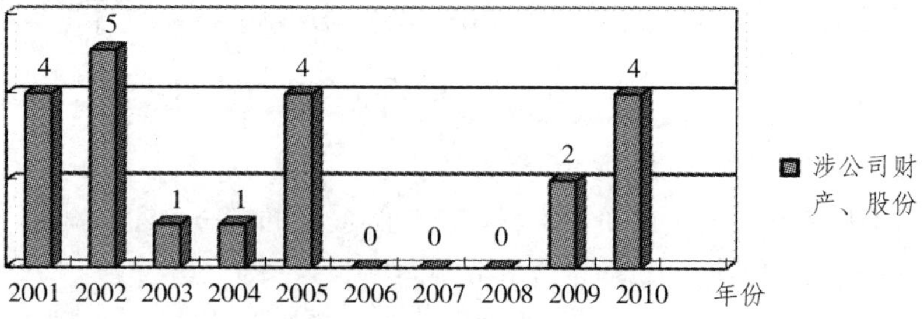

图 55 判决离婚案件夫妻共同财产状况(涉公司财产、股份)

涉公司财产、股份分割的案件在2001年至2010年间没有明显的变化，最高值出现在2002年为5件，最低值出现在2006、2007、2008年为0件。但是值得注意的是涉公司财产、股份分割的案件虽然数量较少，但是分割的难度比较大。

企业经营权案件在实践中较少遇见，但是存在一定的难度，因为不是单纯的价值分割，还涉及经营性质等因素的考量。

涉保险类财产分割案件较少出现，仅在2010年出现过5例，保险类财产分割案件的处理在实践中需要具体分析保险的性质。

贵重金属的分割在许多案件中会被提及，双方对贵重金属均主张所有权或要求共同分割的情形较多，需结合贵重金属具体价值来判断是否属于个人财产还是夫妻共同财产。

共同债权类案件较为少见，因共同债权类案件的处理常常会影响到第三人的利益，所以也可能不在离婚诉讼中解决而另案解决。

8. 离婚时共同债务清偿的情况及特点

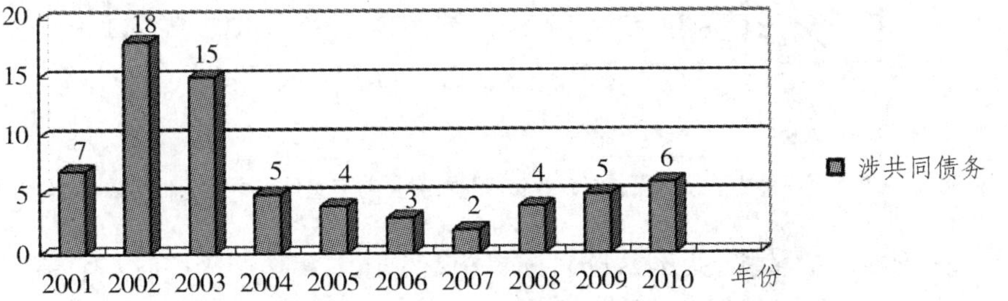

图56 判决离婚案件夫妻共同财产状况(涉共同债务)

2001年至2010年，相对靠后年份的涉及共同债务案件少于相对靠前年份的涉及共同债务的案件，其中涉及共同债务的案件数量最高年份出现在2002年达到18件，最低年份出现在2007年只有2件。虽然在相对靠后年份共同债务的数量变少，但共同债务的数额和处理复杂难度均有所增加。比如由于近年来房价疯涨，夫妻双方通过向父母借款买房产生的共同债务，数额通常较大。又比如共同债务可能涉及一方为多分财产而虚假诉讼、恶意诉讼的问题。

9. 离婚中隐匿、转移、变卖、毁损的情况及特点

数据显示，2001年至2010年，在离婚诉讼前或者离婚诉讼进行中，转移、变卖、毁损、变更财产的情况时有发生，相关情况如下：

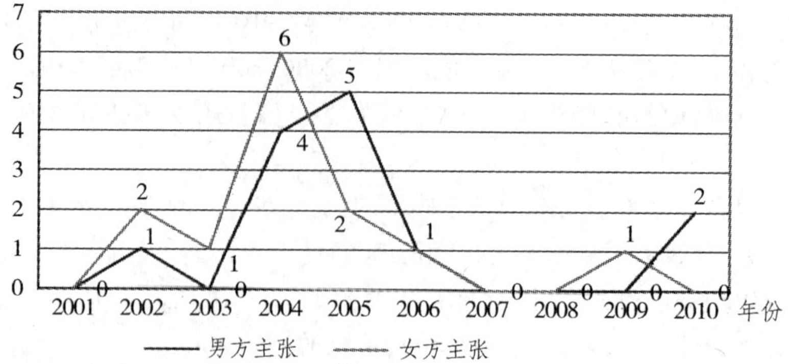

图 57　判决离婚案件中隐匿、转移、变卖、毁损、变更财产的男女主张对比情况

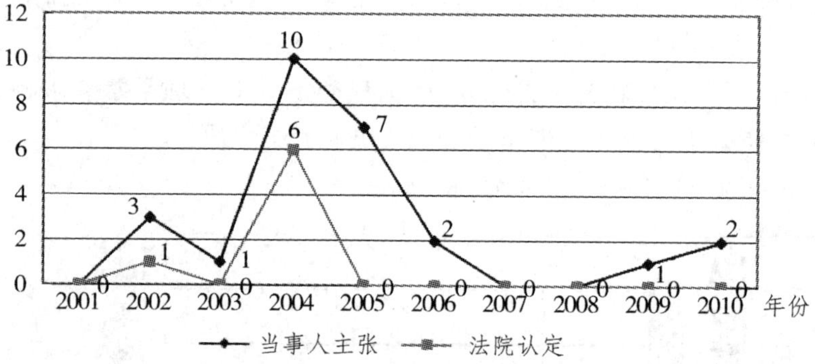

图 58　判决离婚案件中涉及隐匿、转移、变卖、毁损、变更财产案件当事人主张与法院认定对比

关于财产的转移、变卖、毁损、变更情况，2001 年至 2010 年共有 26 件案件中有当事人提出该项主张，其中男方当事人和女方当事人各 13 件，法院最终认定 7 件，大部分没有得到认定。其中 2001 年、2007 年、2008 年没有出现当事人主张的情况。最高点在 2004 年，共有 10 件案件中有当事人提出该主张，法院认定的最高点亦出现在 2004 年，共计认定 6 件。

（十）离婚救济制度基本情况及特点

1. 离婚损害赔偿制度适用的基本情况及特点

（1）对离婚损害赔偿法定理由认识不统一。对于离婚损害赔偿，当事人认为存在有法定损害赔偿四种理由的情况在 2001—2010 年总体案件中占一定比例，共 173 件，占 2001—2010 年全部案件总数的 17.3%；除法定四种理由外，当事人自认为婚外恋或与婚外异性关系暧昧、一方诋毁另一方名誉、性功能不正常等原因都是可以提出离婚损害赔偿的,这种情况在2001—2010年间共有13起,占总体案件的1.3%。无论是法定离婚损害赔偿的理由,还是当事人自认的理由,离婚案件中提出的案件占总体案件比例的不足20%。

(2)法定离婚损害赔偿的四种理由中,人们对家庭暴力容忍度降低。在四种法定离婚损害赔偿理由中,当事人以存在家庭暴力为由诉请离婚损害赔偿的人数最多,占提出离婚损害赔偿案件总数的69.4%;其次为有配偶者与他人同居,占诉请离婚损害赔偿案件总数的24.9%;排在第三位的是虐待、遗弃家庭成员,占提出诉请案件总数的4.6%;排在最后一位的是重婚,占提出诉请案件总数的1.1%。其他当事人自认为可以提出离婚损害赔偿的理由,排名第一的是“配偶与婚外异性关系不正常”、“有第三者”、“婚外恋”,共8起,占当事人其他主张的61.5%;认为“虚构事实”、“诬告自己”、“一方当事人诋毁自己名誉”的有3起,占当事人其他主张的23.1%;认为“对方性功能不正常”的1起,认为“子宫被切除”的1起,各占“当事人其他主张”的7.7%。

(3)当事人即便自我认为存在法定的离婚损害赔偿的理由,但并非所有人都提出具体的损害赔偿请求。在173起当事人认为具有法定赔偿原因的案件中,仅有60件提出了具体的赔偿要求,占诉请案件总数的34.7%。当事人认为有法定损害赔偿的原因之一后具体提出赔偿要求的案件的具体排序是:重婚的100%提出赔偿;虐待、遗弃家庭成员的62.5%提出赔偿;有配偶者与他人同居的41.9%提出赔偿;实施家庭暴力的29.25%提出赔偿。

(4)当事人真正提出具体赔偿要求后,被法院支持的几率很低。在60件案件中,仅有15件案件被法院支持,仅占当事人提出请求案件数的25%,被法院支持的案件仅占当事人自认存在法定理由案件总数的8.7%。

2. 离婚经济帮助制度适用的基本情况及特点

(1)在离婚时涉及经济帮助要求的案件不多。十年来,涉及经济帮助的案件总数为33件,仅为这十年案件总数的3.3%;在离婚救济制度中,当事人提出要求经济帮助的案件数量明显少于离婚损害赔偿的案件数量,相差数值为14%。

(2)提出需要经济帮助的理由主要集中在“患有疾病”、“无住房”和“无收入来源”三方面。2001—2010年统计数据表明,前两种原因各占提出经济帮助理由的27%,“无收入来源”占32.6%,其他占13.5%。而在其他理由中,“自愿给付”的又占50%,不提出任何理由但申请经济帮助的占50%。有的当事人经济困难的情况比较严重,既无住房,又无收入来源,或者是患有疾病,同时又无收入来源,这种情况在33件案件中有3件,占此类案件数量的9%。

(3)经济帮助的形式符合现阶段经济发展基本状况,以金钱给付为主。数据显示,十年中由法院判决的经济帮助30件案件里,给付金钱的案件共27件,占提供帮助案件总数的90%;其中还包括了自愿给付的案件4件,占案件赔偿案件总数的13.3%。判决提供住房的案件仅有3件(含1件案件是自愿搬出),占判决案件总数的10%。一方面,中国经济发展过程中,很多家庭对高房价望尘莫及,经济帮助中很少以提供住房为帮助形式的;另一方面,中国现阶段尚属社会主义初级阶段,并不是所有的家庭有大量存款,即便在金钱给付为主要帮助形式的救济中,金钱给付的数额相对偏低。在27件法院判决给付金钱的案例中,在5000元以下的数量占到29.6%;5001—10000元的占22.2%;10001—20000元的占11.1%;20001—50000元占29.6%;50000元以上的占7.5%;可见,金钱给付的范围基本集中在5000元以下,超过1/4的给付数额集中在5000元以下,略高于或基本持平于当年北京市最低生活保障标准2年所需费用。

(4)当事人提出经济帮助要求后,人民法院的支持率相对较高。统计显示,十年内提出经济帮助的案件共33件,但其中有4件案件是一方自愿给付金钱的,1件是经济相对好的一方搬出现住房屋给予帮助的,故需要法院判决的案件数量应当为28件。在这28件需要法院判决的案件中,人民法院支持了25件案件,支持率为89.3%,其中有3件为当事人没有提出经济帮助要求,法院直接判决给予经济弱势一方经济帮助的案件。

(5)当事人提出经济帮助的案件仅在2003年和2009年两个年份稍有增加,其他年份均在5件案件以内,在2001年和2006年—2008年分别出现两个低谷,仅为1件或2件,这个数值变化与当事人在离婚中提出损害赔偿的案件数量的变化趋势较为相近。

3. 家务补偿制度适用的基本情况及特点

(1)提出家务劳动补偿的案例在十年中极少,仅在2008年有1例,在该案中,当事人并非独立对家务劳动提出补偿要求,而是因为存在家庭暴力行为,在提出离婚损害赔偿中一并提出自己实际承担了大量的家务劳动,最后向法院提出要求男方一并予以8万元作为精神损害赔偿和家务补偿。可以说,本案还不能算作独立的家务劳动补偿的案件;2002年还有一则案件,女方在诉讼中虽然提及自己一直从事家务劳动,但在最终诉讼请求中并没有要求进行家务劳动补偿。可以看出，由于家务劳动补偿救济的条件要求比较苛刻，故当事人即便婚后长期从事家务劳动，为他方实现社会劳动价值付出大量努力，但也难以获得此项救济。

(2)在调查的数据中几乎没有家务劳动补偿的实例本身就能够说明问题，该制度在司法实践中是一个不被普遍适用的制度，与以往实证调查的结果相吻合。

(十一)涉外离婚案件基本情况及特点

1. 当事人情况

在我国司法实践中，将涉及一方为外国国籍、长期居住在国外或拥有港澳台身份证的当事人的民事案件统称为涉外案件。十年来，在随机每年抽取10件总计抽取100件判决离婚的涉外离婚案件中，双方当事人为初婚的比例较大，占76%。双方当事人年龄多集中在30—39岁、40—49岁，占80%，且提起离婚诉讼的男女比例基本持平；双方当事人年龄差在5岁以内的占多数，占68%；离婚案件当事人的婚姻关系存续期间较为集中，其中6—10年婚龄所占比例较大，为31%，其次为2—5年婚龄和11—15年婚龄，各占21%、19%。

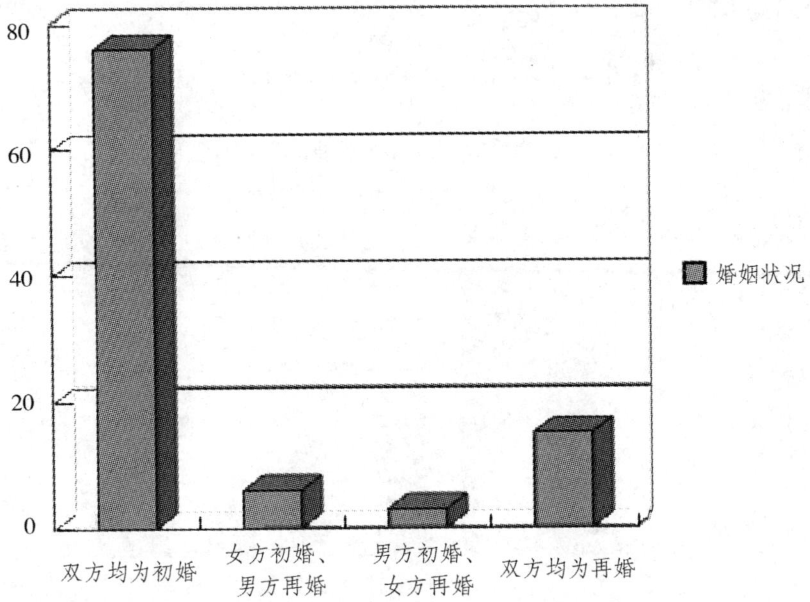

图59 判决离婚的涉外离婚案件当事人初婚、再婚情况

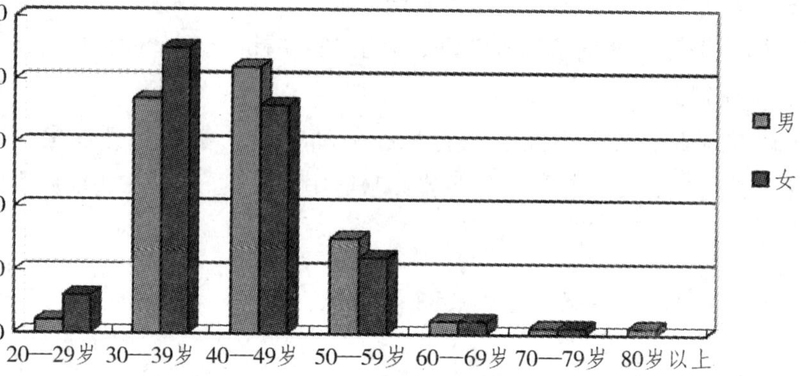

图 60　判决离婚的涉外离婚案件当事人年龄情况

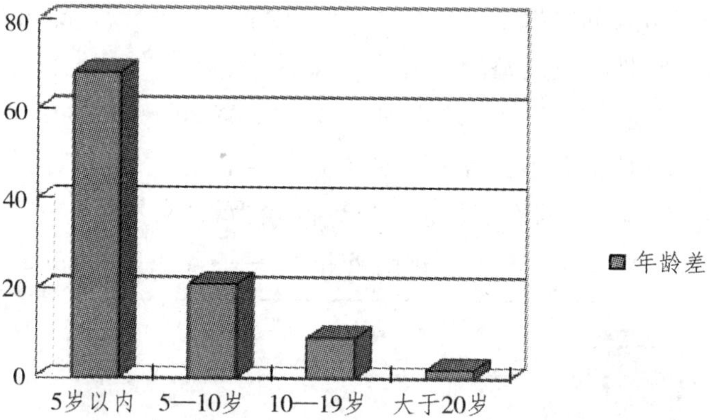

图 61　判决离婚的涉外离婚案件当事人年龄差情况

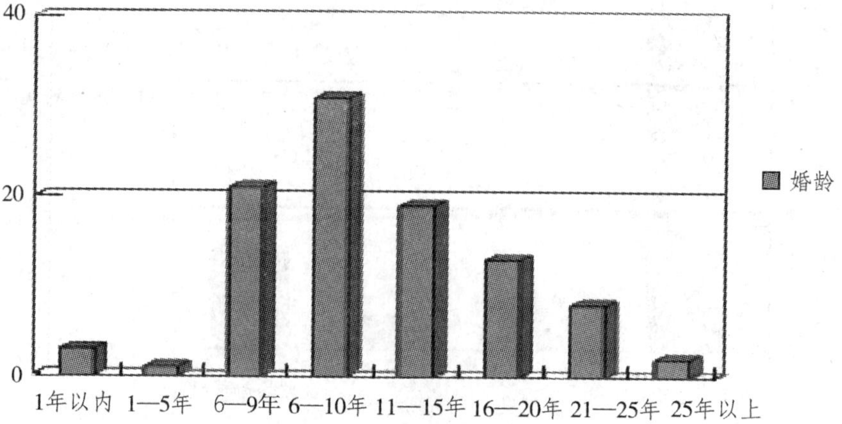

图 62　判决离婚的涉外离婚案件当事人婚龄情况

2. 起诉情况

涉外离婚案件中，当事人起诉一次的判决离婚案件居多，占73%，其中男女各提出离婚请求的比例基本持平；再次起诉离婚的案件有所增加，男女再次提起离婚诉讼的比例基本一致；多次起诉离婚的案件数量较少，且多为男方提出。

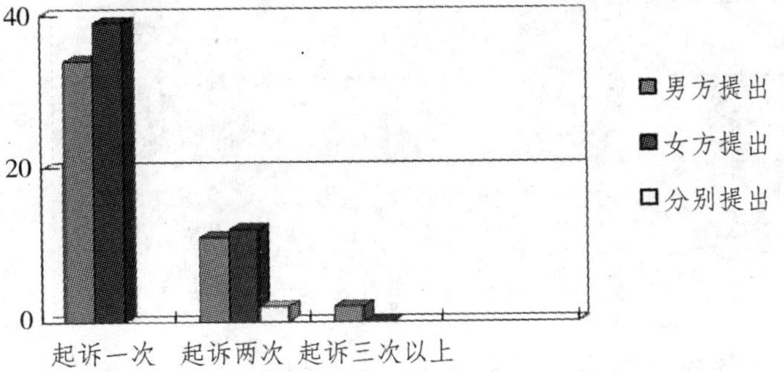

图63 判决离婚案件的起诉离婚次数

3. 被告态度

在判决离婚的涉外离婚案件中，被告缺席的情况较为突出，占52%。在被告参与诉讼却表示不同意离婚的案件中，被告通常又会对子女抚养、财产分割等问题提出主张；而法院判决离婚的比例要低于判驳的比例。在被告同意离婚的案件中，双方争议焦点多集中在财产分割或子女抚养上，当事人对于精神损害赔偿的主张较为少见。

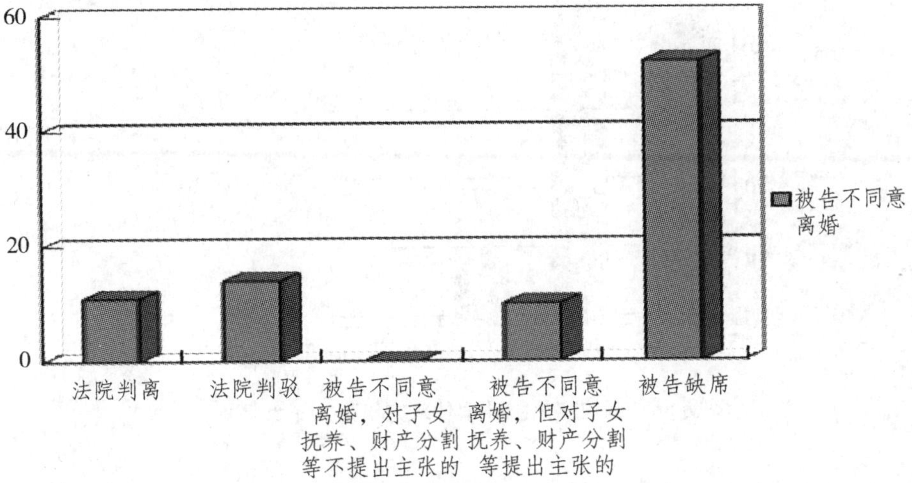

图64 判决离婚涉外案件中被告不同意离婚情况

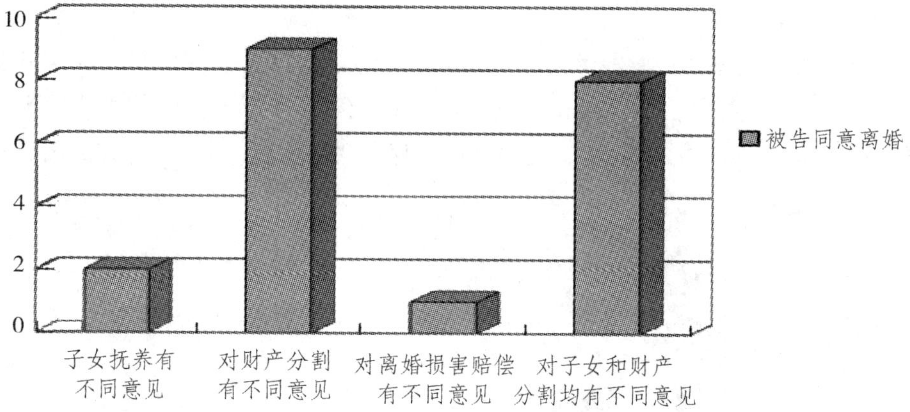

图 65 判决离婚涉外案件中被告同意离婚情况

4. 子女情况

涉外离婚案件中,无婚生子女的比例与有一名婚生子女的比例基本持平,离婚案件中的子女年龄多集中在 2—10 岁,且判决由女方抚养的比例较高;涉外离婚案件中,自行抚养所占比例较高,占 36%,在以每月给付的方式中,不直接抚养子女的一方支付抚养费数额多集中在 501—1000 元,占 17%,其次为 1001—1500 元以及 1501—2000 元,各占 11%;在一次性给付抚养费的案件中,仅有两件,抚养费数额各在 21 万—50 万元以及 51 万—100 万元。

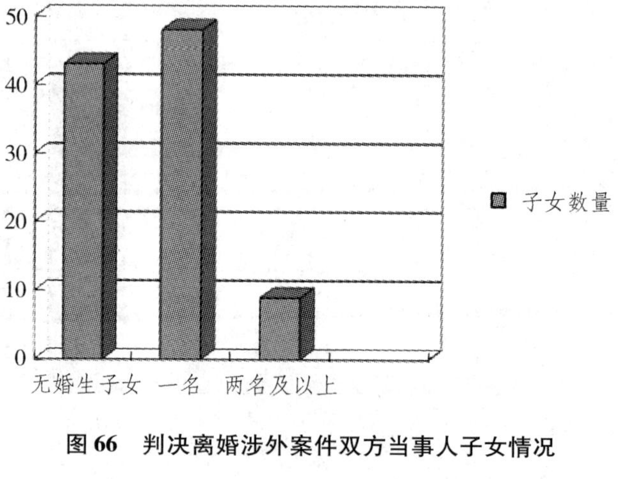

图 66 判决离婚涉外案件双方当事人子女情况

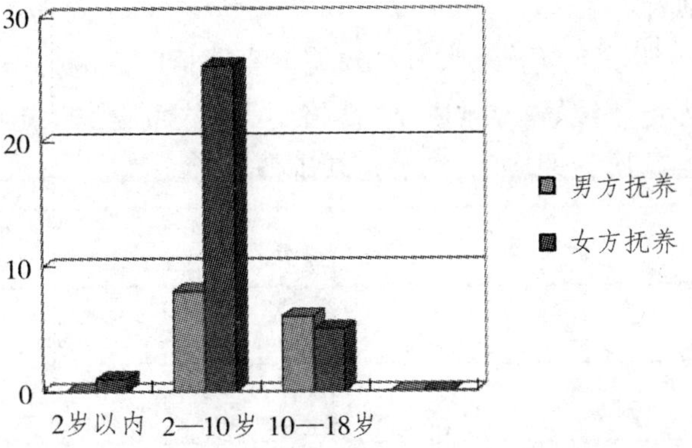

图 67 判决离婚涉外案件子女抚养归属情况

5. 共同财产

在判决离婚的涉外离婚案件中，双方当事人争议的夫妻共同财产涉及汽车、住房、存款、股票、家具家电等，其中双方当事人争议焦点多集中在房屋的分割上，占共同财产的43%；其次为存款，占21.6%。在共同财产中，当事人拥有汽车数量多为一辆，涉存款的数额多集中在5万元以内和21万—50万元，当事人拥有住房的数量多为一处住房，占65%，还有35%的案件中当事人拥有两处住房；另外，还有当事人对于共同债务也提出了主张，不过数量较少。在房屋分割时，当事人只有一处住房的，法院根据案情判决归女方所有和男方所有的比例基本持平，两处住房的绝大部分会判决归男女分别所有，多处住房的根据案情判决大部分房产归男方所有，男方给付女方折价款。

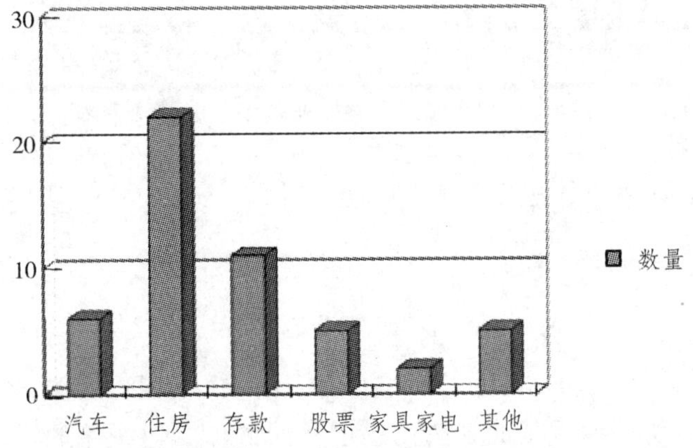

图 68 判决离婚涉外案件夫妻共同财产情况

6. 离婚原因

在离婚原因中，当事人主张分居致使夫妻感情破裂的，在离婚原因中占绝对比例，其次为草率结婚、经常吵架、性格不合等；而法院认定的离婚理由中，分居也占多数，其次为性格不合、婚姻基础薄弱等。

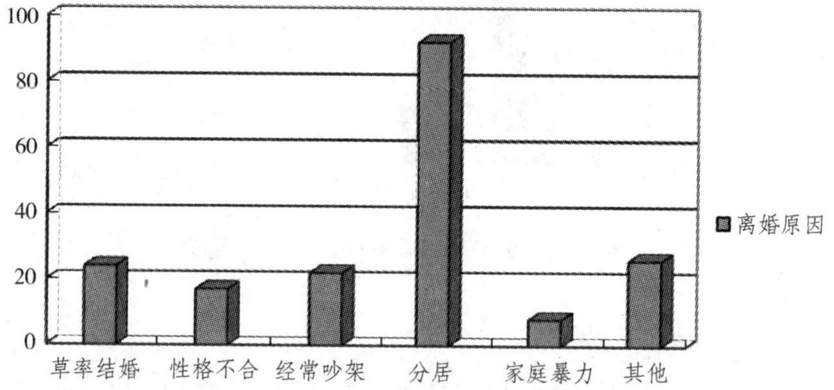

图 69 判决离婚涉外案件当事人主张的离婚原因

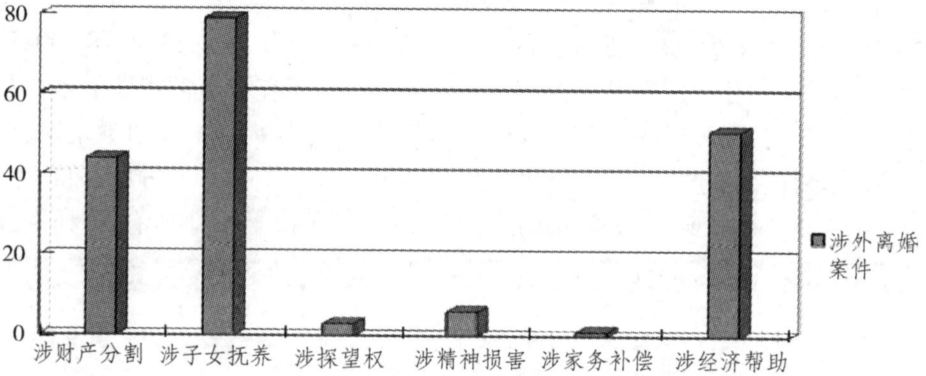

图 70 判决离婚涉外离婚案件涉及的诉讼请求

二、离婚案件中的主要问题

（一）关于离婚程序

1. 公告送达在离婚案件中的适用问题

（1）公告送达适用标准不统一、过于宽松。根据现行法律，公告送达适用于被告下落不明或通过其他方法无法送达的情形。但是从抽样来看，法院适用公告送达的标准不完全统一。尽管绝大部分适用公告送达的案件是因被告下落不明或无法取得联系，但是也有些案件仅仅是分居，没有下落不明；有些案件甚至没有分居亦无下落不明的情况，也采取了公告送达。即使因被告下落不明采用公告送达，对于下落不明达多长时间可以适用公告送达、如何证明下落不明的事实、公告采用何种形式等也不统一。有的下落不明时间长、有的短；有些需要有关部门出具“下落不明”证明材料，有的仅凭原告的陈述；有的公告在被告住所地公告栏或法院公告栏张贴，有的在《人民法院报》（或海外版）公告。综上，公告送达的适用标准有过宽之嫌，不利于保护下落不明一方的合法权益。

（2）公告流于形式，剥夺了受送达人参加诉讼的权利。公告送达适用于被告下落不明或无法联络的案件，确实可以解决送达不能的问题，确保诉讼效率。但是若不严格限制适用范围和程序，也有可能被当事人不当利用。如明明知道配偶所在地，但是对法院谎称配偶下落不明或不知道准确联系地址，继而要求法院采用公告的方式送达。从已有案件适用公告送达的情况来看，采用公告送达方式的案件，鲜有当事人能够真正看见公告前来应诉或提交答辩状，进而充分表达自己的诉讼请求。公告送达的离婚案件极易影响甚至剥夺受送达人的诉讼权利和实体权利。首先，被告一旦过了上诉期才看到公告，只能启动审判监督程序或者请求人民检察院抗诉。我国《民事诉讼法》第202条的规定：“当事人对已经发生法律效力的解除婚姻关系的判决、调解书，不得申请再审。”故原告离婚的目的可轻松达到。其次，即使对财产或抚养权部分申请再审，也由于夫妻共同财产经过法院生效判决已经转移了所有权，而面临再审程序启动难和取证难两大难题。本次1000份判决中凡是采用公告送达的案件，最后全部都是缺席判决。法院只听一家之言，难以真正了解案件的全貌。有些当事人因此达到了非法离婚、多分割夫妻共同财产以及争夺子女抚养权的非法目的。

2. 调解在离婚案件中的适用问题

调解结案率基本与最高人民法院对于调解审判方式的态度变化一致。[17]

---

〔17〕 20世纪80年代末民事审判方式开始改革，实践中出现了严重的“重判轻调”倾向。后在和谐社会的大背景下，诉讼调解被重新重视，2010年最高人民法院发布了《关于进一步贯彻“调解优先、调判结合”工作原则的若干意见》，对如何贯彻“调解优先、调判结合”工作原则提出指导意见，调解的重要性被提升到一个新高度。

当法院重视调解时，调解率就明显上升，反之则会显著下降。由此可见，离婚调解的驱动力一定程度上来自法院的主观意愿，很难保证每个调解离婚的案件都能遵循法院调解的自愿、合法、查明事实、分清是非等原则。

3. 简易程序在离婚案件中的适用问题

诉讼离婚中法院依法适用诉讼程序审理离婚案件，是保证当事人的诉讼权利和实体权利的前提和基本要求。目前，在司法实践中，对离婚诉讼适用简易程序似乎成了趋势，存在滥用简易程序和简易程序适用僵化的倾向。本次调研数据中，2003 年适用简易程序的比例达 97%，2007 年和 2008 年也分别达到 84% 和 73%，在一定程度上反映了该问题的存在。

根据《民事诉讼法》规定，简易程序适用于基层人民法院和它派出的法庭对事实清楚、权利义务关系明确、争议不大的简单的民事案件的审理。尽管后来最高人民法院对上述含义进行了解释，但该规定仍过于原则，缺少可操作性。于是最高人民法院在 2003 年专门颁布《关于适用简易程序审理民事案件的若干规定》，采用否定式列举的方式明确了简易程序案件与普通程序案件的具体划分标准。具体到离婚案件，除“起诉时被告下落不明的；发回重审的离婚诉讼案件；以及人民法院认为不适宜适用简易程序审理的离婚案件”之外，原则上都有适用简易程序的可能。因此囿于法官的认知水平、断案经验、社会阅历等的差异，同类案件可能适用不同的程序审理。例如同样是被告存在特殊情况的案件，如被告是服刑人员（包括被劳动教养或正被羁押），或者有精神疾病，或者是军人，或者未到庭，有些案件法院适用简易程序，有些案件法院适用普通程序，标准不统一。另外，当离婚案件以简易程序审理后，很少转换为普通程序，程序适用有过于僵化之嫌。

（二）关于离婚法定标准

1. “感情确已破裂”的裁判离婚法定标准在司法实践中不易认定。《婚姻法》第 32 条第 2 款确定的裁判离婚的法定标准是“感情确已破裂，调解无效”。感情是一种主观的心理状态，是人们精神上的体验和感受，具有隐秘性、抽象性和主观性，而且感情并非一成不变的，影响感情的因素是多且复杂的。法官作为婚姻关系的局外人，仅凭双方当事人在离婚诉讼中的陈述和提交的证据材料是很难对其感情状况加以准确判断，并对其未来继续共同生活的可能性作出准确预测的。而且进入到离婚诉讼中的当事人出于防卫、求胜或报复等心理，往往很难对其感情状况作出理性、客观、真实的陈述，这进一步增加了法官判断的难度。尽管《婚姻法》第 32 条第 3 款明确列举了四项认定“感情确已破裂”的法定情形，但在司法实践中，这四项法定情形的适用范围极其有限，即便是在有限的适用范围中，也往往因为举证不足而不能得到认定，需要法官依照自己的婚姻观念和生活经验来判断双方当事人感情是否确已破裂。不同法官在行使自由裁量权时，由于经历、学识、素质等方面的差异，难免出现对同类案件处理偏宽偏严游移不定的失范问题，不利于实现司法统一和司法公正。更为重要的是，这给法院或审判人员进行扩大或限制解释创造了自由心证的机会与条件，降低了法律的运行效果和人们对法律的信赖。

2. 在被告同意离婚的案件中，法院不太注重调查双方当事人是否“感情确已破裂”，但均予以认定。“感情确已破裂，调解无效”是我国判决离婚的法定标准，只要是以判决方式结案的离婚案件，法院均应依据该标准作出是否准予离婚的判决。然而在司法实践中，法院对该标准的适用情况却因被告是否同意离婚而迥然有别。在被告不同意离婚的案件中，夫妻感情是否确已破裂是案件审理过程中的首要、核心问题，法官会对双方当事人的感情状况进行较全面的考察，在此基础上作出综合分析和判断，并在判决书中作出较为详尽的论证。但是在被告同意离婚的案件中，法院通常不太注重对夫妻感情状况的调查和审理，而是基于双方当事人的认可将“感情确已破裂”作为一种推定事实予以认定，判决书中往往也只是表明法院对双方同意离婚“不持异议”的态度，对感情是否破裂只有寥寥数语或根本不予提及。

3. 在首次起诉离婚〔18〕且被告不同意离婚的案件中，判决离婚法定标准的适用存在先入为主的倾向。对于首次起诉离婚且被告不同意离婚的案件，如果调解无效(调解和好，当事人撤诉或调解离婚)，法院通常会判决不准离婚。之所以如此，是因为“感情确已破裂”的离婚法定标准在具体执行时很难把握。在很多离婚案件中，双方当事人之间的矛盾是暂时的、非根本性的，判决不准离婚可以为其留出冷静处理问题、恢复感情的时间和空间，社会效果可

---

〔18〕 此处“首次起诉离婚案件”是指夫妻双方中任何一方第一次提起离婚诉讼的案件。在“被告不同意离婚的案件中诉讼次数与离婚的关系”一表中，“一次起诉法院支持数”的统计数据包括一些对方曾经起诉离婚的案件，这些案件不属于此处讨论的范畴。

能较好。但也不排除有时法官出于避免矛盾激化等考虑，在未认真调查当事人感情是否确已破裂的情况下，先入为主地作出不准离婚的判决。

事实上，有一些离婚案件虽然是首次起诉的，但双方当事人的感情确实已经彻底地、无可挽回地破裂，被告之所以不同意离婚，可能只是因为在财产分割、子女抚养等问题上未能达到其预期目标，而以其作为与对方谈判的一个筹码；或是因为心理怨恨、委屈等，希望通过不同意离婚来达到阻止对方开始新生活的目的；等等。也有一些首次起诉离婚的案件，其中存在家庭暴力、虐待、遗弃等严重侵害家庭成员人身权益的违法行为。如果法官对首次起诉的离婚案件先入为主地判决不准离婚，不仅违反离婚法定标准，更不利于维护当事人的婚姻家庭权益。

（三）关于离婚后的子女抚养与探视

1. 相关法律规定较原则，法官在裁判抚养权归属问题上自由裁量权较大，且较看重便于执行的因素，未能充分考虑未成年子女的权益。在子女抚养权的归属方面，我国现行《婚姻法》对于离婚双方当事人子女的抚养归属确定的是“保护子女权益”的原则，即以未成年子女利益为准，决定父母离婚后未成年子女归父母哪方抚养，但是不管是现行《婚姻法》还是相关司法解释并未对“保护子女权益”原则作出明确具体的裁判标准，导致在处理案件过程中，法官对此有很大的自由裁量权，有时会在以下因素的确定方面，出现未能充分考虑未成年子女利益的现象：

（1）子女年龄因素。根据相关法律的规定，在离婚诉讼中一般将两岁以内的子女抚养权归属于母亲，除非母亲出现患有严重疾病或者出现不具备抚养条件、不履行抚养义务损害子女利益的情况时才裁判由父亲来抚养，这主要考虑到哺乳期的婴儿由母亲进行抚养比父亲更能细心、全面的照顾，更有利孩子的健康成长。但是在实践中，对于是否具备实质抚养条件、是否有不履行抚养义务损害子女利益的判断非常困难，致使适用此原则在以后可能出现一些不合格的母亲危害子女利益的情形。

（2）父母抚养意愿的因素。在处理子女抚养权归属方面，如果父母达成了一致协议，根据相关法律规定，法院应予准许，且在审判实践中，一般情况下法院也会充分尊重双方当事人（父母）达成的协议。但是该协议是否对子女健康成长有无不利影响对法院来说难以评判，因此该条规定在一定程度上未能充分考虑子女的利益，有可能出现父母为了尽快离婚，在子女抚养上作出让步进而存在不利于子女利益的情形。实践证明，在一些案件中，当事人出于对尽快解除婚姻、获取更多财产利益等考虑，把未成年子女的抚养作为筹码来进行谈判，这样不仅从情感上容易伤害未成年子女的利益，也容易在子女抚养归属问题上忽略未成年子女的利益。

(3)父母抚养条件和抚养能力。我国相关法律对于该方面并未有明确规定，法院在处理离婚案件中涉及子女抚养权归属时，根据具体案件案情自由裁量，自由裁量空间较大，一般会从父母的经济条件、文化素养、生活环境、道德品质等各方面来综合考量，此外，在审判实践中，法院一般会也从子女与父或母共同生活时间的长短，改变子女生活环境是否对其健康成长有明显不利影响以及父或母一方是否有未治愈的疾病、其他严重疾病，或者有其他对子女健康成长不利的情形来做出裁判。但上述考量主观色彩较重，这样难免出现不利于子女利益的情形。

(4)优先考虑因素。依据我国相关法律规定，在父或母已做绝育手术或因其他原因丧失生育能力的以及无其他子女，而另一方有其他子女的情形下给予前者优先权。该规定对没有生育能力和没有子女的一方给予了政策倾斜，虽在一定程度上彰显了法律的人道主义关怀，但对未成年子女的保护在一定程度上有所忽略。而且从另一个角度来讲，在案件审理中出现父母和子女同时具有优先考虑的情形时，由于父母是成年人，子女利益很可能得不到保护。

此外，如果父母双方抚养未成年子女的条件相当，而双方都愿意作直接抚养人，但其子女已经随祖父母或者外祖父母共同生活了多年，并且祖父母或外祖父母也愿意并且有能力帮助照顾离异子女的未成年子女的，在审判实践中，法院可以将此作为子女随父方或母方共同生活的优先条件予以考量。但是在审判时，有时祖父母或外祖父母仅仅是为了帮助自己子女争取未成年子女的抚养权从而进行的表态，有可能在自己子女取得抚养权后出现不愿帮助抚养的情形，或者在离婚后祖父母、外祖父母短期内去世等情况，在一定程度上无疑会损害未成年子女的利益。

(5)执行因素。对于双方当事人争抢甚至藏匿子女的，绝大部分法院在裁判时均判决由与子女共同生活的一方享有优先直接抚养子女的权利，以避免在父母分居的情形下，一旦判决子女由未与子女一起生活的夫妻一方来抚养，将可能为日后执行带来障碍。但过分重视执行便利也容易导致法官在审理离婚案件中忽视抚养人与未成年子女的意愿，导致抚养双方与被抚养人之间矛盾加深，违背抚养有利于子女身心健康、保障子女合法权益的基本原则。

2. 子女抚养费数额的确定标准不明确，缺乏可操作性，执行困难。

（1）抚养费标准不明确。《婚姻法》第21条规定了抚养费，但未对抚养费的概念作出比较明确的定义。根据《婚姻法解释一》第21条的规定，抚养费包括子女生活费、教育费、医疗费等费用。这一解释亦未对抚养费的概念作出明确的界定，且该解释对于抚养费的范围主要定位于生活费、教育费、医疗费三大类。

此外，我国《婚姻法》第37条第1款规定，离婚后，一方抚养的子女，另一方应负担必要的生活费和教育费的一部或全部，负担费用的多少和期限的长短，由双方协议；协议不成时，由人民法院判决。这一规定过于原则，且该规定没有设定抚养费的最低标准，抚养费数额的计算过于单一，没有按照父母工作的具体情况的不同来分别设置，无法保障未成年子女利益。

对于离婚后非直接抚养子女一方应支付的子女抚养费数额，我国《婚姻法》未有明确规定，最高人民法院《关于人民法院审理离婚案件处理子女抚养问题的若干意见》第7条规定：子女抚养费的数额，可根据子女的实际需要、父母双方的负担能力和当地的实际生活水平确定。有固定收入的，抚养费一般可按其月总收入的20%至30%的比例给付。负担两个以上子女抚养费的，比例可适当提高，但一般不得超过其月总收入的50%。无固定收入的，抚养费的数额可根据当年总收入或同行业平均收入，参照上述比例确定。但是该规定对于抚养费数额的计算依据主要是针对不直接抚养子女一方的经济收入情况，未考虑子女抚养一方的收入。而对于抚养费的最低标准则未作出明确规定，对于未成年子女在一定时期维护其生活所需费用的规定缺失，不利于未成年子女的权利保护。

（2）子女抚养费在执行时存在一定困难。在司法实践中处理离婚案件涉及子女抚养问题时，法官基于子女以后生活、学习需要、社会经济发展、物价变化等因素考虑，为了有利于为未成年子女的健康成长提供较好的经济保障，一般采用裁判由非直接抚养方定期（多是按月）给付的方式来承担抚养费的给付义务，这种方式却为抚养费给付的执行难埋下隐患。主要原因在于：第一，随着经济社会的发展，人员流动性不断增强。农村与城市、城市与城市、国家与国家之间的人员流动越来越频繁，一旦非直接抚养方刻意逃避抚养费给付义务，法院无法得知其确切的行踪，使得抚养费的执行出现一拖再拖、无法执行的困境。第二，离婚后，孩子随一方生活，另一方与孩子感情疏远，共同生活的一方如对另一方存有不满甚至怨恨，在言行举止方面难免会影响到孩子，导致孩子不愿意与另一方沟通、接触，另一方以见不到孩子为由拒绝给付抚养费，影响子女的成长，而直接抚养方在申请执行时局限于定期（按月）给付方式，只能定期（月月）申请，既浪费司法资源又给当事人造成了额外的负担。

3. 探望权制度探望主体过窄、未充分考虑子女意愿。我国法律设立探望权制度的目的，一方面是为了抚慰子女因父母离异、家庭破碎带来的心理创伤，使其身心得到健康发展，另一方面也为了非直接抚养子女的父或母一方在离婚后能够更好地与子女沟通，减轻对孩子的思念等心理压力。但是我国法律目前对于探望权制度的设定存在立法目的偏颇、探望权主体范围过窄的问题，仅仅赋予父母探望子女的权利，而没有规定子女同样有探望父或母的权利，偏重于父母利益的保护，对子女利益的保护力度不够，有悖探望权立法目的，探望权的设立应从子女利益出发，赋予子女探望权权利主体资格。对于探望权主体的设定，我国法律只规定有父母，而没有顾及祖父母、外祖父母等这些与未成年人在生活上有密切关系的人群的权利，同样也忽视了未成年子女是否渴望得到祖父母、外祖父母等人探望的意愿。

4. 未成年子女财产利益保护制度缺失。《婚姻法》第 39 条规定："人民法院根据财产的具体情况，以照顾子女和女方权益的原则判决。"该规定从字面来看倾向于对未成年子女的保护，但是除此之外，我国相关法律并未涉及对于未成年子女个人财产的保护。随着当今社会经济的发展，未成年人获得财产的情况也不在少数，如通过接受继承或赠与而获得财产，通过知识产权方面（如童星）获得收入。因我国法律对离婚案件中未成年子女的个人财产并未作出明确规定，且很多父母的家长观念牢固，将未成年子女的财产作为其夫妻共同财产予以分割或者随意处置，侵犯了未成年人的个人财产利益。

5. 其他问题。我国现行相关法律对离异家庭未成年子女的监护问题没有监督机制。抚养费支付义务人在支付了抚养费后，直接抚养人对该款项的使用情况不透明，且无监督机制对其进行约束，因此不可避免地会出现不负责任的直接抚养人不当使用或挥霍抚养费等情况，使未成年子女利益受损。此外，根据我国《婚姻法》第 37 条、《婚姻法解释一》、《婚姻法解释二》、《婚姻法解释三》等相关规定来看,支付抚养费的义务是父母离异后对子女抚养的首要义务,但也仅规定了支付抚养费一项,其他抚养方式如照顾子女学习、生活,对子女进行教育、管理、进行感情沟通等等鲜有涉及。

(四)关于离婚后的财产分割

离婚时夫妻财产分割的基本原则是夫妻个人财产归夫妻个人所有,夫妻共同财产如果有约定的,从约定;没有约定的,双方协商;协商不成时,由法院依法分割。离婚诉讼中的财产分割是目前离婚案件中最难处理,夫妻双方最容易产生争议的环节。

首先,有的离婚案件中双方对财产是属于夫妻个人财产还是夫妻共同财产,即财产的权属会产生争执,主要有以下两种情况:第一,双方均认为争议财产属于个人的婚前财产,在对方不予认可的情况下,又不能提供有效的发票或其他手续证明购买时间。第二,一方称财产是对方婚前赠与自己个人,但是另外一方不认可,表示为结婚购买或者在婚后购买,但双方均无法提交有效证据。

其次,关于财产约定,常见以下两种争议:第一是协议约定不明,比如双方在婚前有财产协议,约定婚前或者婚后某些财产的权属,但是对财产的名称或者具体数量、数额没有明确在协议中,导致无法确定具体的财产。第二是对财产约定协议效力的异议,一方或双方不认可协议的效力,或者是因为协议缺乏形式要件或者是因为协议缺乏实质要件。

当财产分割的任何一个环节发生争议时,当事人便可以选择诉诸法院,法院在审理过程中,不同类型的财产会出现不同状况,此次调研权据反映出的常见问题如下:

1. 住房分割的主要问题

实践中,住房分割可能是整个案件中价值最大的财产分割部分,而住房分割由于其复杂性,主要问题如下:

(1)房屋性质多样,法律政策较多且分散。因为政策等原因,我国现在房屋的性质复杂,比如现今房屋的性质,除了普通的商品房外,还有不同产权性质的名称存在,比如央产房、经济适用房、农村自建房、小产权房、单位自管公房、房改房、拆迁安置房等。不同性质的房屋,涉及分割时应当根据不同法律规定和政策来处理,由于法律规定分散和某些政策的不规范,导致处理遇到困难。

(2)涉房屋分割类案件当事人矛盾激烈调解难。由于房价大幅攀升,一套小面积房屋的价值也动辄上百万元,导致当事人双方间争夺激烈。实践中经常出现双方当事人均想获得产权的情况,由于巨大的经济利益驱使,使得很难对产权或者折价款等具体事项达成一致见解,如果还涉及房产价值评估,那么审理周期会更长。

(3)按揭购房分割难。由于房价较高,按揭购房成为大部分买房者的选择,夫妻感情破裂需要分割房屋时,往往按揭房屋的增值部分远高于之前的房款,那么增值部分和相关可得利益的归属分配成为当事人容易发生矛盾的环节。

(4)唯一房屋的后续问题。在夫妻只有唯一住房的情况下,存在判决双方共同所有、共同使用的情况,即维持房屋的现状。但是这样往往导致在案结之后衍生各种新的纠纷,比如双方在同一屋檐下生活再生矛盾,一方将另外一方赶出,导致共同居住的实际不能,或者双方由此再生共有物分割纠纷。

(5)当事人举证能力弱。在证明房屋权属时,尤其是当房屋的首付款为现金来源时,存在当事人举证不能的问题。比如当事人主张该首付款是向自己父母所借,但是难以提交相应证据,乃至出现双方当事人均称款项源自自己方情况。当事人举证能力弱的状况还出现在购房过程中其他事项的证明环节,因未保留相应的票据或相关手续,而申请法院大量调查取证。

2. 汽车分割的主要问题

由于家庭汽车保有量的增加,汽车的分割在夫妻共同财产分割中较为常见。近几年来,由于北京摇号限购政策的出台,夫妻双方在离婚时对汽车的争夺变得越发激烈,因为汽车分割不可能一人一半,正常情况下只能一个人获得汽车的所有权,并支付对方相应的折价款或者补偿款,这也意味着车牌号及附属权利的转移,而未获得汽车的一方如果购买新车还需重新摇号。实践中还容易遇到的问题是,未获得汽车所有权的一方不配合获得所有权的一方办理相应手续等。

3. 家具家电分割的主要问题

任何一个家庭可以不配置其他财产,但是一定会有家具家电。大部分家庭在面临离婚时,在财产分割环节都会涉及家具家电的分割,只不过有的当事人之间可以协商一致不用诉诸法院,有的当事人之间不能协商一致需要法院进行分割。实践中容易遇到的问题是当事人对家具家电的认定和举证问题,比如一方当事人称有某家具家电存在,另外一方当事人称没有该家具家电,一方当事人称某家电被对方当事人搬走,对方当事人不承认。

4. 存款分割的主要问题

存款是一个家庭的必备财产,存款的分割是较为常见的,实践中经常出现的是当事人容易对存款笔数及数额不清但主张分割之难题。比如有的当事人不能提供明确的存款,从而造成调查取证的难度加大。有的当事人在婚姻关系存续期间不关注夫妻财务状况,只在离婚时提出分割存款的主张,但又不能提供准确的财产线索。而法院的调查取证不仅要符合法律规定的程序,还需要符合银行等金融机构的规章制度和工作要求,并非不受限制地任意查询。又如某些存款必须到开户行才能查询,或者有的年代较久远的存款查询需要等待银行相当长的工作日,所以如果当事人不能提供明确的财产线索,那么对调查取证和自己举证都是非常不利的。

5. 有价证券分割的主要问题

有价证券诸如股票和基金,主要的问题也在当事人举证环节,如果当事人可以明确举证,那么处理时可以依据相应法律法规,但是不能进行具体金额的分割,而只能进行数额、数量的分割。实践中,对于到底是哪方当事人更具有股票的知识不容易确定,股票根据其投资的高风险性质,如果仅凭价值分配给一方或者双方,那么是否会造成投资的失败和交易利益的损失?而且有的当事人主张分割具体的价值,具体的价值却是无法确定的。

根据法律规定而分割的时间节点多为法院查询当日,但是股票和基金的价格每一日都不同,这样是否会存在价值大幅度变化的情况,值得考虑。

6. 其他财产的主要问题

(1)公司财产、股份、企业经营权。公司财产、股份、企业经营权的分割具有相当的专业性,实践中具有一定的难度。因为公司财产、股份、企业经营权不仅涉及具体的经济利益,还可能影响公司的发展、其他股东的利益。所以在处理上述类型财产时,因其涉及《婚姻法》、《公司法》、《证券法》等多部法律规定,又涵盖了实体和程序两个方面的问题,所以处理起来难度很大,得注意避免出现因一个纠纷再引起其他纠纷的情况。

(2)保险财产。保险财产的分割容易遇到的问题是当事人之间对保险性质不加以区分,争夺保险利益。关于保险的类型,分为人身性质的保险和家庭财产性质的保险,在具体区分时需要根据购买的时间点以及人身性质或者家庭财产性质进行分割,比如个人伤残原因的保险肯定不能作为夫妻共同财产进行区分,这在相应的法律法规中也有明确的规定。

(3)贵重金属。贵重金属是双方当事人权属争议较大的财产类型之一,根据贵重金属的获得来源可以分为以下几种:以结婚为目的的父母赠与、夫妻其中一方对对方的赠与以及婚姻关系存续期间的购买。双方当事人常容易对贵重金属的来源性质表述不清,导致处理时缺乏合理依据。财产来源有特别情况的,在分割共同财产时也应适当体现差别原则。[19] 除此之外,贵重金属还需要结合其具体“贵重”的程度即价值的大小认定。

(4)共同债权。共同债权的分割由于常常涉及第三人的利益,所以共同债权的处理尤其应该谨慎,实践中较少遇到共同债权的问题。

7. 共同债务清偿的主要问题

夫妻离婚不仅要分割共同财产,还必须考虑到“负财产”即共同债务部分。共同债务的发生是在婚姻关系存续期间,应该由夫妻双方共同偿还。个人债务和共同债务的认定应该严格谨慎,否则就会出现两者的混同,造成分割的不均。关于共同债务,必须提及虚假诉讼、恶意诉讼的关联问题,[20] 如果审查不当,将会极大地损害当事人的合法利益。

8. 离婚中隐匿、转移、变卖、毁损财产的基本情况及特点

隐匿、转移、变卖、毁损共同财产行为的认定具有一定的难度,能否支持关键在于当事人举证的情况。但夫妻一方隐匿、转移、变卖、损毁共同财产通常具有预先性、隐蔽性等特点,另一方难以掌握足够的证据,即使法院调查取证也存在很大的难度。其中有的情形是相较而言易于举证的,比如转移存款,如果当事人能够提供存款线索,另外一方又无法证明该笔存款的合理支出,那么属于较为明显的转移财产。又如离婚前低价变卖房屋达到减少离婚时共同财产的价值和数量的目的的行为。但是大部分的隐匿、转移、变卖、毁损的财产要么不为对方察觉,要么难以举出充分足够的证据予以认定。

---

〔19〕 杨立新主编:《最高人民法院婚姻法司法解释(三)理解与运用》,中国法制出版社 2011 年版,第 114 页。

〔20〕 比如夫或者妻在离婚前或者离婚时虚拟与第三人的债务,要求对方共同负担该笔债务。

(五)关于离婚救济制度

1. 离婚损害赔偿实施中存在的主要问题

(1)法定损害赔偿的适用范围相对较窄。在2001年的婚姻法修正案中,离婚损害赔偿作为一项新的制度,由于配偶一方有家庭暴力、虐待或遗弃家庭成员、重婚、与婚外异性长期稳定生活等行为是危及婚姻关系中夫妻感情的最关键因素,是对当事人婚姻家庭权利最严重的侵害,由此而导致的离婚对配偶另一方的身心损害也是最严重的。因此,在确立离婚损害赔偿所具有的违法行为时,首先考虑将这四种情形纳入法律调控范围。上述四种情形之外,吸毒、通奸、赌博等行为对婚姻的伤害同样很大,却未纳入离婚损害赔偿的范围。

(2)无过错方取证和举证能力差。可以说,举证能力存在的前提条件是具有取证能力,若无法取证,无从谈及举证。公民个人在民事诉讼中的举证职能源自于民事诉讼“谁主张、谁举证”的原则,举证职能导致取证权利的自行行使。尽管民事证据的证明标准低于行政诉讼和刑事诉讼,但根据《民事诉讼法》的要求,诉讼当事人提出的证据只有达到“高度盖然性”的程度后才足以使法官确信,该证据方可成为定案依据;诉讼当事人在举证过程中如何达到“高度盖然性”,前置问题是该证据具有证据能力,即当事人获取的证据是客观存在的、与案件具有关联性的、取得方式亦为合法性。这个标准对一般诉讼当事人而言是较高的,因为在婚姻、家庭生活中,亲密关系的人们之间基于情感、经济等相互交融,没有人从一开始就为了可能出现的关系裂痕而开始存留或有意收集证据,只有当问题出现后,才可能产生收集证据的意念,而无过错方在婚姻、家庭生活中处于强势地位的不多,无论女性、男性,老人或儿童,他们能够获取证明主宰自己生活的强势者对自己权益损害的能力极为有限,加之对法律知识的匮乏,很多人不懂得需要用何种证据来说明损害存在的基本常识,而婚姻、家庭生活的隐蔽性更使得家庭中弱势无法通过更多的途径获得外界的帮助,他们往往在诉讼中提出存在“家庭暴力”、“虐待、遗弃”行为,这两种行为在家庭关系中是长期性的、多发的侵害行为,但留下的证据却极易灭失,若要被侵害人提出证据,展示给法庭的基本上也就是自己身体上的伤痕,而仅有这些伤痕无法有力反驳加害人的矢口否认。对“有配偶与他人同居”、“重婚”进行举证,更需要花费大量的人力和财力,请私家侦探不合法,那么就要自己采用跟踪、偷拍、录音、捉奸在床等方式,与其说是取证,不如说是对自己正常生活的严重侵扰，有些取证方式还涉及对第三人的侵害，取得的证据还不一定被法院采信，[21]所以，统计数据呈现的便是173起案件中仅有17起案件因为有证据被人民法院认定；在60起提出具体损害赔偿要求的案件中仅有15起因为有证据支持而得到人民法院的支持；这样低的认定率和支持率，使得当事人对此种救济方式感到无力与无助。

2. 离婚经济帮助制度实施中存在的主要问题

（1）经济帮助的适用条件较为严格。根据法律规定，离婚时如一方生活困难，另一方应从其住房等个人财产中给予适当帮助。婚姻法修正案并未对生活困难进行注释，《关于适用〈中华人民共和国婚姻法〉若干问题的解释（一）》第27条将“一方生活困难”界定为“依靠个人财产和离婚时分得的财产无法维持当地基本生活水平”。家庭中相对弱势的一方会因婚姻关系的终止而使生活水平发生重大变化，即与婚姻关系期间相比有较大的下降，但尚不至于降低到“无法维持当地基本生活水平”。此类弱势群体依照现行婚姻法的规定，则无法获得适当的经济帮助，对其中“患有疾病”者、“无住房”或“无收入来源”者而言，在依法分割夫妻共同财产后，若缺乏对他们的经济帮助，弱势者会因考虑未来而选择委曲求全，这无助于离婚自由的充分实现，也无助于社会财富相对公平的分配。

（2）对经济困难者的帮助力度偏低。尽管当事人提出经济帮助要求后人民法院的支持率高达89.3%，但从统计数据上看，最主要的帮助形式还是金钱给付，但金钱支持的力度也非常有限，在5000元以下的超过1/4，2001—2009年，北京市最低生活保障的标准从每月285元上升至410元，在2001年，5000元尚可维系最低生活标准1年半，到2009年仅可维系最低生活标准1年。这些救济对于患病或者没有生活来源的弱势者而言，已属杯水车薪，对没有住房的当事人而言更是捉襟见肘，因此，对离婚导致经济困难者仅仅以“解决基本生活困难”为目标的救济，力度较小；而这些弱势者也不可能在婚姻存续期内实行分别财产制，因此他们不具备家务劳动补偿救济的基本条件，法律的种种掣肘对这一部分人的救济实际上是相当有限的。

（3）以提供“住房”为经济帮助救济手段有待研究。一方面，“无住房”属

〔21〕 最高人民法院《关于民事诉讼证据的若干规定》第68条规定：“以侵害他人合法权益或者违反法律禁止性规定的方式取得的证据，不能作为认定案件事实的依据。”

于“经济困难”有待探讨。从我国的生活实际来看，只拥有一套住房的家庭还处于绝对多数。这套住房无论是婚前个人财产还是婚后夫妻共同财产，在婚姻关系解除时便面临着归一方所有（婚前个人财产或约定归一方所有）或处于分割（夫妻共同财产）的情况，其中作为夫妻共同财产的住房，因离婚而被分割并归一方所有时，按照一方无住房属于经济困难的规定，其中因分割该住房而实际获得作价补偿的一方在客观上属于离婚后没有住房的情形，他（她）在得到作价补偿后是否还被认定为“生活困难”？若被认定为“生活困难”，他们与真正因“无收入”、“患病”乃至“年龄过长，丧失继续工作能力”而被认定为“生活困难”是有很大区别的，这种认定方式是否有失公平？另一方面，没有住房即可被认定为“经济困难”标准的执行效果会与提供经济帮助的立法初衷不太相符。提供经济帮助的目的是使离婚后的当事人双方的生活趋向“平常”，故而让经济相对好的一方向相对弱的一方提供一定的帮助。若离婚后取得房屋所有权的一方也仅仅是拥有这一套住房，他（她）是否还应当对无房一方提供经济帮助？若依法应提供经济帮助，但因没有更多的金钱可以支付，那么根据法律的规定，提供住房便是其选择。此时将无住房作为判断生活困难的标准是否妥当还有待探讨，而且在认定的实操过程中，还会带来一些与立法初衷相违背的实际效果。

最后，以提供房屋的居住权为帮助的形式，往往会造成夫妻虽然离婚，但还要在一个屋檐下共同生活的状况，作为原婚姻关系中的弱势一方仍无法摆脱婚姻带给其精神上的痛苦，容易给各方的生活与安全造成新的隐患，该方当事人所获得的实际帮助会大大低于法律原有的预期，不仅他们自身的权益不能得到很好的保护，也会因实际执行时的种种不便而难以实现。这种帮助的执行，忽略了提供帮助者和被帮助者的现实需求和实际能力，履行后的社会效果并不符合该项制度建立伊始的初衷。

3. 家务补偿制度实施中存在的主要问题

（1）缺乏实施的社会基础。家务劳动补充制度实现的前提是“夫妻书面约定婚姻关系存续期间所得的财产归各自所有”，而在中国这样一个自古以夫妻合体、夫唱妇随为传统观念的国度中，在婚姻关系中实行夫妻财产分别制并非常态，核心家庭中往往以夫妻财产的共同拥有为夫妻恩爱、家庭和睦的表征，夫妻实行共同财产制后家庭财产的增值状态能够更好地适应我国经济发展之现状，也才能更好、更有效地使家庭财产最大化地增值、最大化地用于家庭中的每个成员，因此，在婚姻关系存续期内以书面约定形式的夫妻分别财产制在我国家庭中还是少数，在这种社会现实条件下，以分别财产制作为家务补偿制度实施的前提势必限制了该制度适用的范围，导致良好的立法初衷没有达到良好法律及社会效果的现实存在。

（2）该制度的适用前提，使大量在家务劳动中付出更多的配偶一方无法顺利得到法律对受损权利的救济。任何夫妻之间、家庭内部都具有一定的分工与合作，目的在于发挥各自长项，经营好家庭。无论出于何种动机或目的，或是否迫于就业现实，我国目前确有一部分婚姻当事人回归家庭，以牺牲自我社会价值而主动承担家务劳动的方式支持另一方配偶的发展和家庭的和睦关系，这种选择方式无可厚非，但在离婚时却面临着这样的窘境：一方面因夫妻之间没有分别财产的书面协议，家务劳动的价值无法得到法律认可；另一方面，因承担家务劳动而放弃自身在社会上的发展而导致的自身社会价值实现机会归零。回归家庭的这方婚姻当事人，在婚姻协作关系中，不仅没有因为对家务劳动更多付出得到法律对权利救济的支持，而且也限制了大量在婚姻关系中因家务劳动的付出而耽误了自身职业发展的配偶一方社会价值的实现。

（六）关于涉外离婚

涉外离婚主要涉及以下几个方面问题：

1. 当事人提出离婚的原因

第一，无子女。夫妻双方多未生育子女，加剧了涉外婚姻的不稳定性。涉外一方事业心较重，且长期在国外生活，独立性较强，不愿为家庭生活所累，也不愿承担养儿育女的责任，所以大多数涉外婚姻的双方选择不生育子女，将全部精力投入到事业上，在一定程度上加剧了涉外婚姻的不稳定性。

第二，两地分居。夫妻中的一方在境外居住的情况在涉外离婚的案件中占了很大比例。因长期两地分居，致使没有时间或机会进行感情交流。涉外一方长期在国外生活，其生活习惯、生活态度均发生改变，逐渐感到与国内的配偶缺乏共同语言，精神上产生孤独感；而在出现矛盾时亦会因为两地分居的因素不愿与对方沟通，对于夫妻矛盾采取冷处理进而影响夫妻感情，最后使其选择离婚。

第三，缺乏情感交流。在涉外案件中，当事人多为高学历、高收入、高追求的“三高人员”，事业心强，工作进取心重，但家庭责任感较差是该类案件当事人比较突出的特点。同时，在涉外离婚案件中，由于夫妻双方长期不在一起生活，其生活习惯、生活态度均发生改变，逐渐感到与配偶缺乏共同语言，精神上产生孤独感，从而致使夫妻感情破裂。

2. 当事人规避管辖情况

在涉外离婚案件的管辖上，依据法律规定，我国法院在实践中持尽可能受理的态度。例如在级别管辖上，涉外婚姻家庭案件由基层法院受理。地域管辖上，一方是中国人的应予受理，可依据户籍所在地、经常居住地等连结点向中国法院起诉；双方均是外国人、可达成调解协议的，对受诉法院均无异议的，法院对此应予受理，并出具调解书；外国人一方在中国有住所的，应予受理等等。对于取得外国国籍的中国公民，依据其出国前最后居住地、婚姻缔结地等连结点均可受理。尽管如此，在涉外离婚案件中，当事人规避管辖的情况却比较突出，主要表现在以下几个方面：

第一，在涉外离婚案件中，管辖权问题也常常是被告用于拖延诉讼的一个理由。由于当事人双方拥有不同国籍或在不同国家有住所或居所，在确定离婚诉讼管辖权连结点时，往往会产生不同国家的法院对案件均有管辖权。当一方当事人提出管辖异议时，法院必须进行审查裁定，并且因证据核实调查等原因致使审查时间较长，必然造成诉讼期限的延长。

第二，在涉外离婚案件中，也存在利用默认管辖的规定，达到尽快离婚的目的。涉外离婚案件中的一方或双方在中国没有固定住所或居所的情况下，有可能出现单方恶意或双方串通，利用民事诉讼法中“默认管辖”，即涉外民事诉讼的被告对人民法院管辖不提出异议并应诉答辩的，则视为承认该人民法院有管辖权的规定，以此来规避管辖权，达成尽快离婚的目的。

第三，在涉外离婚案件中，当事人出于自己利益考虑对管辖提出异议，以此采用对抗诉讼的方式处理离婚问题。因为不同国家法律对财产性质认定不一、妇女儿童权益保护程度不一等因素，导致离婚案件在不同国家的法院处理会在财产分割、子女抚养上出现较大差别，因此，当事人往往同时在中国和外国起诉，并在这种“对抗诉讼”过程中选择对自己财产分割有利的法院应诉，对于另一案件则以管辖异议的方式予以处理。

3. 涉外法律适用

涉外离婚案件中，所提供的涉外法律准确性不高。在审理涉外离婚案件时，需要依据我国相关法律规定以及其他涉外法律规定，对于离婚中需要处理的子女抚养、财产分割等问题予以处理。但是对于外国法律的查明，在审判实践中存在一定困难。依据我国法律的规定，外国法的查明应通过当事人、与我国订立司法协助协定的缔约对方的中央机关、我国驻该国使领馆、该国驻我国使馆、中外法律专家等提供。在审判实践中，往往当事人诉讼能力一般，而有的国家存在不同区域适用不同法律的现象，或者外国一方当事人为多重国籍等因素，致使所提供或查明的涉外法律准确性不高，在一定程度上对于案件的审理、事实的认定存在很大影响。

4. 诉讼期限

送达时间较长致使诉讼期限较长。涉外离婚案件中，因当事人居住在境外的情况较多，送达文书和证据交换较为耗时，造成诉讼周期漫长；同时涉外方出庭率较低，即使应诉，一般情况下也是采用委托代理人出庭的方式，对于法院查明案件事实、了解涉外方真实意愿存在不利因素。在审判实践中，被告居住在国外的情形较多，而在被告出于其利益考虑拒绝应诉或原告无法提供被告准确联系方式的情况下，法院需要通过涉外送达甚至公告送达诉讼材料后开庭缺席审理的案件占涉外离婚案件的一半以上。在向居住在国外的一方当事人送达诉讼材料时，需要通过特定的涉外送达程序，即法院需要依据民事诉讼法规定通过外交途径或国际公约等约定的方式送达，将请求书和所送达司法文书送有关高级人民法院转最高人民法院，由最高人民法院送司法部转送给该国指定的中央机关；必要时，也可由最高人民法院转送我国驻该国使馆转送给该国指定的机关。这一送达程序往往耗费七八个月甚至更长时间，在送达成功之后才能开庭审理。如果经过涉外送达未能送达成功后，尚需经过涉外公告送达（依据我国民事诉讼法的相关规定，在 2013 年以前公告期为 6 个月，2013 年以后公告期为 3 个月）的方式方能开庭审理。此外，在法院缺席审判的情况下，判决书仍要经历 3 个月的公告期及 30 日的上诉期才能生效。

此外，在涉外离婚案件中，前述的管辖权问题亦被当事人用于拖延诉讼，这也是造成诉讼期限较长的一个原因。

5. 涉外离婚案件财产状况的查明

涉外离婚案件中，在国外居住的一方当事人往往经济条件较好、收入较高，但是在国内一方主张国外一方在国外有房产、车辆、存款、股票、基金等财产状况时，国外一方常常予以否认；国内一方对此往往很难提供有效的证据予以证明该财产的存在，致使其主张难以得到法律的支持。在原告申请法院进行涉外调查时，亦会因为不能向法院提供明确的财产线索致使无法进行调查；因法院往往也不具备亲自前往国外调查的现实条件，因此涉外调查依据不同国家的法律规定，往往需要支付高额的调查费用，国内一方对此难以负担，致使调查难以继续进行，国外财产现状难以查明，因此在分割夫妻共同财产时容易出现境外财产不明未予分割的情况。

6. 子女抚养权判定和探望权执行

在涉外离婚案件中，涉及子女抚养问题时，如果国外一方未能亲自出庭应诉，法院对于其关于子女抚养的真实意愿难以了解，因此在子女抚养权归属上存有一定难度；或者如果子女在国外居住，法院一般会判决子女归国外一方抚养，以利于判决执行。同时由于法院对于在国外居住一方的收入情况难以掌握，因此，对于子女抚养费的判定上可能出现未能充分保护子女利益的情况。当未成年子女生活在境外时，法院对于其生活状况及本人意见难以查明，故而出现法院很难准确判断由谁抚养子女更合适的困境。另外，当法院判决由居住在境外的一方承担抚养费或由居住在境外的一方抚养子女时，在境外的一方离境后，容易出现子女抚养费难以执行或国内一方探望权难以行使的问题，不利于子女、国内一方当事人权益的保护。

第三篇
检审:离婚案件之法律适用评析

一、诉讼离婚程序之法律适用评析

(一)法律适用特点及问题分析

第一,公告送达在离婚案件中适用条件过于宽松。公告送达在离婚案件中的适用主要是对于夫妻一方下落不明或通过其他方式无法送达法律文书,另一方向法院申请离婚,人民法院通过公告送达起诉书和判决书,缺席审理离婚案件的情况。公告送达案件因夫妻一方缺席审理,从而无法质证,导致法院难以全面掌握判断双方感情是否破裂、双方财产及债权债务状况如何、子女归谁抚养等问题的相关证据,故应慎用。但是目前我国法律对离婚公告送达适用条件规定过于宽松,给了某些有不当目的的当事人以可乘之机。有些原告明知被告的地址,但出于某种原因或为达到离婚的目的,而故意不提供,甚至以下落不明为由请求法院予以公告送达,使得有些在外地或国外工作学习的被告,回来后才发现已经离婚的事实。但是囿于程序是合法有效的,且我国民事诉讼法规定"已经发生法律效力的解除婚姻关系的判决不得申请再审",当事人只好接受"有家不能回、有理无处讲"的尴尬局面。鉴于离婚公告送达存在这些弊端,应当在法律上严格离婚案件中公告送达的程序。

第二,简易程序适用范围过大。我国《民事诉讼法》第 157 条规定"基层人民法院和它派出的法庭审理事实清楚、权利义务关系明确、争议不大的简单的民事案件",可以适用简易程序。实践中除法律明确规定不适用简易程序的案件(如起诉时被告下落不明的、发回重审的等)外,法院往往将离婚案件看作简单的民事案件,很多情况下适用简易程序审理,使得简易程序有适用范围过广之嫌。

首先,大部分离婚诉讼案件较为复杂,不适宜简易程序。诉讼离婚中确实存在“事实清楚、权利义务关系明确、争议不大”的案件，但是应该说这类案件在离婚诉讼中并不具有普遍性。因为没有争议或争议不大的离婚，当事人一般会采用登记离婚方式，既经济又快捷。往往争议较大，无法达成或暂时无法达成协议时，当事人才会选择诉讼方式离婚。一般而言，当事人无法达成协议的情形主要包括是否离婚、财产归属谁、如何分割、债务如何承担、子女由谁抚养、抚养费支付多少等问题。有些案件当事人对其中一个问题有争议；有些案件当事人对几个或所有的问题都有争议；有些案件某一个问题就比较复杂，如财产种类、数量众多，性质难以认定，分割意见分歧较大等。特别是近年来，经济发展带来的家庭资产的不断增长、家庭资产类型日益复杂、多样，一旦离婚，财产性质的认定及其分割就变得极为困难复杂。我国严格执行计划生育政策，大多数家庭都只有一个子女，离婚时对孩子抚养权的争夺也较为激烈，抚养费数额的确定与当事人收入有直接的关系，证明当事人的真实收入数额也较为困难。

其次，即使当事人的争议仅限于“是否同意离婚”，也应慎用简易程序。离婚的法定标准是夫妻“感情确已破裂”。“感情确已破裂”的举证问题并不简单，若当事人对此存在疑义，应慎用简易程序，特别是存在确定夫妻感情破裂的法定情形时。如何确定原被告感情确已破裂？最高人民法院 1989 年颁布《关于人民法院审理离婚案件如何认定夫妻感情确已破裂的若干具体意见》列举了具体情形；《婚姻法》第 32 条亦规定了法院确定夫妻感情破裂的法定情形，具体包括“（一）重婚或有配偶者与他人同居的；（二）实施家庭暴力或虐待家庭成员的；（三）有赌博、吸毒等恶习屡教不改的；（四）因感情不和分居满二年的；（五）其他导致夫妻感情破裂的情形”。但是对于上述情形的确定并非易事。以家庭暴力为例，通过审阅十年 1000 份判决书，可以发现许多原、被告在诉讼中都提到双方有“争吵”、对方有“殴打”、“××打过××”、“实施家庭暴力”等行为，但是法院对此经常以“举证不足，本院不予采信”为由排除上述情形的存在。1000 份判决书中法院认定存在家庭暴力的案件只有 7 件。所以当事人想以“家庭暴力”为由主张双方感情破裂非常困难。重婚、有配偶者与他人同居、虐待或遗弃家庭成员等法定情形的认定及适用更是少之又少，1000 份判决中分别有 1 件、4 件、1 件。因此《婚姻法》第 32 条的适用率极低，形同虚设。造成上述状况的根本原因在于当事人举证困难、举证不足。婚姻的私密性特点决定了夫妻间大部分事情只有双方了解，其他人无从知晓。而有过错一方一般不会轻易承认对自己不利的事实，以免给自己带来不利后果，因此诉讼过程中双方当事人的举证、质证、陈述和辩论等行为非常困难，也难以认定。显然，这类案件应不属于“事实清楚、权利义务关系明确”的民事案件。

（二）法律建议

1. 公告送达的法律适用建议

（1）适用公告送达应明确下落不明的合理期限。现行法律对离婚诉讼中公告送达的规定较多，主要有1989年最高人民法院《关于人民法院审理离婚案件如何认定夫妻感情确已破裂的若干具体意见》第12条、1989年最高人民法院《关于一方当事人下落不明未满两年的离婚案件是否受理的公告送达问题的批复》（已失效）、1992年最高人民法院《关于适用〈中华人民共和国民事诉讼法〉若干问题的意见》第151条、《民事诉讼法》第92条等规定。这些规定均明确离婚诉讼中公告送达适用于一方下落不明的情况。但是对于下落不明达到多长时间并无限制，也没有要求必须宣告失踪。也有学者认为“2001年的《婚姻法》第12条规定，一方被宣告失踪，另一方提起离婚诉讼的，应准予离婚。这是婚姻法对公告离婚适用范围的限定。”[1]对此，本书认为《婚姻法》第12条仅仅明确一方被宣告失踪是判决夫妻感情破裂的一种标准，是法律判决离婚的法定情形，并未明确限定宣告失踪是适用公告送达的前提条件。因此离婚诉讼中适用公告送达的范围仅是“一方处于下落不明”，这种过于宽泛的规定导致司法实践中公告送达适用混乱。本书认为应对公告送达的适用范围作适当限定，最好在法律上明确“下落不明”的合理期限，如2年以上，该期限也可以有适当的弹性，给法官一定的自由裁量权。但是，程序上不必将宣告失踪作为前置程序，这样会增加离婚诉讼的成本并降低诉讼效率。

（2）法院应审慎审查被告下落不明的证据，查明事实。如何证明下落不明是公告离婚案件中最重要的事实。实践中，一般由原告提供居委会、村委会或派出所证明。但有些法院比较随意，要么仅凭原告的口头表述即认定被告下落不明，要么不需要原告提交任何证据即认定采用公告以外的其他方式无法送达。公告离婚案件因欠缺被告的答辩意见，使得原告的一面之词、一家之

---

〔1〕 张恩乐：“公告离婚的法律欠缺与完善”，载《才智》2008年第1期，第12页。

言成为法院判断夫妻感情是否破裂的唯一标准，这就难以保证法院能够获得全面客观的证据断案。若法院随意适用公告送达，并简单采信证据，然后轻易作出“准予离婚”的判决，将严重损害被告人的合法权益。因此建议法院在公告离婚案件中审慎审查下落不明的事实和证据。在实体上明确“下落不明，其他方法无法送达”的具体要求。我国目前的户籍和人口由公安机关管理，当事人下落不明的证明材料当然应由公安机关出具。但是对当事人情况了解比较清楚的应该是当事人所在的居委会或村委会，所以更为保险、慎重的做法是，由居委会或村委会出具证明，然后再由公安机关确认。这样可以最大限度地保证证明的真实可靠性。一定要避免仅凭原告的一方之词即认定被告“下落不明”的情况发生。

（3）公告的方式应广泛有效。法院发布公告的目的不仅是法律文书生效的重要标尺，而且应当成为让当事人获取案件信息的有效途径，所以公告的渠道非常重要。最高人民法院《关于适用〈中华人民共和国民事诉讼法〉的解释》（2015 年）规定，公告送达可以在法院的公告栏和受送达人住所地张贴公告，也可以在报纸、信息网络等媒体上刊登公告。从实践来看，法院更多的是选择在《人民法院报》上登报公告。但是《人民法院报》的发行范围有限，往往只在司法系统发行，不仅在普通报摊、报亭难以买到，而且除法律工作者外，一般人不会特别关注该报纸，这使得公告送达的效果难以达到。为保证公告能够切实起到通知下落不明者参加诉讼的效果，本书建议一方面媒体公告应尽可能采用主流媒体，选择点击量名列前茅的门户网站公告送达；另一方面公告可以采取多种途径送达。除在主流媒体公告外，亦可在原告及被告直系亲属的居住地及居住地的居委会、村委会等公众聚集地的公告栏张贴公告。与家人、亲人保持联系是人之常情，除非迫不得已，一个人通常不会与所有亲人失去联系，所以在被告亲属的居住地及居住地的居委会、村委会等公告栏张贴公告的方式较为可行，很多时候会优于媒体公告方式。

2. 简易程序的法律适用建议

如前文所述，大部分离婚案件并非属于可以适用简易程序的简单民事案件。为维护当事人及其子女的合法权益，法院审理离婚案件要慎用简易程序。

（1）法律应明确不宜适用简易程序的情形。为保证法院适用法律的统一严格，减少法官的自由裁量权，法律应明确限制适用简易程序的特殊情形。如一方当事人对夫妻感情是否破裂的认识与法院认定的结果存在根本区别而难以接受甚至可能引起意外；一方当事人主张存在法定的认定夫妻感情破裂的情形，但是另一方当事人予以否定的；在离与不离的问题上出现了法律规定与社会普遍的认知能力、接受能力或社会道德、善良风俗相左的情形；夫妻共同财产涉及第三人利益的；一方当事人明显处于弱势的地位，但因为证据的问题难以合理公平地予以平等保护的……

(2)应尊重当事人的程序选择权。根据2015年最高人民法院《关于适用〈中华人民共和国民事诉讼法〉的解释》第269条和《关于适用简易程序审理民事案件的若干规定》第3条的规定，当事人对程序有选择的权利和提出异议的权利。故法院除依职权选择适用民事程序审理离婚外，亦应尊重当事人的程序选择权，认真审查当事人异议是否成立，正确界定案件复杂、疑难的标准。

二、离婚标准之法律适用评析

(一)法律适用特点及问题分析

2001年《婚姻法》第32条第2—4款规定：“人民法院审理离婚案件，应当进行调解；如感情确已破裂，调解无效，应准予离婚。”“有下列情形之一，调解无效的，应准予离婚：(一)重婚或有配偶者与他人同居的；(二)实施家庭暴力或虐待、遗弃家庭成员的；(三)有赌博、吸毒等恶习屡教不改的；(四)因感情不和分居满二年的；(五)其他导致夫妻感情破裂的情形。”“一方被宣告失踪，另一方提出离婚诉讼的，应准予离婚。”以上条文为我国现行法定离婚标准之具体内容。调查发现，该条文在适用过程中主要存在以下特点与问题：

1.“感情确已破裂”在司法实践中难以认定，事实上“婚姻关系破裂”在一定程度上被承认

“感情确已破裂”是我国现行离婚标准之概括规定，系对1980年《婚姻法》第25条之沿袭。而在1980年《婚姻法》实施以前，司法实践中长期将“正当理由”作为离婚标准，即离婚须有合乎道德的理由，离婚理由不合乎道德的，例如第三者插足、喜新厌旧等，视为理由不正当，无论夫妻感情是否破裂，均不准予离婚。离婚标准从“正当理由”向“感情确已破裂”的转变，实为裁判离婚立法原则由过错离婚主义向破裂离婚主义的转变，得到了司法实践和法

学理论界的普遍认可,也顺应了当今国际社会离婚立法的发展趋势。然而,与其他采破裂离婚主义原则的国家和地区在法律条文中采用“婚姻关系破裂”或类似表述不同,我国《婚姻法》的表述是“感情确已破裂”。

如前文所述,“感情是否破裂”的判决离婚标准在司法实践中存在当事人举证上的难题,法官的裁判也具有较强的主观随意性,一直以来饱受诟病。事实上,在有关我国判决离婚标准的概括规定是采“婚姻关系破裂”还是“感情确已破裂”的争论中,前者在学界是占有绝对优势的。在此种情况下,2001 年《婚姻法》仍然沿用了 1980 年《婚姻法》的“感情确已破裂”标准,一个重要的原因正是为了避免使民众产生离婚标准变化的误会。〔2〕然而无论是在历史上还是在当前,无论是在立法上还是在司法实践中,“婚姻关系破裂”标准事实上一直有存在的空间。

(1)历史上立法、司法解释曾采“婚姻关系破裂”标准。1950 年《婚姻法》第 17 条规定:“男女双方自愿离婚的,准予离婚。男女一方坚决要求离婚的,经区人民政府和司法机关调解无效时,亦准予离婚。”其中并未明确规定裁判离婚的法定标准为何。1953 年中央人民政府法制委员会在《有关婚姻问题的若干解答》中对这一条作出的解答是:“人民法院对于一方坚决要求离婚,如经调解无效而又确实不能继续维持夫妻关系的,应准予离婚。如经调解虽然无效,但事实证明他们双方并非到确实不能继续同居的程度,也可以不批准离婚”。这表明“夫妻关系能否继续维持”,即“婚姻关系是否破裂”是准予或不准离婚的界限。1979 年最高人民法院《关于贯彻执行民事政策法律的意见》更是明确指出:“人民法院审理离婚案件准离不准离的基本界限,要以夫妻关系事实上是否确已破裂,能否恢复和好为原则。”

(2)现行《婚姻法》在事实上承认了“婚姻关系破裂”标准。现行《婚姻法》第 32 条第 4 款规定:“一方被宣告失踪,另一方提出离婚诉讼的,应准予离婚。”从条款结构上分析,该条第 1 款是关于诉讼离婚程序的规定,第 2 款则是对裁判离婚标准的概括规定,紧随其后的第 3 款列举了五项内容作为认定“感情确已破裂”的例示情形,第 4 款虽应准予离婚,但其并不属于第 2 款和第 3 款所列“感情确已破裂”的情形,而是与之并列的一种离婚标准。“一方被宣告失踪”意味着双方当事人无法共同生活,配偶间的权利义务也告中止,

---

〔2〕 参见夏吟兰:《离婚自由与限制论》,中国政法大学出版社 2007 年版,第 160 ~ 162 页。

实际上正是“婚姻关系破裂”的一种情形。因此，在现行《婚姻法》中，事实上也在一定限度内承认了“婚姻关系破裂”的离婚标准。

2. 离婚标准的法定情形存在与概括规定不完全一致、不典型和难操作等问题

根据“宜粗不宜细”的立法精神，我国1950年《婚姻法》和1980年《婚姻法》对离婚标准只作抽象概括性规定，而不列举具体的离婚理由。〔3〕这一立法模式下的离婚标准具有很强的包容性和灵活性，能够适应千变万化的离婚纠纷，有利于实现当事人的离婚自由，但缺点在于太过抽象、笼统，难以把握，容易沦为一种模糊、伸缩的弹性原则。有鉴于此，1989年最高人民法院在总结审判实践经验的基础上，颁布了《关于人民法院审理离婚案件如何认定夫妻感情确已破裂的若干具体意见》，列举了认定“感情确已破裂”的十四种情形，凡具有其中之一者，即可视为夫妻感情确已破裂。2001年《婚姻法》吸收了该司法解释的部分内容，在“感情确已破裂，调解无效”的概括性标准之后增列了五项认定夫妻“感情确已破裂”的例示情形，即重婚或有配偶者与他人同居，实施家庭暴力或虐待、遗弃家庭成员，有赌博、吸毒等恶习屡教不改，因感情不和分居满二年这四种具体情形，以及“其他导致夫妻感情破裂的情形”这一兜底性条款。

对2001年《婚姻法》在离婚标准立法模式上从概括主义向例示主义的转变，学界普遍给予了较高评价，认为其弥补了概括主义立法模式的不足，同时又能避免列举主义立法模式过于僵化、死板，无法穷尽所有离婚原因的缺陷，是我国离婚标准立法的一大发展和进步。然而，近年来也有一种观点认为，从司法实践的效果来看，例示主义的立法功能难以发挥，其主要理由在于：法定情形对离婚判决的指导意义不大；法定情形并不是夫妻感情破裂的必然例证，具体个案中概括离婚标准与例示相互矛盾；法定情形作为绝对离婚理由在司法实践中难以贯彻；等等。〔4〕不过笔者认为，对例示主义的前述批判其实并非这一立法模式本身的固有缺陷，而是我国在具体运用过程中出现的问题，是

〔3〕1950年《婚姻法》规定的离婚标准为“男女一方坚决要求离婚的，经区人民政府和司法机关调解无效”。1980年《婚姻法》规定的离婚标准为“感情确已破裂，调解无效”。

〔4〕参见王礼仁：“是进步还是倒退？——评我国离婚标准中的例示主义立法模式”，载《法律适用》2005年第12期，第36～39页。

例示情形本身的规定不够科学合理。

（1）法定情形与概括规定不完全一致。《婚姻法》第 32 条第 3 款所列的五项法定情形，存在与裁判离婚标准的概括规定不完全契合之处。该款除最后一项兜底条款外，只有第 4 项“因感情不和分居满二年”可以非常确定是“感情确已破裂”的表现形式，其余 3 项都是婚姻当事人具有特定的过错，尽管这些过错行为必然会对夫妻感情造成伤害，甚至是严重伤害，但未必导致夫妻感情彻底、完全、无可挽回地破裂。例如有些因家庭暴力、有配偶者与他人同居引发的离婚案件，无过错方起诉离婚的真正目的并非解除婚姻关系，而是希望以此教育被告、挽回婚姻。也就是说，在具体个案中，法定情形与“感情确已破裂”的概括规定可能不具有对应关系。

此外，尽管前文提及的《关于人民法院审理离婚案件如何认定夫妻感情确已破裂的若干具体意见》的一些条文因与现行《婚姻法》相抵触而失效，也有一些条文被《婚姻法》第 32 条第 3 款吸收而成为“感情确已破裂”的法定例示情形，但其余条文内容仍然是具有法律效力的。在司法实践中，该司法解释第 1 条中“一方有生理缺陷，或其他原因不能发生性行为，且难以治愈的”，第 3 条中“一方在夫妻共同生活期间患精神病，久治不愈的”，第 11 条中“一方被依法判处长期徒刑”，以及第 12 条中“一方下落不明满二年，对方起诉离婚，经公告查找确无下落的”等，经常被作为“其他导致夫妻感情破裂的情形”对待，而成为法院认定的离婚理由。然而在这些情形中，双方当事人可能只是因客观原因无法为正常的夫妻共同生活，婚姻关系破裂，并不一定伴随着感情破裂。现实生活中，我们经常为一些“为爱离婚”的事例所感动。如北京通州张桂营因车祸造成高位截瘫，妻子张亚清多年如一日对其悉心照料，张桂营因不想拖累妻子而诉请离婚，法院最终准予双方离婚。此后，张亚清离婚不离家，继续像往常一样照顾张桂营。[5]

由此观之，我国离婚标准的法定情形与“感情确已破裂”的概括规定并不完全一致，有时甚至大相径庭。

（2）法定情形不具有典型性和代表性。《婚姻法》第 32 条第 3 款列举的认定“感情确已破裂”的法定情形除兜底条款外有四项。调查发现，在高达 78.6% 的判决离婚案件中，当事人主张的离婚原因并不在这四项法定例示情

---

〔5〕 参见范春旭：“离婚不离家，我会照顾他一辈子”，载《新京报》2013 年 6 月 29 日，第 A13 版。

形之列。这些案件可区分为两种情形:在11.3%的判决离婚案件中,当事人主张的离婚原因与“感情确已破裂”的法定情形具有一定的相关性,例如“有外遇”、“有第三者”与“重婚或有配偶者与他人同居”,“对家庭无责任心”、“缺乏关照”与“遗弃家庭成员”,“打骂家庭成员”、“实施家庭暴力”、“虐待家庭成员”等,但因其不具有时间上的持续性、后果上的严重性、情节上的恶劣性等特征,并不构成“感情确已破裂”的法定情形;而在其余67.3%的判决离婚案件中,当事人主张的离婚原因是经常吵架、性格不合、草率结婚、对自己家人不尊重、生活环境或生活习惯不同等,与“感情确已破裂”的法定情形相去甚远。

在法院认定的离婚原因中,法定情形所占的比例更低。本次调查中,“法院认定的离婚原因”并未严格依照“婚姻确已破裂”的法定情形设计选项,而是选取了司法实践中法院认定较多的一些离婚原因,所以无法得出法院认定的离婚原因中情形所占比例的准确数值。但据笔者在调查过程中的粗略估计,这一比例不足30%。无独有偶,其他一些调查也反映出相同的问题。例如对湖北省宜昌市中级人民法院2005年186件离婚案件的统计分析显示,属于“感情确已破裂”法定情形的共17件,占离婚案件的比例为9.13%,而不是法定离婚情形的案件在90%以上。[6] 又如在某中级人民法院2002年审理的946件离婚案件中,仅有几例以分居两年或赌博恶习等判决离婚,绝大多数以“其他导致夫妻感情破裂的情形”判决离婚。[7]

这些数据表明,《婚姻法》所列的“感情确已破裂”的法定情形并不具有典型性和代表性,司法实践中当事人主张较多和法院认定较多的一些离婚原因并未被纳入其中,法定情形的规范指导功能未能得到有效发挥。

(3)法定情形难以举证和认定,且标准不明确。法定情形的增加无疑提高了离婚标准的可操作性,不过我国“感情确已破裂”法定情形本身在操作性上也存在难举证、难认定和标准不明确等问题。

离婚与否关涉婚姻家庭和社会稳定、未成年人保护等重要问题,法院对“感情确已破裂”的认定相当审慎,因此对离婚案件中当事人提交的证据有较

---

〔6〕 参见王礼仁:“是进步还是倒退?——评我国离婚标准中的例示主义立法模式”,载《法律适用》2005年第12期,第36页。

〔7〕 吴晓芳:“对法定离婚标准的再思考”,载《人民法院报》2004年10月17日。

高要求，但与之形成强烈反差的是，由于夫妻关系的特殊性、家庭生活的私隐性等因素，当事人对离婚原因的举证往往并不容易。如前所述，“因感情不和分居满两年”是比较容易举证的，因为双方当事人是否分居、分居原因、分居时间长短等都是相对客观、外在的事实，通过亲朋好友、邻居同事等的证言不难证明，而其他法定情形的举证则相对困难。例如在以家庭暴力为由诉请离婚的案件中，有一些是当事人不能提供必要的证据，例如受害方受“家丑不可外扬”思想的影响，不曾寻求任何外部救济，自己也未保存任何证据；或是受害方在向公安机关、医院等寻求救济时未能得到妥善对待和处置，以致无法提供必要证据；或是邻居等证人基于“清官难断家务事”等传统观念，不愿为其作证。也有一些是受害方提供了受伤照片、医院诊断证明、报警记录、妇联救助登记表、证人证言等证据，但对方当事人对其真实性或证明目的不予认可，法院认为无法确认构成家庭暴力，不予支持。又如在当事人主张的离婚原因为“重婚或有配偶者与他人同居”的案件中，比较常见的证据包括对方当事人的电话清单、网络聊天记录、短信摘抄、与婚外异性的照片或录音、录像资料，以及对方出具的保证书或悔过书等等，其真实性、合法性和证明目的也经常受到对方当事人的质疑，法院通常也认为这些证据缺乏足够的证明力。

从当事人主张的“感情确已破裂”法定情形能够得到法院认定的极少数离婚案件来看，法院以前作出的裁判文书或专业机构出具的鉴定结论是比较有效的证据。例如在法院明确认定家庭暴力行为，进而准予双方当事人离婚的两起案件中，一个原告提供的证据是对方当事人对自己犯故意伤害罪被判处有期徒刑的判决书，另一个原告提供的证据则是外国法院颁发的禁止对方当事人对自己进行殴打、骚扰、威胁等的民事保护令。而在另一起离婚案件中，男方提供的亲子鉴定结论表明其并非女方在婚姻关系存续期间所生孩子的父亲，加之女方的短信、聊天记录及女方母亲的证言均表明女方与婚外异性维持着同居关系，故法院以“有配偶者与他人同居”为由认定双方“感情确已破裂”。然而，绝大多数的判决离婚案件是没有这类证据的，这从另一个侧面反映出“感情确已破裂”法定情形的举证和认定是非常困难的。

除此之外，“感情确已破裂”一些法定情形的认定标准也不够明确，司法实践中容易使人产生困惑。例如“因感情不和分居满二年”中的“分居”是仅指双方分开居住，还是也包括分居不分家的情况；如果当事人一开始分居是因工作、学习等客观情况造成的，但长期分居导致双方感情淡化，后一方当事人提起离婚诉讼,那么“因感情不和分居”的起算时间如何确定;有的婚姻当事人在因感情不和分居一段时间后,因亲友调和或其他原因又在一起共同生活,最终仍因感情不能回复而诉请离婚,那么其中的短暂同居是否导致分居期间的中断;[8]等等,这些问题的存在都增加了法院裁判的不确定性。

3. 离婚标准的效力在立法上采绝对主义,但在司法实践中经常被违背

依2001年《婚姻法》第32条第2、3款之规定,我国裁判离婚标准的概括规定和法定情形均具有绝对效力,属于绝对离婚理由,即只要感情确已破裂,调解无效,法院就应准予当事人离婚;只要原告举证证明有法定情形之一,调解无效的,就应认定夫妻感情确已破裂并应准予离婚,法官没有任何自由裁量的空间。然而实践中有一些离婚案件,虽然具有法定情形,但法院出于保护弱势当事人合法权益、维护社会稳定等考虑却不准予双方离婚。

以四川“离婚哥”案例为例。任强与刘玲是同学,二人2000年结婚。2004年,任强驾车和刘玲一起从南充返回成都,途中发生车祸,刘玲头部遭受重创,成为智力二级残疾,智商仅相当于三四岁的儿童。车祸后不久,任强即搬离了两人的住所,并于2005年10月与何某办理了结婚证,虽然他用的是化名,但照片及身份证号码均显示为任强本人。刘玲受伤后一直由其年迈的父母照顾,医疗、康复和生活等费用也由其父母承担。从2006年9月至2010年7月,任强先后八次起诉离婚,均被法院以双方感情没有破裂为由驳回。2013年3月,任强第九次提起离婚诉讼,网友因此戏称他为“离婚哥”。本案中,任强与刘玲长期分居,双方既无情感交流,也无生活互助,更没有正常的性生活,同时任强的行为也构成重婚和遗弃家庭成员,具备“感情确已破裂”的三种例示情形,法院之所以不予认定,屡次驳回任强的离婚请求,主要是考虑到刘玲的权益无法得到保障,因为任强在起诉离婚以前已将夫妻共同财产转移,所剩无几,甚至还办理了失业证明,而刘玲的父母年岁已高,收入也很有限,如果准予双方离婚,很可能使刘玲陷入无人照料的境地,甚至失去基本的生存条件。[9] 类

---

〔8〕《婚姻法解释三》在起草过程中曾仿效《德国民法典》第1567条,对分居期限的认定作出了规定,即“一方以感情不和分居满两年为由请求离婚的,夫妻双方为和解所为之短暂的共同生活并不导致分居期限的中断”,不过遗憾的是,这一条文最后并未被采纳。

〔9〕参见陈明玥:“‘离婚哥’接受法院调解 只要能离婚净身出户都可以”,载《天府早报》2013年3月27日,第23版。

似离婚案件时常见诸报端。[10]

在这些案件中,法院大多不是根据案件事实,而是基于不准予离婚的预设立场认定双方感情没有破裂。法官并不是缺乏法律适用的能力,也不会缺乏生活常识,之所以反其道而行之,是因为依现行《婚姻法》之规定,法院虽然可以在判决离婚的同时,通过共同财产分割时的适当倾斜或离婚救济制度对处于弱势地位的当事人予以经济上的救助,但这些救助在事实上往往是无法实现的。法官因此不得不面临情理与法理间的两难选择:要么不考虑弱势当事人的具体情况,严格依法断案,判决准予双方离婚;要么不顾双方感情确已破裂的事实,判决不准离婚,以保障弱势当事人的权益。事实上,大多数法院往往会选择后一做法,究其原因,法院负有维护社会稳定、促进社会和谐的政治任务,在审判工作中不仅要追求法律效果,同时也要兼顾社会效果,向社会传达正确的价值导向。如此一来,离婚标准的绝对效力在司法实践中即被修改为相对效力,这显然是不符合法治精神的。

4. 在被告同意离婚的判决离婚案件中往往不对当事人感情状况做实质审理,离婚标准的适用范围事实上被限缩

2001 年《婚姻法》第 31 条规定:“男女双方自愿离婚的,准予离婚。双方必须到婚姻登记机关申请离婚。婚姻登记机关查明双方确实是自愿并对子女和财产问题已有适当处理时,发给离婚证。”第 32 条规定:“男女一方要求离婚的,可由有关部门进行调解或直接向人民法院提出离婚诉讼。”“人民法院审理离婚案件,应当进行调解;如感情确已破裂,调解无效,应准予离婚。”从条文的体系结构上分析,第 31 条是对登记离婚条件和程序之规定,第 32 条则是对诉讼离婚程序和标准之规定。在登记离婚中,因为双方当事人具有离婚合意,所以登记机关应准予其离婚,无需就其感情是否确已破裂进行审查。在诉讼离婚案件中,人民法院应先组织双方当事人进行调解。如果经调解,双方当事人和好,原告撤诉;或达成离婚协议,法院依该协议制作调解书结案,均属调解有效,无“感情确已破裂”标准之适用。如果调解无效,无论双方当事人是对离婚本身还是对离婚的法律后果无法达成一致意见,法院均须依法作出判决,其中对是否准予当事人离婚的判决便须遵循“感情确已破裂”之法定标

---

[10] 参见潘忠华:“六年离婚苦旅”,载《检察风云》2006 年第 16 期,第 50 ~ 52 页;杨文:“植物人离婚的法律思考”,载《法治与社会》2007 年第 6 期,第 258 页;等等。

准。因而“感情确已破裂”离婚标准的适用范围应是以判决方式结案的诉讼离婚案件。[11] 据此分析，在判决离婚案件中，是否准予离婚并不取决于被告的态度。即使被告同意离婚，法院也应对双方感情是否确已破裂进行实质审理，如果无确切证据表明夫妻感情确已破裂，法院应不准其离婚。

然而，司法实践中的情况并非如此。如前所述，只有在被告不同意离婚时，法院才会对双方当事人感情是否破裂进行审理，而在被告同意离婚的案件中，法院的态度通常是充分尊重当事人意愿，保障其离婚自由，对当事人的感情状况基本不予审理。也即是说，在后一类案件中，法院并不适用“感情确已破裂”标准来判断是否准予双方当事人离婚，立法上确定的离婚标准的适用范围事实上被限缩了。

（二）法律建议

1. 离婚标准的立法模式

就离婚标准的文字表达形式而言，当今世界各国采用的立法模式主要有三种：列举主义、概括主义和例示主义。列举主义的离婚标准明白具体，易于操作，但不能穷尽所有的离婚原因，又忽视了个案的特殊性，无法适应千变万化的离婚纠纷，表现出多重局限和缺漏。概括主义是自由离婚主义的重要表现，它能够有效克服列举主义的弊端，最大范围将导致离婚的一切具体原因囊括无遗，但其弊端在于离婚标准过于抽象、笼统，缺乏可操作性，法官的自由裁量权过大，裁判结果会因法官的个人素质、价值倾向等不同而有所差异。例示主义立法模式以列举规定作为概括规定的例示说明或典型表现，又以概括规定作为列举规定的补充和扩展，可谓扬列举主义与概括主义之长，避二者之短，既有利于保障婚姻当事人的离婚自由，又有利于减少轻率离婚和维护社会稳定，已经成为现代各国离婚立法发展和改革的现实与趋势。

就我国而言，随着改革开放的深入和社会经济的发展，人的独立性越来越强，自由度越来越大，婚姻家庭面临的冲击和挑战也越来越多，越来越大。加之婚姻观念的变化，社会对待离婚的态度更加宽容，人们离婚的原因变得更加

---

〔11〕 也有人认为，“感情确已破裂”是诉讼离婚的法定标准，在所有离婚诉讼中，无论是调解离婚，还是判决离婚，都应遵循该标准。参见夏吟兰主编：《民法学卷五 · 婚姻家庭继承法》，中国政法大学出版社 2004 年版，第 118 页。

多元化、复杂化。但与之相对的是，我国法官的素质参差不齐，尽管这些年法官素质总体上有上升趋势，但仍然远未达到创制法的水平，赋予其过大的自由裁量权只能损害法律的一致性及应有的尊严、权威，降低法律的运行效果和人们对法律的信赖。在这样的社会现实之下，例示主义无疑最为符合客观规律和司法实践的需要，是我国离婚标准立法模式的应然选择。

2. 离婚标准的概括规定

我国学者对离婚标准的概括规定是采“婚姻关系破裂”还是“感情破裂”的争议由来已久。支持“感情破裂”标准者认为，“感情破裂”标准以马克思主义离婚观为指导，尊重婚姻的伦理本质；符合“以人为本”的人文主义要求，是对人的精神生命的尊重；〔12〕有利于发挥法律的指令性作用和道德的导向作用，引导人们建立以感情为基础的婚姻；同时，“感情破裂”标准是中国离婚制度破旧立新的产物，也是民事审判工作经验的结晶，具有世界领先性。〔13〕赞成“婚姻关系破裂”标准者则主张，感情作为人们的一种心理状态，属于精神生活的范畴，不应也无法为法律所调整，“感情破裂”标准夸大了法律的调整功能；感情是人的内心活动，感情是否破裂缺乏客观标准，在司法实践中可操作性差，而婚姻关系破裂与否是客观存在的，相对容易认定；“感情破裂”以双方当事人具有感情为前提，如果双方自结婚始便无感情，自然也谈不上“感情破裂”。笔者认为，大多数实行破裂主义离婚原则的国家在法律条文中都是采用“婚姻关系破裂”或类似的表述，〔14〕采“婚姻关系破裂”标准能够顺应各国离婚立法的趋势。除前述理由之外，以下两方面也可加以佐证。

（1）“感情破裂”并非马克思主义婚姻观的必然要求。赞成以“感情确已破裂”作为我国裁判离婚标准者的一个重要理由是它是马克思主义婚姻观的要求，其理论依据是恩格斯在“家庭、私有制和国家的起源”中关于爱情的表述：“如果说只有以爱情为基础的婚姻才是合乎道德的，那么也只有继续保持爱情的婚姻才合乎道德。”“如果感情确实已经消失或者已经被新的热烈的爱

〔12〕 冉启玉：《人文主义视阈下的离婚法律制度研究》，群众出版社2012年版，第179页。

〔13〕 杨晋玲：“从举证责任看我国婚姻法裁判离婚理由的完善”，载《云南大学学报》（法学版）2001年第4期，第98页。

〔14〕 例如美国1971年《统一结婚离婚法》和英国1996年《家庭法》的表述是“婚姻已无可挽回的破裂”，《日本民法典》则将其表述为“难以继续婚姻关系”。

情所排挤，那么就会使离婚无论对于双方或对于社会都成为幸事。”[15]然而，恩格斯所讲的婚姻是一种理想的婚姻，现实生活有一些婚姻的建立和维系并非基于双方的感情，故在恩格斯的婚姻理想实现以前，以“感情破裂”作为裁判离婚的标准便脱离了社会实际。而且马克思在“论离婚法草案”中提出离婚理由在于“婚姻的本质”，离婚“仅仅是对下面这一事实的确定：某一婚姻已经死亡，它的存在仅仅是一种外表和骗局”。[16]“立法者对于婚姻所能规定的，只是这样一些条件：在什么条件下婚姻是允许离异的，也就是说，在什么条件下婚姻按其实质来说是已经离异了。法院判决的离婚只能是婚姻内部崩溃的记录。”[17]婚姻内部崩溃是就婚姻的本质而言的，是指婚姻关系的崩溃，而非感情破裂。

不难看出，“感情破裂”或“婚姻关系破裂”都只是人们对恩格斯、马克思有关离婚问题的论述加以逻辑推导的结果，我们无法在马列经典著作中找到裁判离婚标准的明确结论，也很难说“感情破裂”或“婚姻关系破裂”是马克思主义婚姻观的必然要求。

（2）“感情破裂”标准有以偏概全之嫌，“婚姻关系破裂”可将“感情破裂”纳入其中。婚姻以夫妻之共同生活关系为目的，从而婚姻生活一般为精神的生活共同（互相亲爱、精神的结合）、性的生活共同（肉的结合）及经济的生活共同（家计共有）。[18]感情属于其中“精神的生活共同”之一部，而非婚姻生活之全部。感情破裂也仅仅是婚姻关系破裂的一种表现形式，并非只有感情破裂才会导致婚姻的解体。从本次调查中当事人主张和法院认定的离婚原因看，因一方患精神病、残疾、下落不明、被处徒刑等所致的离婚不在少数，在这些案件中，双方当事人的感情未必破裂，但却无法共同为精神生活、性生活或经济生活，婚姻的社会职能难以履行，社会意义难以实现，因而有必要予以解除。尊重人的精神需求不能忽视婚姻的其他内容，以“感情破裂”作为裁判离

---

〔15〕［德］恩格斯：“家庭、私有制和国家的起源”，载《马克思恩格斯选集》（第4卷），人民出版社1972年版，第78～79页。

〔16〕［德］马克思：“论离婚法草案”，载《马克思恩格斯选集》（第1卷），人民出版社1956年版，第184页。

〔17〕［德］马克思：“论离婚法草案”，载《马克思恩格斯选集》（第1卷），人民出版社1956年版，第185页。

〔18〕史尚宽：《亲属法论》，中国政法大学出版社2000年版，第98页。

婚的概括性标准难免有以偏概全之嫌，而婚姻关系破裂具有更大的概括性和包容性，可以更全面反映当事人不能共同生活之全貌。

也有一种观点认为：科学的离婚标准应该是将“感情破裂”与“婚姻关系破裂”二者兼采并蓄，有其一即准许当事人离婚。因为“感情破裂”从婚姻的伦理性出发，着眼于婚姻主体之间的情感关系；“婚姻关系破裂”则以婚姻的实体性为基础，着眼于婚姻关系的现状，其中任一单独作为离婚标准都有不可克服的困难。[19] 这种观点认识到现代婚姻是伦理性和实体性的有机统一，值得肯定，但其将“婚姻关系破裂”作狭义理解，仅指夫妻双方不为共同生活，相互不履行配偶义务，而将纯粹的“感情破裂”情形排除在外，有失偏颇。正如前文所言，婚姻生活包括精神、性和经济方面的共同生活，任何一方面共同生活的终止都可能导致婚姻关系破裂。感情破裂意味着双方在精神层面的共同生活已不可期待，自然构成婚姻关系破裂。而且感情破裂通常伴随着夫妻权利义务的中止，即狭义的婚姻关系破裂。不可否认，实践中也不乏感情破裂，但基于各种原因仍勉强维持共同生活和夫妻名义的婚姻，即所谓“维持会型”婚姻，此种情形下，如果一方当事人能够举证证明双方感情破裂，自然也应认定婚姻关系破裂而准予离婚。可见，感情破裂是婚姻关系破裂的一种具体情形，可以被纳入“婚姻关系破裂”之中，而无与后者并列存在之必要。

3. 离婚标准的法定情形

仅将判决离婚的法定标准替换为“婚姻关系确已破裂”尚不足以完全解决法院不易认定、可操作性差的问题。立法应反映离婚原因多元化的社会现实，尽可能周延法定情形的外延，使离婚标准客观化，减少司法实践中的不确定因素。具体而言，至少应包括以下情形：

(1)分居满二年。[20] 分居是司法实践中法院认定数量最多、认定率最高的离婚原因，在当事人主张的离婚原因中也高居第三位，是非常典型的一种离婚原因，理应作为法定情形之一。法律意义上的分居是指夫妻之间不存在共同的性生活、精神生活或经济生活。无论双方当事人是分开居住还是仍然住

---

〔19〕 参见胡志超：《中国破裂主义离婚法律制度》，法律出版社2010年版，第124～126页。

〔20〕 立法机关应在广泛、深入的调查基础之上确定作为离婚标准例示情形之一的分居期限之长短。本次调查的数据尚不足以提供立法的充分依据，故本书只能暂且沿用现行法中的“二年”标准，未必妥当。

在同一处所，只要其不再存在任何夫妻共同生活内容，都可以构成分居，只是在后一情形，主张分居的一方当事人应承担举证责任。由于前文已建议将离婚标准的概括规定修改为“婚姻关系确已破裂”，所以并不强调分居是否因感情不和所致，只是对婚姻关系的客观状况进行考察，从而减少当事人举证和法院认定的难度。另外为鼓励当事人对婚姻关系进行修复，减少离婚及其产生的负面效应，不应将夫妻双方在分居期间为和解所为的短暂共同生活作为中断分居的当然事由。例如《德国民法典》第1567条第2款规定，“夫妻双方以和解为目的而在较短期间共同生活的”，分居期间“并不中断或停止”。[21] 又如在美国，大多数法庭许可当事人为和好所作的努力，包括暂时性地睡在同一卧房、性关系的继续等，但在提起离婚诉讼前30天内，当事人应该是分离的。英国法院在认定婚姻当事人的分居期限时，不受当事人双方恢复同居的任一个或多个期间（总和不超过6个月）的影响，但不将恢复同居的期限计算在内。[22]

（2）一方患有严重的精神病或有生理缺陷，久治不愈，无法实现婚姻目的。婚姻当事人患有严重的精神疾病或有生理缺陷当然并不必然导致离婚，双方当事人的相互扶持、鼓励是战胜疾病、治愈缺陷的重要因素。但是如果精神疾病或生理缺陷久治不愈，导致婚姻目的根本无法实现，且一方当事人以此为由提出离婚，便应作为婚姻关系破裂的情形予以认定。

（3）重婚、有配偶者与他人同居或其他严重违反一夫一妻制的行为。“有第三者”是当事人主张较多和法院认定较多的离婚原因，但其中绝大多数都不属于《婚姻法》第32条所谓的“重婚”或“有配偶者与他人同居”。因为法律上的重婚要求有配偶者又与婚外异性登记结婚，事实上的重婚和有配偶者与他人同居都要求有配偶者与婚外异性持续、稳定地共同居住，其构成、举证和认定都颇为不易。现实生活中“有第三者”更多是表现为通奸、姘居等违反一夫一妻制的行为。但是如果将所有违反一夫一妻制的不忠行为都作为法定情形，显然过于宽泛，不利于维持婚姻家庭关系和社会秩序。

从比较法的角度考察，将“通奸”作为离婚理由的其他国家多在立法中设

---

〔21〕 参见《德国民法典》，杜景林、卢谌译，中国政法大学出版社1999年版，第347页。

〔22〕 参见雷明光、郑小川：“论破绽主义离婚立法下的分居”，载《中央民族大学学报》（哲学社会科学版）2005年第3期，第53页。

置了一定的限制条件：其一，时效限制。如《瑞士民法典》规定，离婚诉讼须在一方当事人知道对方与他人通奸之后6个月内提出，最长须在通奸发生之日起5年内提出，否则便不得再以此为由提起离婚诉讼。[23] 其二，结果限制，即在一方当事人与他人通奸的情况下，婚姻须对对方当事人构成“无法忍受的严酷状态”，方可准予离婚，如德国。其三，共同生活限制。如在英国，如果原告知道被告与他人通奸后仍然与其连续或断续共同生活超过6个月的，则丧失以此起诉离婚的权利。[24]

笔者认为，时效限制和共同生活限制均容易挫伤双方当事人修复或维持婚姻关系的积极性，结果限制则更加尊重非为通奸行为一方当事人的意思，主要以其主观感受作为评判通奸行为的后果严重程度，进而决定是否准予离婚的依据，更加符合私法自治原则的要求，较为可取。

(4)虐待或其他严重侵害家庭成员人身权益的行为。与《婚姻法》第32条相比，本项未将家庭暴力行为作为离婚标准的法定情形。究其原因，家庭暴力行为有轻重之分，若将其作为例示情形之一，对那些一方当事人实施轻度家庭暴力行为，经教育有所悔改，婚姻关系有和好可能的案件，法官也须作出准予离婚的判决，这显然是有失妥当的。目前在司法实践中，对因轻度家庭暴力引发的离婚案件，有一些法官为了维系双方当事人的婚姻关系，只能认定施暴方的行为不构成家庭暴力，这非常不利于制止家庭暴力行为、教育当事人。与此同时，婚姻制度应有效保障婚姻当事人的人身权益，如果一方当事人实施严重的家庭暴力行为，对另一方或其他家庭成员的生命安全、身体健康构成严重威胁，可将其认定为“其他严重侵害家庭成员人身权益的行为”，准予离婚。

(5)遗弃家庭成员。遗弃家庭成员主要是指婚姻当事人一方无故不承担扶养配偶和其他家庭成员的义务。由于遗弃行为的表现形式是消极不作为，而前一项“虐待或其他严重侵害家庭成员人身权益的行为”的表现形式主要是积极作为，二者有明显区别，故单列为一项法定情形。

(6)一方被处以长期徒刑或实施了严重伤害夫妻感情的犯罪行为(如强奸罪)。在这两种情形下，夫妻间的共同生活难以维持，故作为“婚姻关系破裂”的法定情形之一。

---

[23] 参见《瑞士民法典》，殷生根、王燕译，中国政法大学出版社1999年版，第39页。

[24] 参见陈苇主编：《外国婚姻家庭法比较研究》，群众出版社2006年版，第402、420页。

(7)其他导致婚姻关系破裂的情形。具体列举不能够涵盖“婚姻关系确已破裂”的所有情形,故最后应辅之以兜底条款。应当说明的是,《婚姻法》第32条中“有赌博、吸毒等恶习屡教不改”在实践中所占的比例非常低,故未将其作为法定情形,但不影响法官依此兜底条款进行认定。此外,一方当事人下落不明或被宣告失踪在实践中占有一定的比例,但笔者以为无需将其作为法定情形,因为这两种情形大多构成“分居满二年”或“遗弃家庭成员”。

4. 离婚标准的效力

离婚标准的效力问题实质为是否赋予法官以自由裁量权。若离婚标准具有绝对效力,则只要原告举证其婚姻关系中具有符合离婚标准的情形,法官就应准予双方当事人离婚,没有任何自由裁量的余地;反之,若离婚标准仅具有相对效力,那么即使原告能够证明婚姻关系中具有符合离婚标准的情形,法官也仍具有自由裁量权,可以不准予双方当事人离婚。

离婚标准是从现实生活中的主要、典型离婚理由中抽象出来的,但是要抽象出能够适用于任何婚姻关系的具体离婚标准是不可能的,因为婚姻关系具有个性化、复杂化、多元化等特征,不同婚姻关系中的实际状况是千差万别的。尽管在符合离婚标准的绝大多数案件中,判决准予离婚有利于维护当事人的权益,但不排除在具体个案中有一些特殊情况需要考虑。完全剥夺法官的自由裁量权会限制法官对复杂多样的社会现象的灵活处断能力,可能在特殊情况下使司法失去其应有的弹性和公平。

从其他国家和地区法律赋予判决离婚标准的法律效力来看,有两种做法在不同程度上赋予法官以自由裁量权:一是赋予离婚标准相对效力,即离婚标准是离婚的必要不充分条件,当事人要求离婚须举证证明符合离婚标准,但即使符合离婚标准,法官仍可基于婚姻其他因素之考虑判决不准予离婚。如《日本民法典》第770条第1款对离婚原因进行了列举,第2款则规定:“虽有前款第1项至第4项事由,而法院考虑有关情事,认为继续婚姻为相当时,可以驳回离婚请求。”[25]二是在赋予离婚标准绝对效力的同时规定一些离婚阻却事由,即在符合离婚标准时,法官应判决准予离婚,但具有法定阻却事由的除外。如《法国民法典》在第237条和第238条第1款对“因夫妻共同生活破裂而离婚”的一般标准作出规定后,于第238条第2款规定:“如离婚有可能

〔25〕《日本民法典》,王书江译,中国人民公安大学出版社1999年版,第134页。

对该配偶一方(精神官能严重受损的配偶一方,笔者注)的疾病造成极严重的后果,法官得依职权驳回离婚申请……”[26]相较而言,前者赋予法官的自由裁量权更大,法官可在其认为婚姻仍有继续维持必要的任何情形不准予当事人离婚,后者则只在具有法律列明的阻却事由的有限情形下才享有自由裁量权。基于前文所论及的原因,笔者以为赋予法官的自由裁量权不宜过于宽泛,否则仍难避免离婚案件裁判中的主观随意性,故而应赋予离婚标准以绝对效力,同时增加离婚阻却事由,即“离婚将给当事人或其未成年子女造成严重的物质或精神伤害”。

5. 离婚标准的适用范围

根据夫妻双方对离婚所持的态度,离婚可以被分为片意离婚和合意离婚,前者指配偶中只有一方有明确的离婚意愿,而另一方则认为应该保持婚姻的存续;后者指配偶双方具有离婚的共识,一致要求解除婚姻关系。特别需要指出的是,片意与合意所指向的对象只有一个,即夫妻身份关系是否需予解除,而不涉及诸如财产分割、子女抚养等其他内容;这种分类只着眼于双方主观态度的异同,而不考虑对程序的选择。[27] 无论是登记离婚还是诉讼离婚,在是否适用法定离婚标准的问题上理应得到一视同仁的对待。因此,在判决离婚案件中,只要被告同意离婚,法官就无需适用离婚标准来判断其婚姻关系是否破裂,而应尊重双方当事人的离婚合意,准予其离婚。从节省司法资源、提高诉讼效率的角度看来,这一做法也有其合理性。

与我国目前的做法恰恰相反,在其他一些国家的立法中,被告同意离婚的诉讼离婚案件在离婚标准的适用上同于双方共同提起的离婚,而明显区别于被告不同意离婚的诉讼离婚案件。在《法国民法典》中,宣告离婚的事由包括夫妻双方相互同意离婚、共同生活破裂或当事人有过错。其中,“因夫妻双方相互同意而离婚”又包括协议离婚和认诺离婚,也即是“依夫妻双方共同请求而离婚”和“由配偶一方提出请求,另一方接受而离婚”,在这两种情形下,法院均可在查明当事人离婚意愿的基础上直接宣判离婚,无需考虑夫妻共同生

〔26〕《法国民法典》,罗结珍译,中国法制出版社 1999 年版,第 79 页。

〔27〕参见杨大文:《亲属法》(第四版),法律出版社 2004 年版,第 149 页。

活是否破裂,或当事人是否具有过错。[28] 又如《俄罗斯联邦家庭法典》规定了登记离婚和诉讼离婚两种离婚方式。其中,在登记离婚和被告同意离婚的诉讼离婚案件中,户籍登记机关或法院无须查明离婚的动机即可解除婚姻。只有在被告不同意离婚的诉讼离婚案件中,法院才须对双方是否不可能继续共同生活和维持家庭予以确认,进而作出是否准予离婚的判决。[29] 而在《德国民法典》中,在夫妻双方分居已一年的前提下,“双方申请离婚或申请相对人同意离婚”的,可以“推定婚姻已经破裂”,而且该推定是“无可反驳”的。[30]

我国也应重新划定离婚标准的适用范围,将其限制在被告不同意离婚的诉讼离婚案件中,从而实现登记离婚和诉讼离婚程序下合意离婚标准之统一,以及离婚标准适用范围在立法和司法上的统一。对于被告同意离婚的诉讼离婚案件,法官只需查明离婚系双方当事人的自由、真实意思,即可准予其离婚,无需考查其婚姻关系是否破裂。

三、离婚后子女抚养之法律适用评析

(一)我国现行法律关于抚养制度的法律适用特点及问题分析

1. 关于离婚案件子女抚养权归属的法律适用

我国法律对于离婚时子女抚养权归属的确定,依据子女年龄和具体案件情况,分为:

第一,两周岁以下的子女,以由哺乳的母亲抚养为原则。不过如果有以下情况,可以由父亲抚养:一是母亲患有久治不愈的传染性疾病或者其他严重疾病,子女不宜与其共同生活的;二是母亲有抚养条件不尽抚养义务,而父亲要求子女随其生活的;三是父母双方协议,两周岁以下子女随父亲生活,并且对于子女成长没有不利影响的;四是子女确实无法随母亲生活的,例如,母亲无经济来源、品德缺陷或者子女自出生后一直跟随父亲生活的。

---

〔28〕“依双方共同请求而离婚”中有考虑期,即夫妻双方须经过3个月的考虑期,并在考虑期届满后6个月内重新提出离婚申请,才能被宣判离婚。但这只是程序上的限制,是否准予离婚的实质标准仍然只是双方当事人是否具有真实、自愿的离婚合意,而非其他。参见《法国民法典》,罗结珍译,中国法制出版社1999年版,第六编第一章第一节,第78~79页。

〔29〕参见陈苇主编:《外国婚姻家庭法比较研究》,群众出版社2006年版,第414~415页。

〔30〕《德国民法典》,杜景林、卢谌译,中国政法大学出版社1999年版,第347页。

第二，两周岁以上未成年子女，应由父母双方协商，协商不成的，由人民法院依据子女利益原则，综合考虑父母双方的经济条件、文化素质、家庭环境等因素予以判决。对于父母均要求抚养子女的，如果一方具有下列情况，可以优先考虑：一是已做绝育手术或因其他原因丧失生育能力的；二是子女随其生活时间较长，如果改变环境对子女健康成长明显不利的；三是一方无其他子女，而另一方有其他子女的；四是子女随其生活，对子女健康成长有利的，而另一方患有久治不愈的传染性疾病或者其他严重疾病，或者有其他不利于子女健康成长的情况，如无经济来源、品德缺陷、赌博、酗酒、吸毒等不宜与子女共同生活的情形。

第三，父母双方抚养子女的条件基本相同，双方均要求子女归其抚养，但子女单独跟随祖父母或外祖父母生活多年，且祖父母或外祖父母亦同意照顾且有能力帮助照顾孙子女或外孙子女的，可以作为子女归父亲或母亲抚养的优先条件予以考虑。

第四，对于十周岁以上的未成年子女，应征询其意愿。根据《婚姻法》、最高人民法院《关于人民法院审理离婚案件处理子女抚养问题的若干具体意见》的规定，离婚后父母对于子女抚养权是可以变更的。父母离婚之后，在具备法定条件下，子女抚养权可以根据父母双方或子女情况的变化予以变更。子女抚养权的变更有两种形式：其一，双方协议变更。我国法律允许在有利于子女身心健康成长和保障子女合法权益的情况下，父母双方对于子女抚养权予以协议变更。其二，一方要求变更。依据前述法律规定，在具备以下条件的情况下，准许子女抚养权的变更：一是与子女共同生活的一方患有严重疾病或因其他原因无力抚养子女的；二是与子女共同生活的一方未尽抚养义务或有虐待子女的，或者存在不利于子女身心健康成长的因素的；三是 10 周岁以上未成年子女，愿意同另一方生活，而另一方又有能力抚养的；四是有其他正当理由需要变更的。需要注意的是，如果在离婚后，一方要求变更子女抚养权，双方对此不能达成一致协议的，应另行提起变更抚养诉讼。

对于继父母离婚时子女抚养的问题，依据我国法律规定，可概括为：其一，生父与继母或生母与继父离婚时，继父或继母对曾受其抚养教育的继子女，不同意继续抚养的，因继父母与继子女之间没有血缘关系，因此不能勉强，子女应由生父母抚养，继子女与继父母之间的关系自然解除。其二，继父母同意继续抚养继子女，且比生父母抚养有利于子女身心健康成长的，应予准许。

另外,养父母与养子女的身份关系及其权利义务,并不因养父母离婚而必然解除,养父母离婚后,养子女仍是养父母双方的养子女。

对于人工授精子女的抚养,可以区分为:其一,夫妻双方一致同意进行人工授精所生的子女,应视为婚生子女,夫妻在离婚时,双方均有抚养的义务,子女的抚养归属同婚生子女。其二,如果母亲一方私自决定进行人工授精的,应由母亲单独承担抚养义务。需要说明的,在以上情况中,提供精子的第三方与人工授精所生的子女均无法律意义上的父子女关系,对此不承担抚养义务(在实践中,医院应为提供精子的一方承担保密义务)。

对于非婚生子女(男女双方均未婚生育子女、已婚男方与第三方所生子女、已婚女方与第三方所生子女)的抚养,其生父、生母都要承担抚养义务,如果夫妻中一方有私生子女,私生子女的生父或生母承担抚养责任,而另一方不承担责任。需要说明的是,如果另一方受蒙骗抚养了对方的私生子女,则其可以向对方和第三方追要已付的抚养费以及相应的精神损害赔偿。

2. 我国法律关于子女抚养费的法律适用

关于子女抚养费的数额,应根据子女实际需要、父母双方负担能力和当地实际生活水平等因素予以综合考虑。有固定收入的,抚养费一般可按其月总收入的20%至30%的比例给付。负担两个以上子女抚养费的,比例可适当提高,但一般不得超过月总收入的百分之五十。无固定收入的,抚养费的数额可依据当年总收入或同行业平均收入,参照上述比例确定。有特殊情况的,可适当提高或降低上述比例。

关于子女抚养费给付方式,可以依照父母的工作情况,以定期给付为原则,以一次性给付为例外。一般审判实践中,子女抚养费的给付应按月给付或定期给付;如果有条件一次性给付的,可以判决一次性给付,但是需要严格适用一次性给付,一般在父母一方为在外国居住或有能力支付或双方协商一致的情况下方可适用。需要说明的是,如果离婚时一方没有经济基础或者下落不明的,可以在其财产中折抵子女抚养费。

关于子女抚养费给付期限,按照法律规定给付期限截止子女年满18周岁。但是16周岁以上不满18周岁,以其劳动收入为主要生活来源,并能维持当地一般生活水平的,父母可以停止给付抚养费。另外,需要注意的是,尚未独立生活的成年子女,如果出现以下情形,父母又有能力给付的,仍应对子女承担支付抚养费的义务:第一,丧失劳动能力,或者虽未完全丧失劳动能力,但其收入不足以维持生活的；第二，尚在校就读的；第三，确无独立生活能力的。另外，根据《婚姻法解释一》第20条的规定，《婚姻法》第21条规定的“不能独立生活的子女”，是指尚在校接受高中及其以下学历教育，或者丧失或未完全丧失劳动能力等非因主观原因而无法维持正常生活的成年子女。

3. 我国法律关于离婚后探望权的法律适用

探望权是指夫妻离婚后，不直接抚养子女的一方对子女进行探望的权利。直接抚养子女的一方对于不直接抚养子女一方的探望应予以协助并承担不得妨碍对方探望的义务。探望权可以在离婚诉讼时提出，也可以在离婚后单独提出。需要说明的是，只有当事人在诉讼中提出子女探望权时，法院才对探望权行使的方式和时间进行裁判。

对于探望的时间，一般由子女父母协商，协商不成的，由法院判决，一般截至子女成年时，子女成年后可由子女自行决定。

对于探望的方式，根据审判实践，可以分为看望式探望和逗留式探望。看望式探望是指，非直接抚养子女的一方，以看望的方式探望子女，如定期见面、定期进餐等，该种探望方式时间上比较短，但是方式较为灵活。逗留式探望是指，非直接抚养子女的一方，在约定或判定的时间内由探望人将子女领走并送回的方式，该种方式探望时间较长。探望的具体方式由父母协商，协商不成由法院根据有利于子女健康成长的原则予以判定。

对于探望权的执行，应以人民法院生效判决确定的探望时间和方式进行。在执行时应向当事人进行相关法律规定的释明，告知其享有的权利和应履行的义务，避免当事人激化矛盾，给子女健康成长带来不良影响。对于探望权的强制执行，根据《婚姻法解释一》第32条的规定，对拒不执行有关探望子女等判决和裁定的，由人民法院依法强制执行的规定，是指对拒不履行协助另一方行使探望权的有关个人和单位采取拘留、罚款等强制措施，不能对子女的人身、探望行为进行强制执行。也就是说，如果直接抚养子女的一方故意隐匿子女，妨碍非直接抚养子女一方探望的，在法院出具生效判决后仍拒不履行的，可以按照拒不执行判决的法律规定对于直接抚养子女的一方予以处理。

对于探望权的行使，可以中止，恢复。《婚姻法解释一》第24条规定，人民法院作出的生效的离婚判决中未涉及探望权，当事人就探望权问题单独提起诉讼的，人民法院应予受理。第25条规定，当事人在履行生效判决、裁定或者调解书的过程中,请求中止行使探望权的,人民法院在征询双方当事人意见后,认为需要中止行使探望权的,依法作出裁定。中止探望的情形消失后,人民法院应当根据当事人的申请通知其恢复探望权。第 26 条规定,未成年子女、直接抚养子女的父或母及其他对未成年子女负担抚养、教育义务的法定监护人,有权向人民法院提出中止探望权的请求。因此,根据上述规定,探望权的中止、恢复,应以权利人向人民法院主张权利为前提,人民法院不能主动处理;对于中止行使探望权的,应以裁定形式作出,对于恢复探望权的,应以通知形式作出。由上述规定可知,行使探望权的主体为非直接抚养子女的父或母,行使中止探望权的主体有未成年子女、直接抚养子女的父或母及其他对成年子女负有抚养、教育义务的法定监护人。

(二)完善我国抚养制度的立法建议

1. 完善抚养费制度

在抚养费的确定以及支付方面,首先对于抚养费的支付标准,应根据各地的经济发展状况及当地生活水平确定抚养费的最低标准,以保障未成年子女的最大利益。

对于抚养费数额的计算,实行子女抚养费同父母的实际收入、日常生活费用相挂钩机制,而不是简单地以父母固定收入的比例为依据直接计算子女抚养费,父母的实际收入的认定需完善,不能仅以其单位证明等为据,在当今社会存有多种从业方式的情形下,应查清父母从业情况如自由职业者等实际收入(包含兼职收入等)。

非直接抚养方的抚养义务的履行可以采取多种形式,不仅限于支付抚养费,也可以采用其他有利于未成年子女健康成长的方式。

设立关于正在上大学的成年子女的抚养费制度,可适当延长抚养费给付期限,离婚父母应当继续支付抚养费至其完成学业,当然对此应设置限定条件,如成年子女所上“大学”应是指提供教学与研究条件并能授权颁发学位的高等教育机构,包含综合大学、专科大学或学院等;离婚父或母需支付的抚养费应限于学费,生活费应由其自行解决。

2. 健全探望权制度

探望权的设定不仅保护父母利益,更为重要的是保护子女的利益。探望权不仅是父母的权利还是其义务,探望权应是双向的,不仅父或母有权探望子女,子女也有权探望父或母;应打破只有父或母才有探望权的常规,子女也应是探望权的权利主体,父或母是探望权的义务主体且不得抛弃探望权,这样方能保护未成年子女的最大利益。

同时对于行使探望权的主体范围,也应根据具体情况予以适当扩展,不仅有父母、子女,在子女能够充分表达意愿时,充分尊重其意愿,也应包含祖父母、外祖父母以及其他关系密切的人。因为血亲关系是探望权发生的法律基础,从我国的现有国情以及近亲属之间的权利义务关系来看,祖父母、外祖父母与孙子女、外孙子女之间可能存在相互抚养、赡养关系,存在天然的血亲关系,是仅次于父母子女关系的最亲密的亲属关系。因此,从探望权产生的基础出发,应当赋予祖辈对孙辈的探望权。但是,从有利于子女健康成长角度出发,实践中祖父母、外祖父母探望权的行使,应当从属于父、母的探望权。

关于探望权行使的时间和方式上,可先由父母协商,该协商意见应以符合未成年子女利益为标准;如不能达成一致意见,法院在裁判时应以未成年子女的最佳利益原则作为依据,同时根据案件具体情况作出适当判决。

3. 设立离婚后未成年子女的监护监督制度

设立离婚后未成年子女的监护制度,弥补我国相关法律制度的空白,更好地保护未成年子女的权益。设立监督机构(居委会或专门的监督机构),或者选定被监护人的其他近亲属(不能是监护人的配偶、直系血亲、其他近亲属)作为监护人的监督人,履行监督职责,在发现监护人有侵害被监护人权益的行为时有权制止,并及时向人民法院报告;在监护人怠于履行监护职责或监护人缺位时,有权向人民法院提出申请,撤销原监护人资格、指定新监护人。

4. 建立亲权制度

亲权是父母基于其身份,依法享有对未成年子女人身上养育管教和财产上保护管理的权利义务的综合体。在立法上增设亲权制度,确立离婚亲权的归属,以父母一方单独亲权为主,父母双方亲权为辅的双轨制模式;规定其具体内容、产生、消灭的具体情形,一方面可以使父母子女的权利义务明确化;另一方面,父母不得因离异而不履行其应尽的义务。

对于亲权人的认定,亲生子女的亲权人应为其亲生父母;养父母对于养子女的亲权自收养时成立。对于继子女,其生父或生母不能行使亲权的(如死亡或丧失行为能力的),与继子女一同生活的继父或继母为其亲权人;如果其生父或生母能够行使亲权,但是因为离婚等因素丧失亲权的,继子女未满十周岁的,与其一起生活的继父或继母为其亲权人,如果年满十周岁,由其选择是否同意继父或继母行使亲权。

对于亲权的内容,可以包括人身方面的,如抚养权、教育权、姓名决定权、惩戒权等,也可以包括财产方面的,如财产管理权、使用权、处分权等。对于亲权的丧失、恢复、消灭等均做出规定,从而最大化保护未成年子女的利益。

5. 在离婚案件中明确“未成年子女最大利益优先原则”的指导地位

如前所述,我国《婚姻法》的立法思想虽确立了未成年人利益最大化原则,但是其中心仍以父母利益为本位,对未成年人的保护力度不够。故应在离婚案件中确立“未成年子女最大利益优先原则”,在父母离婚时,未成年子女的利益不再是父母利益的附属品,而是具有独立的优先地位,对于抚养权的归属、抚养费的数额方面优先考虑未成年子女最大利益,这样方能更好地保护未成年子女利益。在确定直接抚养人时应综合考虑以下因素:第一,子女的性别、年龄情况;第二,子女真实意愿,在处理涉及子女利益案件中,充分尊重子女的真实想法;第三,子女对于环境的适应能力,避免因外界环境变换给其带来不利影响;第四,父母及其他亲属意愿;第五,父母行为及经济能力,父母的行为不能对子女造成伤害或者威胁,父母的经济能力应能为未成年子女的健康成长提供充分的保障;第六,其他可能与子女利益相关的因素。

对于涉及未成年人利益的问题如离婚案件中的亲子鉴定问题,应以保护未成年人利益为原则,对符合未成年人权利保障的鉴定申请给予支持,对损害未成年人权利的鉴定申请予以制约,注重亲子鉴定中对未成年人隐私的保护,切实保护未成年人权利。在家庭共同财产分割时应充分考虑未成年人的利益,必要时考虑未成年人的意见,作出有利于其成长、学习的裁判。

四、离婚后财产分割之法律适用评析

由于财产部分的重要性和财产类型较多,故该部分法律条款也比较多,而且分散在《婚姻法》及各个解释、意见中。[31] 财产分割是离婚案件的重要部分，所以法院在审理离婚案件时较为谨慎，严格依照《婚姻法》及相关司法解释等有关法律规定，坚持男女平等、保护妇女儿童利益，照顾无过错方、尊重当事人意愿、有利于生产、生活，合情合理地予以解决。

结合《婚姻法》和相关的司法解释，离婚财产分割的方式主要有三种：第一种是实物分割，如果在共同财产分割以后不影响使用价值和具体特定的用途，可以直接进行实际分割、实物分配。第二种是价金分割，主要是不能适用实物分割形式的财产，即通过实物分割手段后有损使用价值或者具体特定用途的财产。价金是指对夫妻财产共有物进行变卖，在变卖之后获得的金钱形式财产，双方再对这部分价金进行分割。第三种是价格补偿，在房产分割时最为常见，比如一方想获得房产的所有权，就给予对方该房产的一半价值的价金作为所有权让与的补偿。由此可见，离婚财产分割的方式之中也是尽量做到公平公正，合理的解决双方在分割时可能产生的纠纷。[32]

（一）法律适用特点及问题评析

1. 立法层面

（1）法律法规之间存在冲突。法律法规由于实施的时间和主要针对领域不同，难免会出现交叉的矛盾，而这样的矛盾会逐渐成为实务审判的难题，不仅当事人之间理解偏差，也可能让法官们感到棘手。

现在争议比较多的是关于《婚姻法》及相关解释与《物权法》之间的适用

〔31〕 刘金露：“离婚房产分割问题研究”，复旦大学2012年硕士学位论文。

〔32〕 王舒婷：“我国离婚财产分割制度研究”，天津商业大学2012年硕士学位论文。

冲突,主要体现在我国夫妻财产制与物权变动模式之间的冲突。[33] 具体为《婚姻法》第19条以及《婚姻法解释三》第7条与物权变动规则相冲突,我国《婚姻法》中的夫妻取得财产的时间作为夫妻共同财产的标志,还可以以夫妻间的约定作为判断财产归属的根据,约定在这时具有绝对效力。那么根据《婚姻法》第19条的规定,“夫妻可以约定婚姻关系存续期间所得的财产以及婚前财产归各自所有、共同所有或部分各自所有、部分共同所有。约定应当采用书面形式。没有约定或约定不明确的,适用本法第十七条、第十八条的规定。夫妻对婚姻关系存续期间所得的财产以及婚前财产的约定,对双方具有约束力……”夫妻双方可以采取约定财产制,动产和不动产均可以作为约定的对象不加区分。

但是根据《物权法》的规定,不动产权属的转移应该经过登记,否则不具

---

〔33〕 王晓晨:“对我国夫妻离婚时已购房屋分割之法律问题探析”,中国政法大学2010年硕士学位论文。根据法律位阶排列,我国现行有效的规制离婚房产分割的法律法规包括基本法、司法解释与司法解释性文件、其他规范性文件几个层面,其中在基本法的层面包括:《中华人民共和国民法通则》第78条关于共有的规定,《物权法》第95、98条关于共有物管理费用负担的规定,第99、100条关于共有物分割的规定以及第102条关于共有物上的债权债务承担的规定;包括《婚姻法》第17、18条关于夫妻共同财产与个人财产的认定,第19条关于约定财产制的规定,以及第39、47条关于离婚财产分割的规定。在司法解释的层面包括:最高人民法院《关于适用〈中华人民共和国婚姻法〉若干问题的解释(一)》第19条关于夫妻财产转化的规定以及第27条关于居住权制度的规定;最高人民法院《关于适用〈中华人民共和国婚姻法〉若干问题的解释(二)》第19、21、22条关于房屋权属认定的规定;最高人民法院《关于适用〈中华人民共和国婚姻法〉若干问题的解释(三)》第7条关于父母为子女购房出资的规定、第10条关于按揭房权属认定的规定以及第12条关于房改房权属认定的规定。在司法解释性文件的层面包括:1993年11月3日发布的最高人民法院《关于人民法院审理离婚案件处理财产分割问题的若干具体意见》,引言、第2、6—8、12—14、18条的规定。因为该意见与《婚姻法解释一》关于夫妻个人财产的认定存在冲突,该意见中的第6条现随新发而失效。另外,最高人民法院《关于在享受本人工龄和已死亡配偶生前工龄优惠后所购公房是否属夫妻共同财产的函的复函》以及最高人民法院《关于审理离婚案件中公房使用、承租若干问题的解答》第2、3、4、6、8、9、10条系关于公房离婚分割时的规定。在地方法院层面,1995年1月3日江苏省高级人民法院发布的《关于审理离婚案件处理住房问题的意见》也是规制离婚房产分割的司法解释性文件。还有国务院于1994年7月18日下发的《关于深化城镇住房制度改革的决定》、建设部1999年8月13日发布的《建设部关于进一步推进现有公有住房改革的通知》等规定系其他规范性文件,这些文件中关于公用住房出售的相关规定对司法实践中处理公房、房改房的归属问题也具有参照、指导的作用。

有公示效力。这里夫妻的约定导致了不动产权属的变动，并不被外界第三人所知。另外，《婚姻法解释三》的第7条也有类似不以登记为不动产权属要件的条款，其中第2款以父母双方的出资额作为房产的划分依据，虽然这样的规定在现在房价高涨的背景下具有厘清财产归属的优点，但是这里与《物权法》中不动产权属规定的不一致是否有法律规定冲突之嫌疑？当然具体在处理婚姻类案件时，《婚姻法》作为特别法理应优先适用。也有许多学者认为，关于夫妻房屋权属的取得与变动，虽然夫妻财产纠纷具有身份色彩，但是仍属于关于物的归属的纷争，而物权法作为规范物权享有与变动的基本法，具有适用的合理性。〔34〕

（2）离婚时新类型财产的分割存在立法空白。我国是大陆法系国家，遵循成文法的传统。为了保证法律的稳定性，不可能朝令夕改，更不允许像判例法国家每出现一个新的情况便有相应的判例可以依据。但是现今社会发展之快，家庭生活的方方面面也会出现许多过去甚至当下预料不到的新情况。比如涉及虚拟财产的案件频频出现。

（3）夫妻共同财产分割考量因素的规定过于原则。在我国，夫妻共同财产分割除了原则性的规定外，没有规定恰当的考量因素，给予当事人或者法官一些合理的考量因素，一个合法化、合理化适用的依据。关于离婚时夫妻共同分割的考量因素主要作用在于，在法律没有明确规定的情况下，法官进行裁判或者行使自由裁量权时有一个正确的指引。

纵观国外相关法律，外国法院对于离婚财产分割的考虑因素是比较全面的，大体包括财产的来源；婚姻持续时间的长短；婚姻期间的生活标准与离婚对生活标准的影响程度；对婚姻财产所作的贡献；抚养照顾子女的情况；年老、疾病、残疾等身体状况；就业与谋生能力；是否有挥霍、浪费、隐藏、转移婚姻财产等不当行为。但我国法律并未在财产分割中引入这些考虑因素，或者说只引入小部分因素。婚姻类案件毕竟不同于普通的合同类案件，由于身份关系的存在，更应该具有人情味。法律其实也是有心脏的，并非一具呆板的木乃伊。如果司法理念及时引入，那么法官的裁量权也可以得到有效的保障并且实现，减少负面影响。

（4）女性权益保护的弱化。相较而言，我国在女性权益保护方面仅原则

---

〔34〕 谭九生：《夫妻财产制与〈物权法〉的冲突与协调》，载《湘潭大学学报》2011年。

性笼统规定，并没有落实在具体的条款中并赋予较强的可操作性，这样的原则法官无法直接适用，也不敢大胆适用，不仅会令当事人失去信心，还会导致全社会对女性权益保护的不重视甚至漠视。以房产为例，在夫妻离婚分割房产时没有针对女性、儿童的专门保护性条款。女性因为身心各方面原因在一段婚姻关系中的付出确实大于男性，在离婚时理应得到一定的倾斜。在中国，有着“女主内，男主外”的传统说法，虽然女性并非都是全职太太只专注于家庭事务，但是客观来看确实相比男性会为家庭付出更多，包括怀孕生子一系列过程，以及对老人、子女的照顾等，甚至以牺牲自己的部分事业和前途作为代价。女性在结婚时通常会有一个期许利益的存在，即婚姻带给自己的应该是更稳定和舒适的生活，而不应低于单身时的生活标准，但是在一段正常的婚姻生活中，女性往往会为了婚姻家庭放弃自己事业上升的许多机会，在离婚时不考虑到女性的这部分丧失利益和牺牲是不合理的。

2. 实务层面

（1）夫妻共同财产的范围难以确定。在实务中，常常出现一方不了解夫妻共同财产的情况，由于无法确定夫妻共同财产的范围，导致离婚时不能分割到应有的财产，进而使离婚后财产纠纷诉讼大量增加。这种情况容易出现在一方具备强势经济地位，而另外一方经济实力相对较弱，主要承担家务的家庭中，弱势方不了解家庭财产情况。

共同财产状况的掌握不全面还可能受到人为因素的影响，比如离婚案件中可能出现一方隐匿、转移、变卖、毁损财产，侵害到对方利益，并且在离婚时造成财产分配的不公平和不公正。在《婚姻法》和《婚姻法解释三》中都有详细的规定。但是关于离婚中财产的隐匿、转移、变卖、毁损的举证在实务中一直是一个难题。虽然对于法律后果有明确的规定，但是当事人从举证环节就容易遇到障碍。

（2）夫妻共同财产分割专业性欠缺。离婚案件中的财产分割其实是非常专业的领域，不仅需要法律知识的精通，精确的财产范围或者价值的计算还需要通过专业的法务会计的方法才能认定和确定。但是我国法院并没有引入这样的制度，某些复杂的财产，诸如公司经营类或者有权证券类财产不能得到非常精准的计算。

实务中，公司股份、股票等财产的分割成为常见现象，但是由于涉及金融性质的财产分割具备较强的专业性，当事人自身以及法官的专业水平难以满足需要。

(3)恶意诉讼和虚假诉讼的问题。离婚案件中还会出现恶意诉讼和虚假诉讼的问题,比如在夫妻共同债权和债务部分,如果一方因不满意婚姻状况产生报复对方心理或者受利益的驱使,而伪造债务虚构债权债务法律关系,不仅损害离婚案件中夫妻双方的利益,还损害到第三人的利益。

(二)建议

1. 立法层面

(1)增强法律可操作性

增强法律的可操作性,并且针对不断出现的新情况新特点,适时出台相关解释,比如虚拟财产的立法,汽车限号政策导致的分割难题应对等。并且在立法时,注意与国际惯例的接轨,多借鉴国外的有益经验,并且立足我国实际特点,做好两者结合。

(2)完善夫妻财产分割的考量因素

为了实现公平分割共同财产,需要综合考虑如下因素:一是非婚姻财产,如果一方的非婚姻财产大大多于另一方,则分割夫妻共同财产时对另一方可以适当多分;二是收入能力;三是财产来源;四是家庭主妇的劳动;五是婚姻持续的时间;六是年龄和健康状况;七是一方为他方受教育、培训所作的贡献;八是婚前协议,在婚前协议中当事人可以自行约定分割财产的方法,对于有效的协议,法院应予尊重;九是浪费财产或经济错误;十是过错,即非经济错误,如通奸、虐待等。[35] 在我国原则功能欠缺的现状下,考量因素在法律适用的过程中可以发挥必要而且积极的作用。

(3)强化女性权益保护

“平等”概念不仅仅意味着对待所有人的方式相同。以同等的待遇去对待不同的人会使不公平的状况持久的存在。所以只有在处境平衡的前提下,一视同仁,真正的平等才能够产生,这一平等观念的产生为妇女在争取广阔人权的过程中提供了原则和方向性的指引。[36]

强化我国《婚姻法》对女性权益保护的力度。比如在涉及夫妻离婚分割

---

〔35〕 夏吟兰:《美国现代婚姻家庭制度》,中国政法大学出版社 1998 年版,第 270 页。

〔36〕 莫建江:“浅论婚前按揭房离婚时的处理”,载《法理探究》2006 年第 5 期。

房产的问题时，增设对女性、儿童的保护性条款。在离婚时，考虑到女性对家庭的付出以及为家庭所放弃的自身事业上升机会等因素，给予一定的财产分割倾斜，从各方面保障女性在离婚后生活水平、经济水平的稳定状态，避免出现差距过大的后果。很多外国法律中，直接在房产部分对女性倾斜，比如英国法院不完全依据房产的登记来确定最后的产权，一般会照顾获得抚养权的一方，将房产判于抚养照顾子女的一方，并令男方支付相应的抚养费和赔偿费用。再比如日本和我国香港会对“全职太太”进行一定的补偿，包括金钱利益和房产利益，甚至在双方没有子女的情况下，也可能因为女性对家庭的巨大贡献和牺牲而判决给一半以上分的房产。

2. 实务层面

(1)建立夫妻财产告知、登记制度

离婚处理财产时的首要步骤是厘清个人财产、夫妻共同财产的界限和范围，但是我国只在法律中文字化地规定了什么是个人财产、什么是夫妻共同财产，并未规定关于财产范围确定的保障制度，这样很容易在离婚案件的第一步就遇到困难，或者导致整个案件的重点并非落在感情之事，而成为探寻财产线索之路的漫漫旅程。

建议建立夫妻财产告知、登记制度，以使夫妻之间能够对彼此的财产拥有充分的知情权，从而使夫妻共同财产制真正落到实处。比如在诉讼中发放财产登记表，并明确告知不实的后果。在很多国家设立有夫妻财产告知或者登记制度，美国、德国等国家以及我国台湾地区的法律中均有该项规定，比如依据《德国民法典》第1379 条和第1386 条的规定，在夫妻财产制终止之后，夫妻任何一方均有义务向另一方提供关于其终结财产的现状的情况，无正当理由拒不告知时，另一方有权向法院提起诉讼要求提前均衡财产增加额。

(2)引入专业财产评估机构、团队

当前，美国、加拿大等发达国家已经在离婚财产纠纷案件中引入了法务会计方法，这些先进而专业的计算方法的引入对离婚案件中财产分割部分提高效率和质量具有重要的意义。

但就我国目前的制度现状来看，由于未引入该项制度，导致离婚财产部分分割复杂而且过难，审理周期的延长和审判效率的降低，产生了不良的后果。建议在较为复杂婚财产案件中，比如公司财产、股份、企业经营权、虚拟财产等，这部分内容应该通过专业的财产评估机构或者团队来清查、计算财产的价值，才能最恰当、最合理地估算出该部分财产的价值。法官作为法律专业人才，难以达到经济领域专业人才那样评估上述财产的价值。同时，在离婚案件中引入相应的鉴定程序，通过专业财产评估机构、团队的鉴定结论来裁判。比如夫妻房屋价值鉴定已经可以通过相应的评估鉴定程序来确定补偿款的价值。

（3）真正落实惩罚性措施

离婚案件财产部分的处理必须合法得当，并且全面仔细，警惕恶意诉讼和虚假诉讼的出现。一旦发现案件中有恶意诉讼和虚假诉讼的苗头存在，进行谨慎分析和排查，依据相关法律规定进行责任的确定和进行必要的惩罚，从源头上遏制隐患的产生。作为夫妻双方在离婚诉讼中也应该加强注意义务，不仅主动拒绝错误思想的产生和行为的行使，如果发现对方有此苗头和嫌疑，也要及时将相关信息和情况反映给法院，以便及时采取有效措施加以制止。

五、离婚救济制度之法律适用评析

（一）离婚救济制度的导向与作用

从法律制度的系统看，婚姻家庭制度中的各项制度是相互依存和制约的。对婚姻家庭关系的破坏，法律势必将对违背方予以相应的制裁、对无过错方予以相应的救济与补偿。就后者而言，2001年《婚姻法修正案》首度在我国设立较为完整的离婚救济制度体系，该体系在1980年《婚姻法》规定的离婚经济帮助的基础上，增设了离婚损害赔偿制度与家务劳动补偿制度，且强化了经济帮助的内容，从而形成了家务劳动补偿、离婚损害赔偿和离婚后经济帮助三位一体的救济体系。该体系“反映了有关离婚指导思想的重大变化：由保障离婚自由、反对轻率离婚发展为保障离婚自由、实现保护弱者利益的社会正义与法律公平”。[37]

1. 保障离婚自由

婚姻自由是婚姻家庭法中的首要原则，它是《宪法》赋予公民的一项基本权权。《婚姻法》作为调整婚姻家庭关系的基本法，既保障结婚自由，又对无法继续存续的婚姻予以宽松的释放环境，无论夫妻双方在婚姻家庭关系的维

---

〔37〕 夏吟兰、邓丽：“离婚救济制度意义何在”，载《中国妇女报》2002年4月16日，第3版。

系中是否存在过错，无论因何种理由使得婚姻关系无法维系，都允许双方当事人自由地走出婚姻城堡。然而，无论是结婚自由还是离婚自由，本身都不是目的，仅为一种手段，是缔结和维系高质量婚姻关系，构建和谐社会的必然要求。随着社会文明化程度的提升，人们对离婚的态度越来越淡定，离婚已被视为一种常态的家庭结构或生活方式。

但宽容的态度不等于国家对原婚姻关系中弱势一方在离婚后所面临生存窘境的漠视，不等于法律对婚姻关系中破坏和谐关系存在行为没有否定性的评价。在婚姻关系存续期间，曾经有过错行为的一方当事人，若其没有对其自身过错承担相应民事法律责任，则等于放纵了侵害婚姻关系的违法行为，且对原婚姻关系中的另一方显失公平；在婚姻家庭中对家庭作出较多牺牲的一方若在离婚时得不到应有的回报或补偿，不仅否认了家务劳动的价值，而且使夫妻财产的分割处于实质上的不平等；若对离婚时分得的财产无法维持当地基本生活水平的困难的一方没有足够的帮助，会使其因生活水准的急速下降而在离婚时踌躇不决；上述种种，不利于离婚后弱势一方当事人重建对婚姻的信心，不利于对弱势一方合法财产的有效保护，不利于“在一定程度上消除离婚双方特别是经济上处于劣势一方的后顾之忧”，〔38〕其导向作用明显不利于离婚自由的落实与实现。《婚姻法》修正案坚持不以过错为离婚必要条件的离婚自由主义，承认具有离婚合意的意思表示，对没有离婚合意甚至一方有明显过错且已是名存实亡的婚姻关系从实际情况出发予以解除，不把不准离婚作为惩罚过错方的手段，从而尊重和保护了公民婚姻自由的权利，特别是离婚自由的权利，尊重了婚姻关系的本质，维护了当事人和社会的根本利益。

2. 填补损害和精神抚慰

一夫一妻、男女平等、建立和谐婚姻家庭关系是婚姻家庭立法的宗旨。法律开宗明义地规定夫妻相互忠实的义务，既符合婚姻自然属性的要求，也是婚姻社会属性的必然。夫妻相互忠实既是维系夫妻感情的纽带、是婚姻存在的前提和基础，又是婚姻关系对当事人的基本要求。在把违背夫妻忠实义务作为离婚理由的同时，亦应将该义务作为夫妻关系立法中的一项重要内容加以规范，即违背该义务应受到法律的惩戒，借以保障立法的一致性和威严性。尽

〔38〕 巫昌祯：《我与婚姻法》，法律出版社 2001 年版，第 37 页。

管我国在离婚时实行的是无过错离婚主义，但具有法律规定的特别严重侵害夫妻、家庭关系的行为，特别是在自私的婚姻关系中，违背忠实义务的行为当事人更需要在离婚时为自己违法行为承担不利的法律后果——损害赔偿，无论其性质是对夫妻配偶权的侵犯，还是对家庭其他成员人身权、财产权的侵犯，通过法律设定损失赔偿，使受到损害的上述权益得到恢复和救济；通过为婚姻关系中处于弱势地位的一方切实提供法律救济手段和保障机制，强制侵害人付出经济上的代价以惩错纠偏，同时也使被侵害人平息其怨愤、报复感情，在经济上和在精神上分别得到慰藉。可以说，离婚救济制度中的离婚损害赔偿具有典型的惩错慰抚的价值导向和实际作用，体现法律的公平正义和对弱者的人文关怀。

3. 扶弱济困

夫妻在决定家庭内部角色分工时会考虑双方的优势以实现家庭福利最大化，这种分工往往是一方通过承担较多的家庭劳动或协助对方工作，使另一方能全力以赴投入生产、经营或工作劳动之中表现，实质上这种一方以更多地担待家务劳动与牺牲自我社会价值实现的方式，直接显现为减少了家务劳动的社会成本支出，间接地完成了家庭财富的正增长。若在离婚时对家务劳动没有正确的价值判断和对夫妻财产的合理分割体制，势必造成对承担家务劳动职责较多的一方的不公。婚姻法修正案有关家务劳动补偿权的规定，首次以法律的形式承认了家务劳动的价值，并试图让夫妻中获得利益的一方对从事家务劳动较多的一方予以经济补偿，通过这种扶助，平衡夫妻双方付出或获取之间的利益关系，以弥补分别财产制度存在的实际不平等。[39] 离婚救济制度中的另一项制度——经济帮助，不以一方有过错或少尽义务或有过失为前提，也不以何方提起离婚为要件，具有纯粹的济困资助性质，是对离婚后陷于生活困难或生活水平明显下降的一方所给予的财产帮助。无论是家务劳动补偿还是经济帮助，都是扶弱济困的制度设计，都强化了国家公权力对夫妻中相对弱势的一方私权利实现的强制保障，是实现社会相对公平的一种手段，体现了我国法律扶弱济贫、保护弱势群体利益的人权理念与精神；是在男女平等社会条件下促进家庭关系稳定和谐维持的助推器，并且有助于真正实现离婚自由对人性的解放。

---

〔39〕 宋豫、陈鸣：“我国离婚经济帮助制度的立法缺陷及其完善”，载《法学杂志》2008 年第 9 期。

4. 引导预防

离婚损害赔偿除了填补过错配偶的违法行为造成的损害,慰抚无过错配偶的精神创伤、扶助救济婚姻关系中相对弱势一方的作用之外,更重要的是以此昭示婚姻当事人在违反婚姻法定义务时需要承担不利的法律后果。法律也正是通过它的示警和示范作用,以惩戒责任预防其他婚姻当事人再次误入违法禁区,引导婚姻双方当事人在婚姻关系存续期内或离婚时良性缓和或解决家庭矛盾,引导理性的婚姻当事人需要选择正确途径解决婚姻中出现的各种问题,减少或降低社会矛盾激化风险点;通过法律对受损害一方进行合理的法律评价和对应的惩罚或救济措施,昭示社会公平正义,教育其他婚姻当事人合理配置家庭资源,遵守婚姻道德准则,自觉履行婚姻家庭中的职责,维护合法婚姻关系,和谐家庭氛围;一旦无法维系婚姻关系,法律不仅惩治破坏合法婚姻家庭行为,而且以公权力干预的方式慰抚受害方因合法权益遭受损害之痛苦和救济婚姻中弱势离婚后的正当利益,预防损害配偶权利情形发生,填补私力保护之乏力,从而促进全社会婚姻家庭关系有序、健康发展,以期对社会实质性正义的实现。

(二)对离婚救济制度的审视与检讨

1. 离婚救济制度的适用情况不甚理想

婚姻法修正案第一次将离婚救济理念引入离婚制度,在我国初步确立了较为完整的离婚救济体系。这一制度的适用效果如何,2003 年,中国法学会婚姻家庭法学研究会开展了《婚姻法执行中的问题》专题调研,选取了北京、哈尔滨、厦门三个代表城市的基层法院进行调查。调查显示,"哈尔滨市随机抽取的 100 件二审离婚案件中,尽管有 24 件提出损害赔偿,但因举证等问题,无一例获得赔偿。厦门市某区的 398 件一审案件中只有 4 例提出损害赔偿,其中,仅有 1 例获得赔偿……实践中提出离婚经济补偿者数量更少,厦门的 398 件案例中只有 1 例,女方以抚养子女较多、对家庭作出贡献较大为由要求对其予以经济补偿,但因双方未实行分别财产制而未获法院批准。"[40]

2008 年,国家社科基金项目《民法典体系中的婚姻家庭法新架构研究》在北京、上海、哈尔滨三座城市的基层法院开展调查。调查显示,第一,"请求经

---

[40] 毛立军:"离婚救济制度未能取得预期效果",载《人民政协报》2006 年 1 月 23 日,第 B04 版。

济帮助制度的案件相对较少。在阅卷范围内,北京市海淀区法院审结经济帮助案件占案件总数的2.1%,上海市闽行区法院审结经济帮助案件占案件总数的1.7%,哈尔滨市南岗区法院审结经济帮助案件占案件总数的5%”。第二,“请求离婚损害赔偿的案件比例不高。在阅卷范围内,北京市海淀区法院审结的离婚损害赔偿案件占案件总数的6.3%;上海市闽行区法院审结的离婚损害赔偿案件占案件总数的3.4%;哈尔滨市南岗区法院审结的离婚损害赔偿案件占案件总数的4.1%。”第三,“家务贡献补偿制度的适用,在北京、上海、哈尔滨的案卷中没有体现。”[41]

此次调研选取了北京市某区人民法院,从2001年持续至2010年每年随机选取100个案件进行统计分析。就离婚救济制度而言,统计结果依然显示出该制度适用效果的不理想:当事人提起离婚损害赔偿案件仅有17.3%;提出经济帮助的案件仅有3.3%;10年间仅有1宗提出家务劳动补偿的案例,但还不是纯粹的家务劳动补偿案件,是与实施家庭暴力问题纠缠在一起提出精神损害赔偿与家务补偿的案件。

三次调研结果表明,在我国目前的司法实践中,法律制度的设计难以达到其预期目标。

2. 离婚救济制度的制度内容与现实国情有些脱节

法律作为社会成员行为规范的准则,通过设定法律义务,要求人们作出或抑制一定行为,使社会成员明确自己必须从事或不得从事的行为界限;通过宣告法律权利,给人们一定的选择范围。离婚救济补偿制度的设立,就是将确定性指引与选择性指引相结合,给予夫妻关系中的弱者以合法权利最有力的保障。立法者试图通过法律的规范指引、评价和教育作用达到维护和谐稳定的婚姻家庭关系的目的。但在中国,法律人的这种设计与国情之间存在不小的差距。

法律设计离婚损害赔偿,力图强制过错方补偿受害方的损害,达到明辨是非、分清责任、警示和威慑过错方的作用。根据法律,无过错的一方有权提出损害赔偿,但多少人会适用这条法律维护自身权益?此次统计数据中,被法院支持的不足10%,其中很重要的一个原因就是取证难。

此外,尽管离婚救济制度中规定了家务劳动补偿制度,但该制度实施的前

---

〔41〕 王歌雅:“离婚救济制度:实践与反思”,载《法学论坛》2011年第3期。

提却是“夫妻书面约定婚姻关系存续期间所得的财产归各自所有”，但是据调查，城市居民中仅有2.7%，农村居民中仅有1.1%的夫妻有采取分别财产制的愿望，〔42〕而实际实行分别财产制的比例更低。很多夫妻认为选择分别财产显得家庭成员之间隔阂大、感情不深。此次统计数据显示，仅有一起案件的当事人提出了家务劳动补偿的申请。可见法律并没有发挥预期的效果。

尽管经济帮助的目的在于避免“离婚时男女双方的个人财产总值出现差异时引发的当事人在离婚前后生活水平的差异，避免当事人离婚后生活质量的下降导致生活困难”，〔43〕但将生活困难的标准规定为“依靠个人财产和离婚时分得的财产无法维持当地基本生活水平”，仅考虑了需要帮助一方离婚后当事人能够生存为条件的绝对经济困难之情形，并未考虑到“双方在婚姻关系存续状态时的生活水平、因婚姻所获得的有形或无形利益、一方对另一方或家庭生活所做的贡献或牺牲，以及一方在离婚后为谋求职业或提高就业能力所需的培训与教育成本以及其他具体情况”，〔44〕这其中既包含对需要帮助一方在婚姻关系存续期内对家庭贡献度积极的立法评价问题，又包含对离婚后一方即使能够维持自己的生活，但生活水平比婚姻关系存续期间大大下降或明显下降的“相对生活困难”的综合考量问题，而后者恰恰又是立法者应积极适应人民生活水平普遍提高和市场经济相对发达带来的社会生活要求而需要关注并下力解决的问题；况且一次性支付和以住房（特别是以住房所有权）为帮助标的在目前我国经济发展水平条件下，对大多数被帮助者而言还是一份美景，如何实现也困难重重。此次统计也显现出这个特点，当事人提出经济帮助请求后，尽管法院的支持率很高，达到89.3%，但仅有一起帮助的标的为住房，其余多是数额在5万元以下的金钱给付。

（三）离婚救济制度的完善

1. 社会整体稳定与个体家庭和谐的相互促进

家庭的和睦稳定与社会的和谐进步是相辅相成的，他们共同建构了社会的发展基础；婚姻家庭内部不和谐因素的解决也并非仅仅依靠人民法院的诉

---

〔42〕 蒋月：《夫妻的权利与义务》，法律出版社2000年版，第176～177页。

〔43〕 参见夏吟兰：“民法亲属编离婚制度之探讨”，载《中华女子学院学报》2002年第4期。

〔44〕 夏吟兰：“离婚妇女权益保障比较法研究”，载《法学杂志》2003年第9期。

讼解决这一条有效途径。为化解矛盾、维护和谐为稳定的婚姻家庭关系，在社会经济发展的黄金机遇期与矛盾凸显期交汇的关键阶段，欲最大限度激发社会活力、最大限度增加和谐因素、最大限度保障公民合法权益的有效实现，更需要以人为本，顺应当今多元化主体利益的现实，以离婚救济制度的不断完善，以制度本身体现出的引导和规范作用，以社会多元化主体参与纠纷化解为契机，促进多途径解决民事纠纷格局的形成。

2. 完善离婚救济制度的法律规制，最大限度保障家庭弱势群体的合法权益

离婚救济制度的目的决定完善方案的取舍。离婚救济制度目的不仅具有对家务劳动价值予以积极性评价、对破坏和谐婚姻家庭的行为予以否定性评价的作用，还需要保障在无过错离婚主义前提下的离婚自由，在离婚的条件与程序、离婚的后果与救济等方面，突出对弱势一方当事人利益的特别保护，以减少离婚过程中因相对弱势一方离婚后的生活状况严重下降而导致的加大离婚成本或离婚后应有权益无法得以保障状况的发生。目前，学界就离婚救济制度完善路径的建议主要集中在两种思路上：其一是对离婚损害赔偿、家务劳动补偿和经济帮助各项进行合理性细化，以期更加适应救济弱势群体的需要；其二是由补偿性的扶养费和救济性的扶养费两部分来完善离婚救济制度。[45]每种观点都具有其合理的部分，可资借鉴。但无论怎样，离婚救济制度的完善，笔者以为，应当以“致力于保护弱者利益，实现损害与救济之间的衡平，实现离婚自由与社会正义”[46]为根本出发点，综合考虑实体法、程序法操作中的相关制度以及社会矛盾化解力量的能力与水平，合理设计离婚救济制度，以期最大限度地实现保障家庭弱势群体的合法权益，维护法律公平正义的目的。

就离婚损害赔偿制度而言，破裂主义无过错离婚原则保证了感情已经破裂的双方当事人之间离婚的自由，但承认此种自由并不意味着在婚姻关系中破坏和谐关系的行为不需要承担法律责任，相反这种责任的承担不仅体现在物质赔偿上，而且也应体现在对精神损害的赔偿，这也是世界上大多数国家的通例。《婚姻法》第46条将离婚损害赔偿的过错行为以列举的方式法定化，

---

〔45〕 北京大学马忆南教授的观点，参见毛立军：“离婚救济制度未能取得预期效果”，载《人民政协报》，2006年1月23日，第B04版。

〔46〕 夏吟兰：“离婚妇女权益保障比较法研究”，载《法学杂志》2003年第9期。

将可以请求离婚损害赔偿的过错行为限定为重婚、有配偶者与他人同居、实施家庭暴力以及虐待、遗弃家庭成员四种行为，但从此次北京市某法院随机抽取案例的实证调研中发现，案件当事人自认为婚外恋或与婚外异性关系暧昧、一方诋毁另一方名誉等原因都导致了对自己权益的严重侵害，都需要提出损害赔偿，因为法律并没有确定何种导致离婚的行为形成的损害就是严重破坏婚姻关系，在立法技术上仅以列举性规定的方法体现出四种行为为法定进行离婚损害赔偿的行为，这种立法技术上的缺陷导致社会上许多备受吸毒、赌博、通奸、卖淫、嫖娼等行为侵害的当事人无法获得损害赔偿，但人所共知的事实是上述这些行为对婚姻的伤害或损坏程度绝不低于四种法定过错行为，因此，在立法技术上应采取列举性规定与概括性规定相结合的方式，在列举性规定之后增加一个概括性规定“其他导致离婚的重大过错”，由法官在审判中根据行为对婚姻当事人造成的实际损害来综合判定是否适用离婚损害赔偿救济制度。

离婚损害赔偿制度在实践中操作难度最大的还是举证问题，此次实证调研充分显示，在随机抽样的1000份案件中，仅有173起案件中的17起案件被认定，为十年中提出诉求案件总数的10%，在60起提出具体损害赔偿要求的案件中仅有15起因为有证据支撑而得到了人民法院的支持。举证难成为掣肘离婚损害赔偿制度实施的难题。适用救济制度设立本身表明，法律需要对弱势者的权利进行补救和对过错行为的制裁，这些弱势者不仅在实体权利维护上处于弱势地位，而且也处于取证能力的弱势地位，特别是对重婚、有配偶与他人同居的取证还涉及部分隐私权保护问题，要求原本就申请权利救助的当事人仅凭一己之力完成取证工作非常困难。解决问题的方法有：其一，过错推定，将民事责任主观要件的举证责任负担以否定的形式分配给加害人一方，从而避免受害人因不能证明对方的过错而无法获得赔偿的情形；其二，举证责任倒置，在离婚损害赔偿案件中，无过错方提出存在过错的意见和相关信息，由过错方举证证明该过错不存在，举证不利则承担相应民事责任；其三，优势证据规则，最高人民法院2002年施行的《关于民事诉讼证据的若干规定》第73条规定：“双方当事人对同一事实分别举出相反的证据，但都没有足够的证据否定对方证据的，人民法院应当结合案件情况，判断一方提供证据的证明力是否明显大于另一方提供的证明力，并对证明力较大的证据予以确认”，这就要求人民法院根据“明显优势”来判断双方当事人对同一事实提出的相互矛盾的证据；其四，人民法院依照职权调查取证，根据《民事诉讼证据规定》第17条第1款第3项的规定，法院可依职权或依当事人的申请，对知情人进行调查，再将调查笔录当庭质证。立法者只有在注重实体法与程序法的协调的基础上，特别是人民法院的法官在审理婚姻家庭案件时注重这种案件的特殊性，提高理论素养和综合知识素养，敏锐地洞察婚姻家庭案件的症结所在，用好、用活现有的法律，才能更有效地实现立法初衷：维护社会正义，消除无过错方的后顾之忧，实现对弱势一方的救济与保护。

如果说离婚损害赔偿制度更注重对弱势当事人填补损害、抚慰精神的话，家务劳动补偿和经济帮助制度更加注重对弱势当事人的救济，以降低离婚对其生活境况和对社会的影响。但从实证调查情况看，这两项制度实行的结果也不尽如人意，十年的随机抽调，仅有3.3%的案件提请过经济帮助，仅有1‰的案件涉及家务劳动补偿（非纯粹性的家务劳动补偿提请案件）。这与适用条件设计苛刻、补偿或帮助难以落实不无关系。仅从因离婚而给当事人一方在经济上造成的不利予以调整，保证离婚后当事人能够有足够能力重新投入社会工作获得自立与生存的物质资本，提高他们摆脱贫困尤其是离婚后贫困的能力角度而言，家务劳动补偿和离婚经济帮助两项制度就有必要进行相应完善。一方面，拓宽“生活困难”的含义，将绝对困难与相对困难相结合，这样既有助于放宽经济帮助的适用标准，救济离婚当事人，也有助于保障当事人在离婚后生活水平不下降，补偿离婚当事人，贯彻离婚自由原则；[47]另一方面，需正确处理经济帮助与家务贡献补偿的关系，对夫妻共同财产的积累与贡献，既包括货币形式，也包括家务劳动形式；在婚姻生活中付出家务劳动较少的一方在离婚后继续受益的机会较大，生活质量继续提升的可能性也较大，而另一方则反之，所以应该考虑在保证财产分割的前提下，再进行家务劳动补偿，绝不能用离婚时家务贡献的补偿取代经济帮助制度。

当然，亦有专家提出用离婚扶养给付制度取代或重新整合现行法上的家务劳动补偿制度和经济帮助制度，借以降低当事人结束婚姻的成本，即要当事人因为结束婚姻而导致的原有生活条件的损失降到最低。其中，离婚扶养给付与离婚财产分割是相辅相成的：“离婚财产分割通常是第一位的，在分得的财产不足以维持当事人一方的正常生活或分割财产尚不能够彰显公平时，才可以行使扶

---

〔47〕 王歌雅：“离婚救济制度：实践与反思”，载《法学论坛》2011年第2期。

养给付请求权；离婚扶养给付是以一次性支付或分期支付一定数额的扶养费来实现扶养功能的，而离婚财产分割则是通过清算夫妻共同财产，使双方各自分得一定数额的财产来实现扶养功能的；离婚扶养给付的客体是给付方的个人财产，而离婚财产分割的客体是双方婚姻关系存续期间取得的共同财产；离婚扶养给付是在权衡双方的劳动能力、经济状况和对家庭的贡献等相关情况的基础上，以满足受领方得到相应的补偿和维持相应的生活为标准来确定的，而离婚财产分割原则上是均等分割的”，[48]这种离婚扶养制度的建立需要一定的社会、制度基础，目前虽不太可能实现，但它毕竟是解决问题的一种思路。

离婚救济制度不外乎达到社会公平总体目标、实现法律的规范和引导作用的有效手段，它是一种平衡调解机制，可以使一项法律制度通过承认某些利益并将它们限定在应该被认可的那些利益范围内以完成构建一定法律秩序的目的，它在彰显社会正义的同时也显示了司法的公信力和效力。“在实行无过错离婚理由的制度下，为了鼓励夫妻为提高整个家庭的利益作出牺牲，应该把因这些牺牲而导致的人力资本的变化及其所产生的预期利益作为婚内财产的一种形式在离婚时进行公平的分割。在有了这样法律上的保障之后，婚姻关系中的配偶们就会更多地以家庭利益为出发点来调整他们之间的位置和角色，对家庭作出更多的投入。在这样一个良性互动的过程当中，走向成功的婚姻将越来越多，而走向解体的婚姻将越来越少，这才是离婚制度所要追求的终极目标。”[49]

六、涉外离婚案件之法律适用评析

（一）涉外离婚案件之法律适用现状及问题

1. 涉外离婚管辖权之法律适用及问题

（1）涉外离婚管辖权之法律适用现状

我国关于涉外离婚管辖的法律规定较少，且缺乏原则性规定。2002 年 3 月 1 日起施行的最高人民法院《关于涉外民商事案件诉讼管辖若干问题的规定》，仅仅对于涉外合同和侵权纠纷等五类案件的管辖作出了规定，对于涉外离婚案件的管辖却鲜有明确涉及。由于我国法律对于涉外离婚案件的管辖问题没有明确具体规定，或规定过于笼统，缺乏可操作性，法院在受理涉外离婚

---

〔48〕 马忆南：“离婚救济制度的评价与选择”，载《中外法学》2005 年第 2 期。

〔49〕 夏吟兰：“离婚衡平机制研究”，载《中华女子学院学报》2004 年第 5 期。

案件时，往往会做出同案不同判的裁定，甚至做出不合理的裁定。同时因为前述涉外离婚案件存在规避管辖、被告一方应诉难、送达时间特长等因素，致使一些法院以法律未有明确规定等理由不愿意受理该类案件。

对于涉外离婚案件的管辖，我国法律是以“原告就被告”作为地域管辖的一般原则。《民事诉讼法》第21条规定，对公民提起的民事诉讼，由被告住所地人民法院管辖；被告住所地与经常居住地不一致的，由经常居住地人民法院管辖。

对于涉外离婚案件的管辖，我国法律还采用了特殊原则。《民事诉讼法》第22条规定，对不在中华人民共和国领域内居住的人提起的有关身份关系的诉讼，由原告住所地人民法院管辖；原告住所地与经常居住地不一致的，由原告经常居住地人民法院管辖。此外，根据最高人民法院《关于适用〈中华人民共和国民事诉讼法〉的解释》规定，对于以下情况，我国法院有管辖权：第一，在国内结婚并定居国外的华侨，如定居国法院以离婚诉讼须由婚姻缔结地法院管辖为由不予受理，当事人向人民法院提出离婚诉讼的，由婚姻缔结地或一方在国外的最后居住地人民法院管辖。第二，在国外结婚并定居国外的华侨，如定居国法院以离婚诉讼须由国籍所属国法院管辖为由不予受理时，当事人向人民法院提起诉讼的，由一方原住所地或在国内的最后居住地人民法院管辖。第三，中国公民一方居住在国外，一方居住在国内，不论哪一方向人民法院提起离婚诉讼，国内一方住所地人民法院都有管辖权。国外一方在居住国法院起诉，国内一方向人民法院起诉的，受诉人民法院有权管辖。第四，中国公民双方在国外但未定居，一方向人民法院起诉离婚的，应由原告或者被告原住所地人民法院管辖。

从我国的相关法律规定及司法解释来看，在涉外离婚案件的管辖权方面，我国采用了属地管辖和属人管辖原则，以被告方住所地或经常居所地管辖优先，同时兼顾原告方属地管辖；在限定的范围内规定国籍和婚姻缔结地等连结点作为确立管辖权的依据，即一般原则是“原告就被告”，在特殊情况下“被告就原告”，中国公民与外国人离婚，只要原告或被告中有一方在中国有一住所的，我国法院都有管辖权。

(2)涉外离婚案件管辖存在的问题

第一，我国法律对于涉外离婚案件受理范围比较简单，主要受理与中国公民有关的离婚诉讼，而对于不在中国境内缔结婚姻的外国人之间的离婚诉讼则没有明确规定，当原告为外国人且在我国境内有住所，不管原告有无中国国籍，只要被告在国外，那么原告就无法在我国法院提起离婚诉讼。此外，我国法律也没有明确规定无国籍人之间、无国籍人和外国人之间的涉外离婚管辖权的问题。这样致使案件受理范围过窄，给在我国居住的外国人离婚带来不便，在一定程度上也影响了我国的国际形象和对外开放程度。

第二，我国现行法律承认涉外离婚诉讼的平行诉讼，采取基本无限制态度，但奉行国内判决优先原则。由于每个国家在政治、经济、文化、社会制度等方面存有不同，各国对于涉外案件的管辖规定往往存有差异，经常会出现多个国家的法院对同一涉外离婚案件均具有管辖权，造成了平行诉讼。从 1967 年最高人民法院《关于美国法院无权判决我国公民离婚案件的批复》、1992 年最高人民法院《关于适用〈中华人民共和国民事诉讼法〉若干问题的意见》第 15、306 条的规定，以及 2015 年最高人民法院《关于适用〈中华人民共和国民事诉讼法〉的解释》第 15 条、第 533 条的规定，可以看出我国承认涉外离婚平行诉讼，奉行国内判决优先。但是平行诉讼会使一个案件在不同国家审理，可能会产生不同的甚至是相互冲突的判决，这样就不能从根本上保护当事人的利益，也不利于国与国之间的民事交往与合作。

第三，对双方取得国外永久居住权且定居国外的中国公民的离婚案件，根据相关规定，双方都是居住在外国的，如果离婚，则当事人原则上应向居住地所在地法院提起诉讼，只在特殊情况下我国法院才予以受理，这样不利于保护在国外的我国公民的合法权益。

第四，我国关于涉外离婚管辖权的规定有法律、部门规章、复函等，其有着不同的效力和层级，但是这些规定之间会出现冲突的现象。法院在处理涉外离婚管辖权时，依据这些法律规定来判断我国法院是否具有管辖权，缺乏可判断的实际标准和可操作性。

2. 涉外离婚案件的适用法律现状及问题

我国《民法通则》第 147 条规定，中华人民共和国公民和外国人结婚适用婚姻缔结地法律，离婚适用受理案件的法院所在地法律。该条规定仅对中国人同外国人在中国境内离婚和中国人同外国人在中国境外离婚两种情况进行了规定，即涉外离婚案件的形式要件与实质要件都适用法院所在地法。

最高人民法院《关于贯彻执行〈中华人民共和国民法通则〉若干问题的意见》第 217 条规定，我国法院受理的涉外离婚案件，离婚以及因离婚而引起的财产分割,适用我国法律。认定其婚姻是否有效,适用婚姻缔结地法律。综合该条规定及前述民法通则的规定,可以得出:中国人同外国人在中国境外提起离婚诉讼,此类案件由提起诉讼的外国法院管辖,并适用该国的法律。中国人同外国人在中国境内提起离婚诉讼,此类案件由我国法院管辖,并适用我国的法律。

对于中国人与中国人在中国境外离婚以及外国人与外国人在中国境内离婚,《民法通则》对此未作出规定,对于这两种情形的涉外离婚案件,可以从规章依据一些原则予以处理。第一,中国人同中国人在中国境外提起离婚诉讼。此种诉讼,原则上由该外国法院管辖,适用外国的法律。但也存在例外的情况,即“定居国法院以离婚诉讼须由婚姻缔结地法院管辖为由不予受理或定居国法院以离婚诉讼须由国籍所属国法院管辖”为由不予受理时,我国则会出于对本国国民保护的原则,予以受理,并适用我国法律。第二,外国人同外国人在我国境内提起离婚诉讼。我国法院具有管辖权,首先根据原告就被告原则,由被告住所地或经常居住地的法院管辖,若被告没有住所地或经常居住地,则由原告的住所地或经常居住地人民法院管辖,适用我国法律。

对于涉外离婚案件的法律适用,我国法律规定了当事人意思自治原则。《中国涉外民事关系法律适用法》第 26 条规定:“协议离婚,当事人以协议选择适用一方当事人经常居所地法律或者国籍国法律。当事人没有选择的,适用共同经常居所地法律:没有共同经常居所地的,适用共同国籍国法律:没有共同国籍的,适用办理离婚手续机构所在地法律。”第 27 条规定:“诉讼离婚,适用法院地法律。”

通过上述分析,可以得出我国确定涉外离婚案件适用法律的原则为:第一,中国人同中国人在中国境外离婚,境外法院具有管辖权,适用该境外法院所在地法律:第二,中国人同外国人在中国境内离婚,我国法院具有管辖权,适用我国的法律:第三,中国人同外国人在中国境外离婚,境外法院具有管辖权,适用该境外法院所在地法律:第四,外国人同外国人在中国境内离婚,我国法院具有管辖权,适用我国的法律。

依据前述规定,我国涉外离婚的准据法单一,即适用法院所在地的法律。纵观世界各国关于涉外离婚的法律适用,一般有两种原则,即受理案件的法院所在地法律和当事人属人法的选择准据法原则。这两种准据法适用原则均存在不同程度的缺憾。首先,涉外离婚适用受理案件的法院所在地法律的原则,容易产生跛脚婚姻。涉外离婚适用受理案件的法院所在地的法律，而法院所在地的法律所规定的离婚的实质要件或形式要件，或许存在与当事人的母国或生活地的法律相冲突的可能性，依据法院地的法律准予解除的婚姻在当事人的母国或生活地却不允许解除。跛脚婚姻的存在对婚姻当事人会带来极大地痛苦与不便，更不利于维持当事人的母国的社会秩序。其次，涉外结婚与离婚适用当事人的属人法，增加了涉外婚姻缔结与接触的难度，不符合当今婚姻理念的发展；适用当事人的本国法，有时对当事人来说存在不公平之处。

3. 涉外离婚案件司法文书的涉外送达情况

依据《民事诉讼法》第267条的规定，以及最高人民法院《关于涉外民事或商事案件司法文书送达问题若干规定》的规定，和《关于执行海牙送达公约的实施办法》、《关于我国法院和外国法院通过外交途径相互委托送达法律文书若干问题的通知》、最高人民法院《关于向居住在外国的我国公民送达司法文书问题的复函》等文件的规定，对于涉外离婚案件中不在国内居住的当事人送达诉讼文书的，可以采用下列方式送达：

（1）公约送达，即依照受送达人所在国与中华人民共和国缔结或者共同参加的国际条约中规定的方式送达。送达的具体流程为：第一，我国法院若请求公约成员国向该国公民或第三国公民或无国籍人送达民事或商事司法文书，有关中级人民法院或基层人民法院应将请求书和所送司法文书送有关高级人民法院转最高人民法院，由最高人民法院送司法部转送给该国指定的中央机关；必要时也可由最高人民法院送我国驻该国使馆转送给该国指定的中央机关。需要向在公约成员国居住的该国公民、第三国公民、无国籍人送达文书时，应将文书及相应文字的译本各一式三份规定的途径送最高人民法院转司法部，译文应由译者签名或翻译单位盖章证明无误。第二，我国法院如果需要通过我驻公约成员国的使领馆向居住在该国的中国公民送达文书，应将被送达的文书、致使领馆的送达委托书及空白送达回证按通知规定的途径转最高人民法院，由最高人民法院径送或经司法部转送我驻该国使领馆送达当事人。

（2）外交送达，即通过外交途径送达，具体流程为：要求送达的法律文书须经省、自治区、直辖市高级人民法院审查，由外交部领事司负责转递；委托书和所送法律文书还须附有该国文字或该国同意使用的第三国文字译本。

（3）对具有中华人民共和国国籍的受送达人，可以委托中华人民共和国驻受送达人所在国的使领馆代为送达。

(4)向受送达人委托的有权代其接受送达的诉讼代理人送达。

(5)向受送达人在中华人民共和国领域内设立的代表机构或者有权接受送达的分支机构、业务代办人送达。

(6)邮寄送达,受送达人所在国的法律允许邮寄送达的,可以邮寄送达,自邮寄之日起满三个月,送达回证没有退回,但根据各种情况足以认定已经送达的,期间届满之日视为送达。

(7)采用传真、电子邮件等能够确认受送达人收悉的方式送达。

(8)公告送达,即不能用上述方式送达的,公告送达,自公告之日起满三个月,即视为送达。

此外,关于涉外离婚案件的送达,依据案件不同情况,会产生有关费用。依据我国相关法律规定,我国法院和外国法院通过外交途径相互委托送达法律文书的收费,一般按对等原则办理。外国法院支付我国法院代为送达法律文书的费用,由外交部领事司转交有关高级人民法院;我国法院支付外国法院代为送达法律文书的费用,由有关高级人民法院交外部领事司转递。但应委托一方要求用特殊方式送达法律文书引起的费用,由委托一方负担。

(二)涉外离婚法律制度的完善建议

1. 完善涉外离婚案件的管辖制度

第一,适当扩大涉外离婚案件的管辖范围。随着社会经济的发展,越来越多的外籍人来我国学习、工作、生活。因此对于双方均为外籍人又想在我国起诉离婚的当事人来说,为其顺利受理离婚案件提供法律支持,应是顺应社会发展潮流所必需。因此,我国法律应适当扩大涉外离婚案件的管辖范围,对于原告为在中国取得永久居留权的外籍人,向中国法院提起的离婚诉讼请求,无论被告在中国境内还是中国境外,是否为外籍人,中国法院都有管辖权。民政部颁布的《关于贯彻执行〈婚姻登记条例〉若干问题的意见》规定,双方均为外国人,可以依法办理结婚登记。因此我国法律应出台相应规定与之配套实施,为那些没有取得永久居留权的外国人、双方又自愿在中国离婚的提供诉讼的离婚途径。

在立法层面来说,对此可参考由中国国际私法学会制定的《国际私法示范法》(该示范法系中国国际私法学会制定的草拟稿,是学术性质的示范法,供立法、司法机关或其他从事涉外事务的政府部门以及法学院校、法学科研单位参考使用)的相关规定,例如第 20 条规定,除本法规定的专属管辖权或者当事人依本法对管辖法院另有约定的外,被告住所地或者惯常居所地位于中华人民共和国境内的,中华人民共和国法院对有关被告的一切案件享有管辖权。第 21 条规定,对因自然人的身份和能力提起的诉讼,如被告不在中华人民共和国境内居住而原告在中华人民共和国境内有住所或者惯常居所的,中华人民共和国法院享有管辖权。第 41 条规定,对因离婚提起的诉讼,如在国外有住所或者惯常居所的当事人具有中华人民共和国国籍,而其住所地或惯常居所地法院拒绝或者未提供司法救济的,中华人民共和国法院享有管辖权。第 48 条规定,涉外民商事诉讼的被告对中华人民共和国法院的管辖权不提出异议,并自愿出庭应诉,就争议的实质问题进行答辩或者提起反诉的,视为承认该法院为有管辖权的法院,但不得违反本法关于专属管辖的规定。被告有权在不迟于第一次实体答辩时就管辖权提出异议。

第二,适当限制涉外离婚案件的平行诉讼。通过前述可知,我国现行法律对涉外离婚平行诉讼过于不加限制,过于强调司法主权,存在损害当事人合法利益的可能。因此我国法律应适当限制涉外离婚平行诉讼,确立预期承认原则和不方便法院原则。

具体说来,在涉外离婚案件的平行诉讼中,如果外国法院受理在先,且该国判决可能被本国承认,则后受理法院中止行使管辖权;如果先诉法院未有效行使管辖权,或者当事人的权益不能被有效保护,或者判决最终不能被我国承认,我国法院可以恢复对案件的管辖权。确立这一原则既体现了国际礼让精神,尊重其他国家司法主权,也能够有效利用各国司法资源,避免不必要的资源浪费,同时能够有效地保护当事人权益。具体可参考《国际司法示范法》第 54 条的规定,即除中华人民共和国缔结或者参加的国际条约另有规定外,在外国法院对相同当事人之间就同一诉讼标的进行的诉讼已经作出判决或者正在进行审理的情况下,若预期该外国法院判决能够在中国法院得到承认,中华人民共和国法院可以不行使管辖权。但中华人民共和国法院受理在先,或者不行使管辖权,当事人的合法权益无法得到保护的,中华人民共和国法院可以对同一诉讼行使管辖权。

不方便法院原则是指,一国法院对某一涉外案件享有管辖权,但如果其认为自己审理案件对当事人或法院自身存在不方便因素,并且有更适宜审理该案的法院,则可以拒绝行使管辖权或者终止审理。这一原则的确立能够防止当事人任意选择法院,避免管辖权冲突带来的负面效果。具体可参考《国际司法示范法》第 51 条的规定,即对本法规定中华人民共和国法院享有管辖权的诉讼,如中华人民共和国法院认为实际行使管辖权对当事人及案件的审理均极不方便,且有其他法院对该诉讼的审理更为方便时,经被告申请,可以决定不行使管辖权。

第三,建立统一、可操作的涉外离婚管辖权原则。我国的涉外离婚管辖主要处理了华侨之间、中国人和外国人之间的离婚诉讼,而对于如在中国有经常居住地且双方都是外国人的其他情况却很少涉及,我国法律对此没有制定统一的法律规定。相反却确立了多种管辖原则,如有的规定以属人管辖为原则,有的规定以属地管辖为原则,有的规定还采用以国籍为标准的管辖原则等。这对于涉外离婚管辖具有很大的不便。此外,当今世界各国立法对于涉外离婚管辖的态度是尽量减少专属管辖权,因为过于强调专属管辖会导致该国法院的离婚判决得不到其他国家的承认。如前所述,我国涉外离婚的管辖权基础十分宽泛,包括原告或被告的住所地、惯常居所地、国籍国地等。我国对此应统一规范,应以经常居住地作为管辖连接点,作为管辖确立的基础,同时规定其他例外或补充管辖原则。

2. 完善涉外离婚的法律适用制度

第一,建立法律适用原则的混合制。据前所述,在离婚案件的适用法律问题上,采用单一制的原则确定准据法的两种主要模式都存在其不可避免的缺陷。现今世界有许多国家已经对这种单一原则确定准据法的模式进行了完善,大多是将两者结合起来,以某一种准据法的确定为主,兼采其他。例如在涉外结婚的准据法选择中,就可以涉外婚姻缔结地的法律为主,兼采当事人的属人法。具体可参考前述《国际私法示范法》的相关规定,《国际私法示范法》第 131 条对于涉外结婚准据法的适用作出下列规定:“结婚的实质条件和效力,适用婚姻缔结地法。中华人民共和国承认在境外缔结的合法婚姻,但依本法第 13 条的规定,当事人故意规避中华人民共和国强制性或者禁止性法律规定的除外。结婚形式只要符合婚姻缔结地法,或者符合任何当事人一方的本国法、住所地法或者惯常居住地法的,均为有效。具有同一国籍或者不同国籍的外国人在中华人民共和国境内结婚,可以依照中华人民共和国缔结或者参加的国际条约,或者按照互惠原则,由其所属国领事依照其所属国法律办理。”关于涉外离婚准据法的适用,该法第 132 条规定:“离婚的条件和效力,适用起诉时受理案件的法院地法。当事人协议离婚的,适用其以明示方式选择的当事人任何一方或者共同的本国法、住所地法、惯常居所地法。当事人没有选择法律的,适用离婚登记机关或者其他主管机关所在地法。”

第二,建立涉外离婚国内法律与国外法律接轨制。我国解决涉外离婚案件的国内实体法主要是《婚姻法》及其司法解释。《婚姻法》对结婚的实质要件、形式要件,离婚的实质要件与形式要件都给出了较为具体的规定,通过《民法通则》、《婚姻法》及相关司法解释等法律规定,涉外婚姻案件可以据此审理。因此,在不损害我国主权和根本利益的前提下,可以更新我国国内相关法律规定,使我国的《婚姻法》与大部分国家法律规定保持一致。

首先,建立司法分居制度。在我国,分居是婚姻当事人自己的行为,不必经过司法程序裁定,我国并未建立司法分居制度,《婚姻法》第 32 条第 3 款规定,因感情不和分居满两年,经调解无效,应准予离婚。我国法律将分居作为认定夫妻感情破裂的一个法律事实来对待。司法实践中,当事人对于分居则很难举证,法官判断双方是否分居也存在很大难度。对此可吸收国外关于司法分居的先进经验,如在离婚时提出司法分居,一旦分居被法院认可,就可以成为法院确认夫妻感情破裂而准予离婚的法定条件。此外司法分居还会引起夫妻关系以及子女抚养关系发生一定变化,例如夫妻双方不再负有同居义务;子女的法定抚养权交付丈夫或妻子行使;丈夫须向妻子或法院主管部门或代表妻子的第三人,付给由法院在顾及丈夫及妻子双方的经济能力后认为合理的一笔款项,作为对妻子及妻子所抚养子女的抚养费和教育费(有的观点认为,如果妻子在分居期间有通奸行为的,则不享有申请扶养费的权利,而丈夫无论处于何种情况,都不享有要求妻子给付扶养费的权利)。这样从司法制度上可以很好地保护妇女和子女的利益。

其次,扩大经济补偿和经济帮助的适用范围。我国《婚姻法》第 40 条规定:“夫妻书面约定婚姻关系存续期间所得的财产归各自所有,一方因抚育子女、照料老人、协助另一方工作等付出较多义务的,离婚时有权向另一方请求补偿,另一方应当予以补偿。”第 42 条规定:“离婚时,如一方生活困难,另一方应从其住房等个人财产中给予适当帮助。具体办法由双方协议;协议不成时,由人民法院判决。”其具体适用范围和操作标准并不明确。对此可借鉴国外相关规定,扩大其适用范围,在处理离婚案件时,法院可根据实际案件情况,从保障婚姻一方权益出发，责令一方一次性或分期向对方支付必要的经济帮助或补偿。在确定该笔费用时，可从夫妻双方的谋生能力、年龄和健康状况、品行、财产来源、经济负担、婚姻持续期间以及夫妻双方分别为家庭所作贡献等因素综合考量。

3. 完善涉外离婚案件的司法文书送达制度

第一，改变送达主体单一的情况，在送达主体上适用当事人意思自治原则。无论是从立法层面来讲，还是从审判实践来讲，对于司法文书送达，我国一直坚持司法主权，因此对于其他国家的司法助理人员、官员或其他主管人员、案件利害关系人直接向我国送达司法文书是持反对意见的。基于对等原则，我国一般也不采用这种方式向境外的当事人送达司法文书，而是采用由法院送达的单一主体送达，这就不可避免地使涉外民商事案件在涉外司法文书送达方面存在送达难、周期长的压力。为了解决前述涉外离婚案件在送达中存在的问题，可以允许当事人在涉外离婚案件送达上的意思自治，让当事人协商选择域外送达的方式，也允许当事人选择送达的主体。也就是说，如果当事人采用书面等形式约定了送达方式，法院应尊重其意思自治，允许其采用该选择送达的方式。如果当事人间协商一致通过代理人或其他人员进行送达，也可以允许。

在涉外送达制度方面可以确立以法院送达为主、当事人送达为辅的送达机制，从而分担送达的责任和风险，提高送达效率，缩短送达周期。当事人依据意思自治原则参与送达不仅可以扩宽送达途径，减少法院在涉外送达方面的压力，同时由当事人自由选择送达的方式，充分体现法律对于当事人意思自治原则的尊重，在提高送达效率的同时提高了被告参与诉讼的积极性。

第二，简化涉外送达的程序。由前述涉外送达的程序可知，在审判实践中，向在国外的当事人送达司法文书，需要由基层法院层层上报，最后由最高院报至司法部，然后又根据案件情况涉及使领馆等其他部门。这种层层上报制度，由于没有有力的监管部门，致使送达不能及时进行，而基层法院一般也不能掌握送达的具体进程，只能被动等待送达结果。因此应取消涉外送达的层层上报制度，由案件受理法院直接将诉讼文书转交司法部或使领馆，减少在国内不同部门之间流转的周期，提高送达效率。

此外，随着科技的发展，建立网上涉外送达平台已具备成熟的技术条件，通过网络送达司法文书，省时省力，可以大大减少送达周期，同时也便于联系在国外的一方当事人，掌握其对于案件的意见，避免出现原告故意隐瞒被告联系方式、虚假诉讼的情况。

第三，在送达时采用一票多庭制，提高单次送达的效率。在审判实践中，法院对于涉外案件的司法文书送达一般实行的是“一票一庭制”，也就是说，送达一次开庭传票只确定一次开庭时间。但是根据多年的审判实践经验来说，涉外案件往往不可能通过一次庭审审结案件，如果需要二次开庭或者三次开庭，又要进行涉外送达，则致使案件审理周期过长，不仅浪费司法资源，降低审判效率，而且会增加当事人诉讼负担，因为涉外送达当事人一般会支付送达费及翻译费等费用。因此可以在涉外案件的司法文书涉外送达时实行“一票多庭”制度，即在首次向当事人送达的开庭传票中预先确定二次或三次开庭时间，当事人依照传票确定的时间按时到庭，一般不再另行送达开庭传票。这样有效地缩短了送达的周期，还可节省当事人的诉讼成本，同时减少了法院送达的工作量。

第四，撤回邮寄送达的保留。邮寄送达是一种方便、有效的送达方式，因此应呼吁我国撤销在加入《海牙送达公约》时对邮寄送达所作出的保留，这样将大大提高涉外案件涉外送达的效率，提高审判质量。在适用邮寄送达时，原告应负有查明被告在国外准确地址、电话、邮编等义务；同时最高人民法院应建立数据库，内容涉及：哪些国家可以适用邮寄送达，哪些国家不同意适用邮寄送达；适用邮寄送达国家各地区的地址、邮编等内容，以便当事人以及承担案件的法院工作人员查询、核实。

第四篇

修正:离婚立法之前瞻

一、应对社会发展,完善家事法律

在立法观念上,应立足我国社会现实、充分借鉴国内外立法经验,进一步完善和发展家庭领域的法律规定,而不是秉承“清官难断家务事”的传统理念,将家庭排除在现代法律体系之外、将家庭纠纷完全委诸家庭内部处理。这是由我国的社会发展现实决定的。

第一,随着商品经济和现代科学技术的飞跃发展,婚姻家庭中的财产关系日趋复杂多样。特别是对于一些新型财产,例如人身保险的保险金、保险单现金价值、网络虚拟财产等,法律对其离婚分割的方式、方法和标准未作明确规定,双方当事人往往因此发生争议;又如养老保险金、住房公积金等,只有婚姻关系存续期间取得的部分属于夫妻共同财产,而实际上这部分的具体数额也不易确定。有的婚姻当事人有意隐瞒其从事生产、经营、投资等获得的收益情况,对方当事人对其经济状况不能完全掌握,举证能力较弱,尤其是在前者有隐匿、转移、变卖等损害夫妻共同财产利益的行为时,夫妻共同财产的状况就更加难以查清。可见,当代中国背景下的夫妻财产制度已完全突破和超越了传统及既定模式,在性质、种类、范围、形式、动态运行、权属关系、时间空间、主体客体等各方面都发生着变化,给传统的婚姻家庭继承模式带来震动和冲击。

第二,在现代社会中,随着市场经济的发展,国家功能日渐庞大,逐步取代了传统家庭的部分功能。尤其是社会福利制度的不断发展完善,使家庭的养老功能逐步缩减,个体完全可以不依赖于家庭而独立生存和发展。同时,婚姻法确立的离婚损害赔偿、经济帮助、家务补偿等救济制度,也在一定程度上保障了女性的合法权益,有利于减轻其离婚的后顾之忧。

第三,人们的思想意识也发生了重大的变化,传统的男耕女织观念已经被自立自强、人人平等的意识取代。女性的社会地位日益提高,权利意识逐渐增强，摆脱了“嫁夫从夫”、“从一而终”的观念，越来越多的女性在家庭以外拥有了自己的工作和经济来源。男女平等意味着，双方会更多地采取法律手段确定自己的权利义务，这就必然要求家庭法律规制的进一步完善。

虽然部分学者仍然坚持家庭的自治理论，强调让家庭自行解决内部矛盾，例如针对《婚姻法解释三》，有学者指出，法院应当克服能动主义的倾向，保持适度的司法节制，不应当通过司法解释的方式预先明晰和分割家庭财产；家庭婚姻财产纠纷不能按照司法理性化的逻辑来解决，而应结合道德、良知、伦理、仁爱等因素来处理。我们并不否认道德对社会稳定、家庭和睦的积极意义，但如果因此而否定家庭关系的法律规制，显然并不符合我国的社会发展趋势，具体而言：

首先，婚姻关系当事人诚然负担着相当的道德义务和社会责任，但这一特点并没有改变婚姻家庭法的私法属性。虽然在中华法系以礼统法的传统中，婚姻家庭主要是伦理道德的统治领域，但从《大清民律草案》开始，体现家庭成员义务和责任的基本道德伦理规范就被纳入婚姻家庭法律范畴，确定了婚姻家庭法是民法组成部分，而新中国成立后的1950年和1980年两部婚姻法，同样以家庭成员间权利义务模式设计法律制度。

其次，强调婚姻家庭的伦理性，在一定程度上与“乡土中国”、“熟人社会”的认知相契合。因为中国自古有“法不入家门”的观念，国家权力较少直接介入家庭关系之中，而是委诸于家长对家庭内部实务进行管理。这种管理的实现有赖于两个基本因素，一是家族内部存在维系秩序的权威力量；二是家庭成员对国家法律有所漠视，倾向于遵守习惯法或民间法。但社会学调研发现，即使在乡土社会氛围较为明显的农村，村庄秩序已非我们所想象的乡土中国、熟人社会那样处在内生权威的支配之下，村庄成员在行事时，越来越多地以国家法律为规则，期待国家体制的权威。尤其是在市场经济和新传媒技术的带动下，多层次、全方位的社会交际网络、交通运输网络、人员流动网络和信息传输网络正在形成，这些现代化的网络必然带来全新的家庭婚姻观念和模式，对原有婚姻家庭文化产生巨大的冲击和影响。可以说，传统道德被市场经济抽去了可以延续的根基，丧失了合法性，所有的后果集中表现为人际关系的理性化，它可以化约乡情、友情甚至亲情，婚姻关系的法律化也随之成为一种必然。婚姻关系的私法化意味着国家权力介入家庭关系，用法律规范取代伦理道德调整婚姻关系。

再次,传统的家庭自治是以表面上的尊重家庭掩盖事实上的不公平,以牺牲个人自由和女性及儿童福利为代价。因为在婚姻家庭关系中,当事人通常存在地位不平等的问题,处于弱势地位的成员无法与握有经济强权和社会资源的成员立于同等地位进行协商;如果国家不加以必要的干预,优势成员就可能以自己的强制意志去控制、侵害劣势成员的自由,从而使后者成为前者滥用自由的受害者。

最后,对《婚姻法解释三》的批评意见认为,由于男女关系存在事实上的不平等,所以用财产法思维规制家庭关系必然影响家庭的稳定。然究其实质,现行法律保护弱势方当事人的制度不完善(如家务劳动补偿、婚后扶养请求权的缺失)、缺乏对离婚的责任和约束机制,才是问题的根本所在。从衡平理念来看,在维护离婚自由的同时,应通过具体制度对离婚当事人中弱者的利益予以救济,所受的损害予以补偿,才能达到各方利益的平衡。

可见,在当今社会背景下,如果仍坚持家庭关系的私密性,将家庭财产争议的解决完全寄托于当事人的道德、良知、伦理和亲情,反而会激化当事人的矛盾,损害弱势方的合法权益。同时,比较法的研究成果表明,婚姻家庭法或亲属法在各国都是最重要的民事基本法之一,内容都是比较具体详明的,相比之下,我国婚姻法的规定过于简单化、理想化和平均主义,很多条文不具有可操作性。因此,我国婚姻家庭法立法应当正视这一社会现实,进一步完善相关规定,以妥善处理家庭纠纷。

同时要注意到,家庭社会功能的缩减强化了家庭作为内部空间的特征。从前的家庭更多地体现为一种法定的家庭成员角色分配,今天的家庭观念更强调配偶之间以及父母子女之间的主观联系,这些主观上的感情联系只能在一定条件下受社会和法律的支配和调整。基于此种原因,家庭被视为具有高度人身属性的私人领域,该领域严格区别于公法和政治领域,法律不得随意干预。这意味着,法律对家庭关系的调控必须基于充分和必要的理由,对家庭关系的法律干预应当以尊重成员独立人格为基础、以情感和责任为维系的新型家庭观,倡导以家庭为重心的生活模式。此种理念映射于婚姻家庭法之上,首先体现为夫妻权利义务体系的完善,即补充和完善配偶权体系,以合理的权利配置营造一种衡平的夫妻权利义务关系,从而最大限度避免家庭的解体;其次,体现为离婚法律成本的增加,即强化离婚损害赔偿制度、家务劳动补偿制度、离婚补偿制度,一方面警示当事人,促使其慎重作出离婚的决定;另一方面也能保障离婚诉讼中弱势一方的合法权益。同时,考虑到我国地域跨度较大,各地经济发展水平和家庭观念发展不均衡,可以在完善立法的同时,加强对习惯法的研究和运用,以体现家庭关系上的地区差异。

二、法定离婚标准的完善:以“婚姻关系破裂”替代“感情破裂”

我国《婚姻法》采用“感情确已破裂”作为判决离婚的法定标准,在司法实践中存在较大问题。因为感情是一种主观的心理状态,是人们精神上的体验和感受,具有抽象性和主观性。夫妻感情是否破裂,包括法官在内的局外人很难知晓、判断,必须通过其他客观事实来加以证明。同时,《婚姻法》只明确列举了四种情形,即重婚或有配偶者与他人同居;实施家庭暴力或虐待、遗弃家庭成员;有赌博、吸毒等恶习屡教不改;因感情不和分居满二年,作为“感情确已破裂”的认定事由。实践中,当事人主张较多的一些离婚原因,如性格不合、经常吵架、对家庭无责任心、生活习惯或价值观差异大等,未被作为例示情形。即使是在现行法所列明的诸种情形中,也有一部分因举证困难而不容易得到认定,特别是在缺席判决时,法官只能依据原告的一面之词和其单方提供的证据来查明案件事实。为了达到离婚目的,原告有可能夸大其词,甚至虚构事实来证明夫妻感情破裂,这无疑使夫妻感情是否确已破裂的判断变得难上加难。因此,法官在审理离婚案件时,对当事人提出的很多离婚原因只能依照自己的婚姻观念和生活经验来判断是否构成“感情确已破裂”,自由裁量权过大,可操作性差,“同案不同判”的现象时有发生,影响司法公正。

从比较法的角度来看,大多数国家采取“婚姻关系破裂”作为离婚的法定判定标准。例如美国 1971 年修订的《统一结婚离婚法》规定,离婚的唯一根据就是法庭认为婚姻已无可挽回的破裂;《日本民法典》在列举了若干条离婚法定理由以外,又增加了一个概括规定,“有其他难以继续婚姻关系的重大事由时,法院也可以判决准予离婚”;英国 1973 年《婚姻诉讼法》和 1996 年的《家庭法》规定,夫妻任何一方都可以以“婚姻关系无可挽回地破裂”为理由向法院提出离婚请求;德国《民法典》法律将“婚姻破裂”(第 1565 条第 1 款第 1 句)规定为唯一的离婚原因。同时,各国立法对婚姻破裂规定了一系列客观判断标准,以便于司法操作,呈现出“离婚原因客观化”的发展趋势。例如英国以“婚姻关系无可挽回地破裂”为原则,同时又列举了能够证明婚姻已不可挽回地破裂的五种理由,包括通奸且无法忍受、行为、遗弃、分居两年并同意和分居达五年之久。德国以“婚姻破裂”为离婚理由,同时为了避免过多探查当事人的主观态度,又另行规定了两种客观的离婚构成要件,使法院可以通过外部特征判断婚姻是否破裂:一是配偶双方分居一年以上,并且双方申请离婚或被申请一方同意离婚的,即可无可辩驳的推定婚姻已经破裂。二是配偶双方分居三年以上的,也无可辩驳的推定婚姻已经破裂。

我们认为,应当用“婚姻关系破裂”为判决离婚的法定标准,主要理由如下:

第一,具有现实基础。无论是在历史上还是在当前,无论是在立法上还是在司法实践中,“婚姻关系破裂”标准一直有其存在的空间。例如,1979年最高人民法院《关于贯彻执行民事政策法律的意见》明确指出:“人民法院审理离婚案件准离不准离的基本界限,要以夫妻关系事实上是否确已破裂,能否恢复和好为原则。”现行《婚姻法》第32条第4款规定:“一方被宣告失踪,另一方提出离婚诉讼的,应准予离婚。”从条款结构上分析,第4款虽应准予离婚,但其并不属于第2款和第3款所列“感情确已破裂”的情形,而是与之并列的一种离婚标准;因为“一方被宣告失踪”意味着双方当事人无法共同生活,配偶间的权利义务也告中止,实际上正是“婚姻关系破裂”的一种情形。此外,《婚姻法》在“感情确已破裂,调解无效”的概括性标准之后,增列了五项认定夫妻“感情确已破裂”的例示情形,部分例示情形体现出“婚姻关系破裂”的趋向,例如一方患精神病久治不愈,或一方有生理缺陷,不能发生性行为且难以治愈,或一方下落不明满二年等,均是非感情原因致使婚姻目的无法实现。

第二,从可操作性而言,感情属于心理学的范畴,不应也无法为法律所调整,法律调整的只能是婚姻关系本身。以“感情确已破裂”作为判决离婚的法定标准夸大了法律的调整功能,不符合法理。而且婚姻生活包括精神生活、物质生活和性生活等多方面的内容,感情生活仅仅是精神生活的一部分,并非只有感情破裂才会导致婚姻的解体。婚姻关系破裂具有更大的概括性和包容性,可以更科学、全面地反映夫妻无法共同生活时的全貌。

第三,“感情确已破裂”造成法院在适用例示情形时发生困惑。例如“因感情不和分居满二年”中的“分居”是仅指双方分开居住,还是也包括分居不分家的情况;如果当事人一开始分居是因工作、学习等客观情况造成的,但长期分居导致双方感情淡化,后一方当事人提起离婚诉讼,那么“因感情不和分居”的起算时间如何确定;有的婚姻当事人在因感情不和分居一段时间后,因亲友调和或其他原因又在一起共同生活,最终仍因感情不能回复而诉请离婚,那么其中的短暂同居是否导致分居期间的中断等。这些问题的存在都增加了法院裁判的不确定性。

同时,应当对“婚姻关系破裂”进行客观化处理,便于司法实践。仅将判决离婚的法定标准替换为“婚姻关系确已破裂”尚不足以完全解决法院不易认定、可操作性差的问题。立法应反映离婚原因多元化的社会现实,尽可能将实践中普遍存在的、当事人主张较多的婚姻关系破裂的情形列举出来,以减少司法实践中的不确定因素。具体而言,除《婚姻法》第32条列举的情形外,还应包括:一方患有严重的精神病且久治不愈的;一方有生理缺陷且难以治愈,无法实现婚姻目的的;一方被处以长期徒刑无法共同生活,或有严重伤害夫妻感情的犯罪行为(如强奸罪)的;一方与他人通奸的等。同时,要通过典型判例对法律适用做出示范,以指导基层法院正确运用法律条文。

三、离婚财产救济方面的制度完善

离婚财产分割向来是离婚案件的难点和重点。而双方之所以在财产分割问题上争执不下,一定程度上因为我国缺乏完善的离婚救济制度,[1]如婚后扶养权、婚房居住权、家务劳动补偿等。也就是说,离婚后配偶一方的经济状况和生活保障完全取决于离婚诉讼中的财产分配,当然要“毕其功于一役”。反之,如果存在较为完整的婚后救济制度,则可以在一定程度上缓和当事人在离婚财产分配上的独立和争执,更为合理的维护当事人的合法权益。

(一)离婚后房屋居住权

我们注意到,当事人离婚时对于房产的争议,很大程度上基于房产的生活保障功能。如果参考国外法制,设立独立于房屋所有权的“离婚后房屋居住权”制度,可以在一定程度上缓和当事人的房产争议。

---

〔1〕另外,目前法律关于财产分割本身的规定也不尽如人意。例如《婚姻法解释三》第13条的规定:“离婚时夫妻一方尚未退休、不符合领取养老保险金条件,另一方请求按照夫妻共同财产分割养老保险金的,人民法院不予支持。”该规定类似于德国的退休金分割制度,但限于已经实际发生的退休金请求权,而不包括对未来的期待权。然而从法理上说,配偶一方在婚姻期间获得的退休金权益是夫妻双方共同努力得来的,离婚后应对另一方进行适当补偿,无论配偶离婚时实际上是否退休。

在德国法中，无论配偶双方适用何种财产制度，在离婚后分割房产时必须考虑到在家庭中生活的子女的利益及配偶一方的生活状况，配偶一方比另一方更需要使用婚姻住宅的，或由于其他原因，另一方离开住宅符合公平原则的，配偶一方可以要求另一方在离婚后让出婚姻住宅，而无论所有权状况如何，具体而言：

第一，如果配偶双方居住在租赁的住宅，离婚后只要法院判决配偶一方离开住宅，租赁关系依法律自动发生变更，留下来继续使用婚姻住宅的配偶一方成为单独租赁人。例如，双方婚后一直居住在男方租赁的住宅，离婚男方要求女方迁出，女方则向家庭法院提出申请，要求男方将住宅留给自己单独使用，因为她负责扶养子女，而子女的学校在该住宅附近，搬迁到别处对子女的生活学习极为不便。法院支持女方请求，那么从法院的裁判发生既判力之时起，女方自动取代了男方在租赁关系中的地位，租赁关系的其他部分（例如租金）不受影响。

第二，若配偶双方不是住宅的租赁人，法院做出将住宅交给一方单独使用的裁判时，即同时为留在住宅的配偶一方设立了请求权，要求“有权出租住宅的人”与配偶一方“建立租赁关系”。该请求权针对的是协助缔结租赁合同，该合同的内容以“本地区的通常条件”为准，有疑义时，即该地区通行的平均租金。例如，双方离婚后都想留在原来的住宅，该住宅为男方所有，但由于两个未成年子女（6 岁和 8 岁）和女方共同生活，她可以要求将住宅留给她和孩子使用。若她的申请获得法院支持，即可以要求男方离开该住宅，并和女方按照本地区的通常条件缔结租赁合同。

我国采取居住权制度具有现实的可行性和必要性：一是随着近年来房价飞涨，巨大的经济利益导致夫妻双方对房屋问题争议较大。法院在处理住房时已经开始注意区分居住使用与所有权；当权属不是当事人双方所有时，法院会根据实际情况判决居住使用，当权属归双方当事人所有时，才能判决所有权。二是实践中，住房由于性质多样而难以分割，比如有的是单位福利分房，要考虑到夫妻双方福利、工龄等情况，又比如央产房、经济适用房、军产房等。如果采取婚后房屋居住权制度，可以有效绕过所有权分割的困境，解决实际问题。

(二)婚后扶养制度

我国《婚姻法》第 42 条规定:“离婚时,如一方生活困难,另一方应从其住房等个人财产中给予适当帮助。具体办法由双方协议;协议不成时,由人民法院判决”。该规定在内容上类似于婚后扶养请求权,但对于请求权的条件、内容和限制均无明确规定。《婚姻法解释一》第 27 条规定:“第 42 条所称一方生活困难,是指依靠个人财产和离婚时分得的财产无法维持当地基本生活水平。一方离婚后没有住处的,属于生活困难”。这较之婚姻法有更强的可操作性,但规定的请求权条件过于苛刻,且对请求权的内容和实现方式没有进一步规定。实践中,家庭中相对弱势的一方因婚姻关系的终止而使生活水平发生重大变化,即与婚姻关系期间相比有较大的下降,但尚不至于降低至“无法维持当地基本生活水平”的,则无法获得适当的经济帮助。因此,在依法分割夫妻共同财产后,若缺乏对他们的经济帮助,弱势者会因考虑未来而选择委曲求全,这无助于对离婚自由的充分实现,也无助于社会财富相对公平的分配。在当事人无法预期获得婚后扶养的情况下,必然进一步加剧财产分割方面的争议。

从比较法角度来看,大多数国家均规定了离婚后扶养制度,即夫妻双方离婚后仍在特定条件下互相承担扶养义务,这强调了婚姻在扶养方面的社会功能,在一定程度上缓和了离婚时对财产的争夺。如果我国能够比照国外立法,规定完备的婚后扶养制度,为婚姻中的弱势当事人一方提供必要的生活保障,就可以在一定程度上缓和财产分割的争议。同时,婚后扶养制度意味着离婚后双方仍然存在经济扶助义务,这在一定上可以消解当事人的离婚冲动,从而维护家庭的稳定。

设立我国婚后扶养制度的基本理念在于,离婚后双方原则上应当各自承担生活费,但离婚后无法维持生活需要的配偶一方,特别是由于结婚而丧失独立生活能力的,应当予以照顾,可以在法定条件下向另一方提出扶养请求权。具体而言:第一,一方离婚后因为照料和教育未成年的共同子女而无法从事(全职)职业的,有权向另一方要求扶养;该请求权应有一定年限规定,如果以子女进入幼儿园的年龄考虑,应以三年为限;如果有多个子女,则以最小子女的年龄为判断标准。第二,离婚配偶一方因为年老而不能再合理期待其从事职业的,可以向另一方请求扶养。第三,离婚配偶一方因疾病或其体力或脑力上的其他残疾或衰弱而不能期待其从事职业的，且以此为限，有权向另一方要求扶养。第四，配偶一方在离婚后不能谋得适当职业，可以此为限请求扶养。要求扶养的人必须提出并证明其已经努力但仍然无法谋得适当职业的事实。第五，教育、进修或培训的扶养。离婚配偶为补偿因婚姻而发生的不利而接受进修或者培训，培训的目的是为了获得能够持续保证生计的适当职业，可以向另一方主张培训费用和培训期间的生活费用。

在确定扶养费数额时，必须遵循三项基本原则：首先，扶养费包括扶养权利人生活需要，即个人的基本生活需要，例如食物、衣物、住房和医疗等；此外还包括业余和休养需要、精神上和身体上的照顾费用、医疗和护理保险费用，以及学校教育费用。其次，原则上，扶养权利人应当获得和婚姻中的生活状况相应的扶养水平，也就是说，被扶养人不能因为离婚而导致生活水平大幅降低。最后，保障扶养费义务的前提在于义务人有给付能力。义务人不能为了提供扶养费而妨害自己的适当供养，但也不能因此全部免除扶养义务。在实践中，可以考虑确定一个最低数额，允许扶养权利人在任何情况下都可以保留该数额的资金，以满足自身生活需要。

四、子女监护权和探望权制度的完善

（一）现行法律存在的问题

子女监护权和探望权纠纷也是离婚案件中的重点和难点之一，其原因之一在于现行法律存在不足之处，难以应对现实中的实际问题。

1. 在子女抚养权归属方面的不足

我国现行《婚姻法》对于离婚双方当事人子女的抚养归属确定的是“保护子女权益”的原则，即以未成年子女利益为准，决定父母离婚后未成年子女归父母哪方抚养。但无论是现行《婚姻法》，还是相关司法解释，并未对“保护子女权益”原则作出明确具体的评判标准，导致法官在裁判抚养权归属问题上享有较大的自由裁量权，同时过分看重便于执行因素，未能充分考虑未成年子女的权益，具体而言：

（1）根据相关法律的规定，在离婚诉讼中一般将两岁以内的子女抚养权归属于母亲，这主要考虑到处于哺乳期的婴儿由母亲进行照顾比父亲更为细心、全面，更有利孩子的健康成长，除非母亲出现患有严重疾病或者出现实质上不具备抚养条件、不履行抚养义务损害子女利益的情况时才由父亲来抚养。但是在实践中，对于是否具备实质抚养条件、是否有不履行抚养义务损害子女利益的判断非常困难，致使适用此原则以后出现一些母亲危害子女利益的情形。

(2)父母协商。在处理子女抚养权归属方面，父母达成了一致协议，而该协议是否对子女健康成长无不利影响对法院来说难以评判，且在一般情况下会充分尊重双方当事人(父母)达成的协议，故该条规定鲜有适用的余地。

(3)父母抚养条件和抚养能力。我国相关法律对于该方面并未有明确规定，法院在处理离婚案件中涉及子女抚养权归属时，根据具体案件自由裁量，而各法院各法官的自由裁量空间较大，这样难免出现不利于子女利益的情形发生；另外，一般会从子女与父或母共同生活时间的长短，改变子女生活环境是否对其健康成长有明显不利影响以及父或母一方是否有未治愈的疾病，或者有其他对子女健康成长不利的情形来做出裁判。

(4)我国法律规定，在父或母已做绝育手术或因其他原因丧失生育能力的以及无其他子女，而另一方有其他子女的情形下给予父母一方优先权。该规定对没有生育能力和没有子女的一方给予了政策倾斜，虽彰显了法律的人道主义关怀，但是对未成年子女的利益保护有所忽略。

(5)子女意愿。当子女已经年满十周岁时，应考虑子女本人的意见，充分尊重子女的个人意愿。该规定立法初衷在于考虑到未成年子女年满十周岁时，其对于自己的最佳利益能够有基本的判断，但是年满十周岁的子女的判断未必准确、全面，因此实践中难免出现根据子女的选择裁判而致使子女利益未能充分保护的情形。而双方当事人争抢甚至藏匿子女时，绝大部分法院在裁判时均判决由与子女共同生活的一方享有优先直接抚养子女的权利，以避免在父母分居的情形下，一旦判决子女由未与子女一起生活的夫妻一方来抚养，将可能为日后的执行带来障碍。但过分重视执行便利也容易导致法官在审理离婚案件中忽视抚养人与未成年子女的意愿，导致抚养双方与被抚养人之间矛盾加深，违背了抚养以有利于子女身心健康、保障子女合法权益的基本原则。

2. 缺乏未成年人财产保护制度

《婚姻法》第39条规定：“人民法院根据财产的具体情况，以照顾子女和女方权益的原则判决。”该规定从字面来看倾向于对未成年子女的保护，但是除此之外，我国相关法律并未涉及对于未成年子女个人财产的保护，很多父母的家长观念牢固，将未成年子女的财产作为其夫妻共同财产予以分割，或者依据监护人身份随意处置该部分财产，侵犯未成年人的个人财产利益。

3. 缺乏监护监督机制

我国现行相关法律对离异家庭未成年子女的监护问题并未设置相关的监督及约束机制。抚养费支付义务人支付了抚养费后，直接抚养人对该款项的使用情况不透明，且无监督机制对其进行约束，不可避免地会出现不负责任的直接抚养人不适当使用或挥霍等情况，这也极易导致未成年子女抚养权变更以及增加抚养费案件纠纷的增加。

4. 立法目的偏颇、探望权主体范围过窄

现有的探视权仅仅赋予父母探望子女的权利，而没有规定子女同样有探望父或母的权利，偏重于对父母利益的保护。对于探望权主体的设定只有父母，没有顾及祖父母、外祖父母等这些与未成年人在生活上有着密切关系的人群的权利，同样也忽视了未成年子女是否渴望得到祖父母、外祖父母等人的探望等意愿。

（二）完善建议

1. 以儿童利益为原则决定监护权分配

亲权是父母基于其身份，依法享有对未成年子女人身上养育管教和财产上保护管理的权利义务的综合。从法律技术的角度可将其分为对人的照顾和对财产照顾。通常而言的子女抚养权或监护权，即属于对人照顾的范畴。父母照顾的目的是帮助子女实现人格上和经济上的独立，所以必须以子女的最佳利益为基本出发点，即行使父母照顾权时不能首先考虑父母自身的利益，而应当优先考虑子女的最佳利益。具体而言：（1）无论父母对监护权是否达成协议，法院均应当主动考察子女最大利益，不能因为父母协议而放弃对儿童利益的保护。（2）充分重视子女的意愿。如果子女达到一定年龄，就不能仅根据当事人的协议将监护权交给一方。（3）子女的最佳利益的考虑因素包括：监护人是否可以为子女提供更好的发展机会（促进原则），是否最有利于维护子女已有的社会联系，能否最大限度地保持子女现有的生活环境（持续原则）。

2. 建立健全对未成年子女监护的监督制度

（1）明确国家对子女监护的监督责任。子女并不是父母的私有财产，家庭的私密性也并不意味着父母子女关系完全排除国家的监督和干预。子女作为基本权利的权利人，有权要求获得国家保护，国家有义务通过监督手段保障子女的最佳利益。但国家在行使监督职能时必须注意父母的优先地位：不能一发现父母不履行义务或稍有疏忽行为就剥夺父母的照料和教育权利，而必须严格遵守比例原则：对父母权利的干预措施必须和父母不履行义务的严重程度以及维护子女利益的要求相适应。(2)健全青少年福利机关，该机构负责对未成年人监护的日常监督，向法院提供支持，并可以向法院申请必要的干预程序。例如在德国，青少年局在对人照顾事务中向家庭法院和监护法院提供支持，并可以正式参与一定的法院程序；如果青少年局认为只有法院干预才能排除对子女最佳利益的妨害，可以直接在法院提出诉讼；家庭法院针对照顾权人做出干预措施后，措施的实施通常需要青少年局和法院的合作；为了保护儿童和青少年，青少年局甚至可以不经法院命令而采取一些临时措施，例如当儿童提出请求或对儿童最佳利益存在紧急威胁，可以为儿童安排临时住所(也就是说安置在适当的人或机构那里)。(3)子女人身方面的最佳利益受到危害时，法院可以采取措施，为保护子女在身体上、精神上和心灵上的最佳利益而进行干预。可以采取的措施包括：要求父母遵守教育义务、为了避免子女受到家庭暴力的危害而禁止父母一方或双方使用家庭住所或特定的其他住所、禁止特定人停留或靠近子女经常活动的区域、禁止和子女联系或会面等，直至部分或全部的剥夺父母监护权。采取措施时，法院应保持一定的克制，因为在多元化社会中，对于“最好教育”本身就存在很多不同的理解，法院只能对严重悖离目标的行为加以干涉。

从未成年人角度完善探望权制度。(1)父母离婚后，子女一般和父母一方共同生活，会因为缺乏联系而和另一方逐渐疏远，这不利于儿童的成长。因此应当明确，探望权的设定不仅是保护父母利益，更为重要的是保护子女的利益。探望权应当独立存在，不受监护权状况的影响。(2)探望权是双向的，不仅父或母有权探望子女，子女也有权探望父或母。父或母是义务主体且不得抛弃探望权，这样方能保护未成年子女的最大利益。(3)适当拓宽探望权的主体范围，不仅有父母、子女，也应包含祖父母、外祖父母以及其他关系密切的人。因为更多的社会交往有利于子女的身心成长。(4)关于探望权行使的时间和方式上，可先由父母协商，该协商意见应以符合未成年子女利益为标准；如不能达成一致意见，法院在裁判时，应以未成年子女的最佳利益原则作为依据，同时听取子女本人的意见，才能根据案件具体情况作出适当判决。法院在安排探望权时不能根据一般审判习惯裁断，而应当充分考虑案件中子女和父母的人格、利益和所处情势。(5)父母应当协助探望权的行使，而不得阻挠子女同另一方父母的关系和交往。子女不能成为父母用以伤害和控制对方的工具。必要时，法院可以发布命令，要求父母一方停止其不当行为，维护子女的成长利益。

五、涉外离婚中的外国法查明

在审理涉外离婚案件时，需要依据我国相关法律规定以及其他涉外法律规定，对于离婚中需要处理的子女抚养、财产分割等问题予以处理。在审判实践中，往往当事人诉讼能力一般，而有的国家存在不同区域适用不同法律的现象，或者外国一方当事人为多重国籍等因素，致使所提供或查明的涉外法律准确性不高，在一定程度上对于案件的审理、事实的认定存在很大影响。

我国《涉外民事关系法律适用法》第10条规定：“涉外民事关系适用的外国法律，由人民法院、仲裁机构或者行政机关查明。当事人选择适用外国法律的，应当提供该国法律。不能查明外国法律或者该国法律没有规定的，适用中华人民共和国法律”。在涉外商事海事审判中，当事人一般选择法律，法院可以责成当事人提供有关信息；但在涉外婚姻家事和继承案件中，当事人选法机会较少，法院应依职责查明外国法。因此法院如何查明外国法，就成为司法实践中亟待解决的问题。

《涉外民事关系法律适用法》没有明确排除《民法通则》及其相关司法解释中有关国际私法的规定，故对于外国法查明的具体途径，法院可以继续适用最高人民法院《关于贯彻执行〈中华人民共和国民法通则〉若干问题的意见(试行)》(以下简称《意见》)第193条。《意见》第193条规定了五种查明外国法的方法：由当事人提供；由与我国订立司法协助协定的缔约对方的中央机关提供；由我国驻该国使领馆提供；由该国驻我国使馆提供；由中外法律专家提供。从实践情况来看，前四种方法均难以有效解决外国法查明问题：首先，由于法律体系的差异，使领馆往往难以按照法院的要求提供外国法内容。例如在某涉外案件中，当事人约定的准据法为新加坡法律，但双方均没有向法院提供有关的新加坡法律。我国法院依照《意见》第193条的规定请求新加坡驻华大使馆代为调查与案件争议问题相关的新加坡法律。数月后大使回函称：新加坡是判例法国家，因此不可能回答哪条法律适用法院提出的问题。[2] 其次,缔约国之间通过法院或指定中央机构相互提供外国法信息,从表面上看是一种十分理想的方法,但在实践中却已经被证明是一种失败的外国法查明模式。[3] 最后,实践中当事人本身一般并不熟悉有关法律,往往仍要通过法律专家查明有关法律。

相比之下,通过专家意见查明外国法,符合外国法查明制度的发展趋势:(1)当事人或者法院委托的法律专家比较容易深入案情,查找到案件所应适用的外国法。所以通过专家查明外国法,既能够便利法官的查明工作,有利于节约司法资源,又有利于提高查明的成功率,体现了法官和当事人的共同要求。(2)从比较法研究的结果来看,两大法系均将专家意见作为查明外国法的重要途径。例如在德国,当事人和法院均可以通过专家查明外国法的内容,当事人提供的外国法意见称为"私人专家法律意见",法院委托专家出具的外国法意见属于鉴定结论。在法国,法院对外国法查明的方式主要有两种方式:一是当事人提供"书面声明"予以证明,二是法官可依职权查证外国法;当事人提供外国法学家所做的证明称为"习惯证明书",证明的是外国法的内容。英国一般通过对专家证人的口头询问查明外国法,美国则主要通过专家作证的方式查明外国法。[4] (3)在我国司法实践中,也不乏法院采用这种方式查明外国法的先例,其一般的做法是,首先由法院委托外国律师行,或一方当事人自己委托外国律师行,就某一争议问题出具法律意见书;法院经审查认为没

---

[2] 参见孙建:"对完善我国外国法查明制度的探讨",载《南开学报》(哲学社会科学版)2008年第6期,第119页。

[3] 请求协助的法院往往不了解应当查明的外国法体系,提出的问题在被请求国看来既无法理解,也无法应答。被请求国的司法机关或者法学家虽然通晓本国法律,但却经常无法设身处地的理解内国法院要解决的问题。同时,外国的协助机构经常拒绝"内容过于抽象"的咨询请求,例如英国的机构经常拒绝接受诸如"某契约请求权是否存在"的咨询。因为在英国协助机构看来,请求权是否存在应当根据合同内容判断,而不是根据准据法确定。参见 Thomas Pfeiffer, Methoden der Ermittelung ausländischen Rechts, in: Rolf Sürner u. a. (Hrsg.), Festschrift für Dieter Leipold zum 70. Geburtstag, 1. Aufl. 2009 Tübingen, 288; *Erik Jayme*, Zur Mitwirkung des Staatsanwalts bei der Bestaetigung einer einverstaendlichen Ehetrennung nach italinischem Recht, IPRax 1982, 56ff。

[4] 参见刘来平:《外国法的查明》,法律出版社2007年版,第93页。

有损害我国公共利益或规避法律的，一般会采纳该法律意见做出判决。[5] 另外，中国一些研究国际私法及外国法的学者的意见也在逐步被法院作为专家意见采纳。例如在荷兰商业银行上海分行诉苏州工业园区壳牌燃气有限公司担保合同偿付纠纷案中，江苏省高级人民法院就本案的法律适用问题要求当事人提供有关英国法的规定，当事人均表示无法提供后，法院按照《民通意见》第193条的规定，委托华东政法学院专家陈治东教授书面提供了有关英格兰法律的规定，双方当事人均未表示异议。[6] 这说明，通过中外法律专家查明外国法，是一种行之有效的查明方法，其实践价值应当肯定。

〔5〕 例如在中国远洋运输总公司诉菱信租赁国际（巴拿马）有限责任公司借款合同纠纷案中（北京高级人民法院2001年高经终字第191号二审判决），法院原采纳了菱信租赁公司提供的外国律师行出具的法律意见。

〔6〕 江苏省高级人民法院2000年苏经初字第一号一审判决。

第二部分　“中国式离婚”案例

一、石某某诉张某某子女探望权纠纷案

二、李某某诉部某某离婚损害赔偿纠纷案

三、原告韩某诉被告刘某某确认亲子关系纠纷案

四、原告周某某诉被告刘某某离婚后财产分割纠纷案

五、李某某诉杨某某离婚后财产纠纷一案（涉新类型财产）

六、宋某某诉白某某离婚纠纷一案（经济帮助）

七、张某某诉李某某离婚纠纷一案（抚养）

一、石某某诉张某某子女探望权纠纷案

知识背景

（一）探望权的概念和来源

父母对于子女的探望权（又称探视权），是指离婚配偶中不与子女共同生活的一方，按照法院的裁定或双方的约定，定期或不定期探望、会见子女的权利。[1] 在法理上讲，探望子女的权利是亲权的一项内容，最早可溯至罗马法中的家长权。婚姻家庭法中的亲权是以主体间特定的亲属身份为发生依据的，父母婚姻关系的终结并不改变父母与子女的血缘身份关系。《婚姻法》第36条明确规定，父母与子女间的关系，不因父母离婚而消除。离婚后，子女无论由哪方直接抚养，仍是父母双方的子女。离婚后父母对于子女仍有抚养和教育的权利与义务。因此，在有未成年子女的离婚案件中，法院将直接监护权判给一方的情况下，法律赋予了不直接抚养子女的另一方以探望权。

（二）探望权人的范围

我国《婚姻法》第38条第1款规定：“离婚后，不直接抚养子女的父或母，有探望子女的权利，另一方有协助的义务。”从这一法律规定来看，只有父或母才享有对于未成年子女的探望权。因为我国法律对于父母离婚后子女的监护权问题，采取的是共同监护原则，这在关于监护一般规定的《民法通则》中，第16条就有规定：“未成年人的父母是未成年人的监护人。”同时，最高人民法院《关于贯彻执行〈中华人民共和国民法通则〉若干问题的意见（试行）》第21条规定：“夫妻离婚后，与子女共同生活的一方无权取消对方对该子女的监护权。”由此可见，在我国，离婚后父母双方仍共同享有对子女的监护权，即对子女的共同监护制度。探望权作为离婚后父母监护权的重要组成部分和内容，只有离婚后不直接抚养子女的父或母享有，而不包括祖父母、外祖父母等其他近亲属。只有当父母死亡或者不能行使监护权时，依照《民法通则》的相关规定亦可由祖父母、外祖父母等享有和行使。这时，祖父母、外祖父母是基

---

〔1〕 杨大文主编：《亲属法》，法律出版社2003年版，第193页。

于所享有的监护权,亦享有的探望权。[2]

(三)探望权的特征

根据我国《婚姻法》确立的探望权制度,主要具有以下特征:第一,探望权是基于夫妻离婚后才产生的一种人身权,夫妻关系存续期间,子女随父母共同生活,任何一方不存在探望行为和探望权问题。第二,探望权只由不随子女生活的父或母一方享有,直到子女成年。这是保证离婚后不直接抚养子女的父或母与子女的正常交往,加强亲子关系,减少无谓纠纷,我国《婚姻法》设立的法定权利。第三,探望权实现的义务主体是随子女生活的父或母一方,在探望权行使时,随子女生活的一方负有法定的协助义务,应提供探望的方便条件,不得拒绝、阻挠、刁难探望。第四,探望权行使不得影响子女身心健康,不得影响子女正常的生活和学习,如探望权人有严重损害子女利益的情形出现,法律规定有中止探望权行使的条款和程序。

案例评介

(一)案情简介

石某某(女)与张某某(男)原系夫妻,于1999年8月18日登记结婚,2001年7月4日生育一子张某桐,2005年7月27日,二人经北京市某区人民法院调解离婚,并约定双方所生之子张某桐由张某某自行抚养。同时,当日双方还签署离婚协议书一份,约定:婚生之子张某桐由张某某抚养,抚养费自行负担,石某某永远不享有对孩子张某桐的探望权。现双方因探望张某桐问题产生一定分歧,石某某诉至法院,主张其探望权。

原告石某某诉称,我与张某某1999年8月18日登记结婚,双方婚后生有一子张某桐(2001年7月4日出生)。2005年7月27日,双方经某区人民法院调解离婚,双方所生之子张某桐由张某某抚养。双方离婚后,张某某自行抚养张某桐,却拒绝我对孩子进行探望,致使我无法见到自己亲生骨肉。有哪位母亲不挂念孩子?我已经两年四个月没有见到孩子了,有谁知道这八百五十

[2] 王丽萍:“中美探望权制度比较研究”,载《婚姻家庭法前沿》,社会科学出版社2010年版,第279页。

个日日夜夜的苦楚,又有谁能体味到思念骨肉的心酸。我无时无刻不惦念着孩子,为了让孩子不在家中产生新的压力,伤害孩子,我一次次压制看孩子的念头,我希望我可以正常探望孩子,故诉至法院请求判令张某某协助我对双方所生之子张某桐每周探望一次,法定节假日、长假、孩子寒暑假有一半时间能与我在一起生活居住。

被告张某某辩称,不同意其诉讼请求。我们双方之前因夫妻感情不和,协议离婚,我要求孩子的抚养权,石某某利用我爱儿子要儿子抚养权的心理,要求两套房产全部归其所有,且不给孩子抚养费,在这种情况下,我同意了她的条件,当庭双方签订了离婚协议书,在该协议中约定:张某桐由我抚养,抚养费我自行负担,石某某永远不享有对孩子张某桐的探望权,我将两套房屋的所有权均给了石某某,离婚协议条款是相互联系的,互为条件的,石某某是以不探望孩子为条件,而且也不支付抚养费的,该协议自愿签订,是真实意思表示,应共同遵守。离婚后,石某某不履行离婚协议书,将孩子隐藏,我申请强制执行,后法院拘留她,儿子才回到我的身边正常生活和上幼儿园,其蔑视法律,对孩子正常人格造成不利影响。自 2005 年 7 月 27 日起,石某某就没有支付过张某桐的抚养费,由我自行抚养教育孩子至今。离婚后孩子生活幸福,身体很棒。我已经再婚,妻子对张某桐非常好,悉心照顾儿子生活、辅导孩子学习,家人相处非常融洽。2006 年 11 月石某某未经我允许,私自到幼儿园接触孩子,影响孩子情绪,完全不顾孩子心理承受能力,不为孩子考虑。石某某借送生日蛋糕要孩子答应其条件的方式到孩子上课的教室接触张某桐,伤孩子自尊,不利于孩子健康成长。事实证明,孩子在心理承受能力很脆弱的情况下,石某某探望孩子对其身心健康造成伤害,严重干扰其正常生活和学习,不适合探望孩子,要求法院依法驳回其诉讼请求。

(二)审理结果

原告石某某与被告张某某子女探望权纠纷一案,一审法院经审理后认为,我国《婚姻法》规定,离婚后,不直接抚养子女的父或母有探望子女的权利,另一方有协助的义务。石某某与张某某离婚后,婚生之子张某桐由张某某抚养,石某某有探望的权利,张某某自然有协助的义务。探望子女既是不直接抚养子女一方的法定权利,又是其法定义务。而张某某与石某某离婚协议中约定石某某“不享有对孩子的探望权”的内容,明显违背上述法律规定,应属无效,故张某某据此主张驳回原告诉讼请求的抗辩理由，显然于法无据，法院不能采信。现石某某要求探望张某桐理由正当，应予以支持。但其探望张某桐的方式，要求每周探望一次，明显过于频繁，应适度减少；鉴于张某桐现处于小学教育年龄阶段，应当适度允许石某某在张某桐寒暑假期间进行共居性探望为宜，应以确保石某某与张某桐稳定的母子感情交流，并有利于张某桐的身心健康和正常稳定的生活条件为原则。

一审法院依据《婚姻法》第38条第1款、第2款的规定，判决被告张某某协助石某某每个月探望张某桐两次，每次探望时间不超过八个小时；并在寒假探望张某桐一周，暑假探望张某桐两周，石某某负责接送。

（三）法理评析

近年来，随着离婚案件的不断增加，离婚后不与子女共同生活的一方要求探望子女引发纠纷的案件亦随之越来越多。本案系双方当事人在之前的离婚诉讼案中，经法院调解，以民事调解书和当事人离婚协议书的形式，就解除婚姻关系、子女抚养和房屋产权归属等问题达成协议后，又单独就子女探望权纠纷提起的诉讼案件。本案案情及法院判决在社会上和实务中均具有典型性和代表性，本文主要从以下两点加以评析：

1. 离婚协议书中当事人自愿达成约定的法律效力

本案中，双方当事人争议的焦点是原告石某某还能否行使对其子张某桐的探望权。因为在2005年（原告）张某某诉（被告）石某某的离婚案中，以石某某不享有对孩子的探望权、两套房产全部归石某某所有、张某桐由张某某自行抚养等内容，达成离婚协议，解除了双方的婚姻关系。但两年以后原告石某某又单独提起主张对其子探望权的诉讼，管辖法院依法受理了此案。被告张某某则以离婚协议系双方自愿签订，孩子由我抚养，抚养费由我自行负担，两套房屋的所有权均归石某某，而其以不享有对孩子的探望权，也不支付抚养费等条件，共同达成的真实意思表示的约定，应共同遵守为由，不同意石某某探望孩子的诉讼请求。根据我国《民事诉讼法》关于调解一章的规定，人民法院在审理民事案件进行调解时，[3]必须符合自愿、合法原则。也就是说，经法院调解，当事人所达成的协议必须是双方自愿、不得强迫的；同时，调解协议的内

〔3〕 根据我国《婚姻法》的有关规定，人民法院在审理离婚案件时，调解又是必经程序。

容又是不得违反法律规定的，即双方当事人的约定必须同时具备自愿与合法两个条件，才具有法律效力，缺一不可，否则将导致约定的无效。

本案中，虽然张某某与石某某在离婚协议书中签订的各项约定是双方自愿的，但其中石某某"不享有对孩子的探望权"的约定内容是违反《婚姻法》第38条第1款规定的，只是当时在处理该离婚案时，法院是以尊重离婚当事人意思自治为主导，采取不过多干预当事人约定的协议离婚方式，没有对双方当事人所自愿签订和同意的协议离婚书内容去过问和审查其合法性，并加以法律指导，而主要采用法院单独制作离婚调解书，并附上当事人约定的离婚协议书的结案方式。笔者认为，实际上这是法院规避风险和失职的一种做法，是值得商榷的。探望权是一项附义务的人身权利，是离婚后不直接抚养子女的父或母，对未成年子女行使监护权的具体体现和补充，在没有法定情形出现时，一般是不能随意加以中止或剥夺的，当事人也不能随意放弃，更不能像本案的双方当事人那样为了满足自己的私益，用这种人身权和房屋产权等物权作为协商一致的交换条件，而不顾及未成年子女的利益。所以，作为审理探望权纠纷的法院，依法认定离婚协议中石某某不享有对孩子探望权的约定无效，最终维护了她对孩子的探望权。

2. 探望权与支付抚养费有否关系

抚养子女是父母对子女的最基本义务，这种义务既反映了人类个体的生命成长和延续的规律，也源于目前的社会保障还不可能替代家庭中养育子女的职能。因此，法律规定离婚后父母对未成年子女的抚养费支付义务是强制性的，虽然在绝大多数情况下，离婚父母均能自觉履行抚养义务。但是，当直接抚养子女的一方出现阻挠、拒绝对方探望子女时，权利人往往以不让其探望子女为由而拒付抚养费。针对本案来说，当事人采取的是通过双方协议的方式约定，直接抚养子女的一方，自行负担孩子抚养费，不用对方支付抚养费，且永远不让对方探望孩子。

前面我们已经对该协议约定的法律效力进行了分析。那么，下面来看探望权与支付抚养费之间到底是一个什么关系？有观点认为，原则上未与子女共同生活的一方不支付抚养费，至少不享有探视子女的权利，但经济窘迫却无能力支付者例外，对方不得以其未支付抚养费为由拒绝其探望子女。[4] 还有观点认为，探望权与支付抚育费没有任何内在的联系。即使一方不支付抚育费，其仍

〔4〕 韩珺："父母离婚后亲权行使问题探讨"，载《湖南省政法管理干部学院学报》2001年第2期。

有探望子女的权利；同样，中止探望权也并不意味着可以不支付抚育费。[5]笔者认为，这是两个不同的法律关系和法律问题。抚养费的支付是父母基于父母子女关系的存在而产生的法定义务，是无条件的，支付义务直到子女成年或能够独立生活为止。就本案而言，尽管当事人双方协议约定了直接抚养子女的一方自行负担抚养费，但其仍然可以再向对方提出索要子女抚养费的主张，如果对方拒绝履行支付子女抚养费的法定义务，直接抚养子女的一方还可以申请法院强制执行。而探望权则是父母离婚后不直接抚养子女一方所享有的人身权利，是父母监护权的延伸，也是负有义务性和不可放弃的权利，不会因没有支付抚养费而丧失，只有在探望权人严重侵害未成年子女身心健康的情况下，才能由法院依法中止。因此，结合本案来看，即使石某某没有支付孩子的抚养费，她仍然享有对其儿子的探望权利，并通过诉讼得到了法院的支持。

总之，对子女的探望权和支付子女的抚养费，是两个相对独立的法律关系和法律问题，他们虽然都是基于血缘身份关系而产生，并都存在于父母与子女关系之间，但是又不互为因果和互为条件。所以，无论父或母是否享有探望权，均负有支付抚养费的义务；同样，无论父或母是否支付了抚养费，均享有探望子女的权利。当探望权人不履行支付抚养费的义务，或者与子女共同生活的一方拒绝对方探望子女时，权利人均可以依照司法程序要求强制执行。当然，这里所说的强制执行是指对于未支付抚养费的一方采取扣留、提取被执行人的收入等方式执行被执行人的财产，或者对于拒不履行探望权行使协助义务的一方采取拘留、罚款等措施，而不能对未成年子女的人身采取强制执行措施。

深度研究　对探望权性质探讨的理论和实践价值

对于子女的探望权究竟是权利还是义务，学术界对于探望权性质的界定存在以下三种观点：第一种观点认为，探望权是基于父母子女身份而产生的一

〔5〕 王丽萍：“中美探望权制度比较研究”，载《婚姻家庭法前沿》，社会科学出版社2010年版，第284～285页。

项法定权利,[6]是离婚后的父母基于亲子关系而产生的身份权。[7] 第二种观点认为,探望权是不直接抚养子女的父母一方的一种法定义务。当不直接抚养方不履行探望的义务时,则应承担相应的责任。第三种观点认为,探望权是一种权利,是针对不直接抚养子女的父或母而言;对于未成年子女而言,探望是离婚父母的义务,不能由当事人自行抛弃。[8] 笔者同意第三种观点,即对探望权的定性问题,应从父母、子女两个方面以及权利与义务的双重属性来进行考察。一方面,探望权具有权利属性,立法赋权的目的在于保证离婚后不直接抚养子女的父或母,继续有对未成年子女在人身和财产方面进行管教和保护的权利,通过探望权行使得以实现,也是基于父母情感上的需要;另一方面,探望权同时又具有一定的义务属性,从子女的角度看,父母之间的婚姻关系虽然可以依法解除,但其与子女之间的人身血缘关系是不可能随之消失和解除的,其对子女管教和保护的义务依然存在,因此,法律赋予不直接与子女共同生活的父或母以探望权,作为亲权和监护权的延伸,通过履行而有效实现和落实,以保障未成年人不致因父母离异而丧失父爱或母爱,弥补因父母离婚而产生的心理失落和情感隔阂等不利影响。所以说,探望权既是离婚当事人的一种权利又是一种义务,不可自行放弃。

结合本案探讨这一问题的理论和实践价值在于,虽然 2001 年的《婚姻法》修正案,在第 38 条对离婚后父母对子女的探望权作了明确规定,填补了之前的立法空白,但是经过了十多年的司法审判实践,在探望权的性质、主体、中止事由等方面,还有待于进一步立法完善和具体界定,以便厘清要求离婚的父母在行使自由协商权和审案法官在行使自由裁量权时产生的误区。

从理论上看,既然探望权具有权利和义务的双重属性,探望行为又属于离婚父母和未成年子女之间的双方法律行为,那么,就不能把探望权仅仅理解和界定为离婚父母对子女的探望权利,子女只作为父母离婚后被探望的对象任其处理,子女也应有探望父母的权利和要求父母探望的权利(即父母有探望的义务)才是科学的。所以,在探望权主体的立法价值取向上,除离婚父母可

---

〔6〕 叶英萍:《婚姻法学新探》,法律出版社 2004 年版,第 385 页。

〔7〕 王歌雅:《中国现代婚姻家庭立法研究》,黑龙江人民出版社 2004 年版,第 361 页。

〔8〕 蒋月:“婚姻法执行效果分析与调查结果的启示”,载巫昌祯、夏吟兰编:《婚姻法执行状况调查》,中央文献出版社 2004 年版,第 211 页。

以作为探望权主体外，还应兼顾子女利益本位的立法原则，赋予子女以探望权的主体资格，有权对逃避履行监护责任不定期来探望的父母，借助公权力要求其履行探望义务。

从实践上看，把未成年子女明确作为探望权的主体，有利于在离婚诉讼和探望权纠纷诉讼中，实现对子女利益最大化的保护。因为无论是父母离婚还是涉及探望权的案件，最大的受伤害者和无辜者就是未成年子女，她们在父母离婚和探望权冲突的纷争中，往往成为父母情感发泄和财产利益分割的牺牲品，精神和心理等方面均会受到不同程度的伤害，为了减轻或者弥补这种伤害，在立法和司法审判实践中应该共同努力。比如，可以在《婚姻法》第38条增加“离婚后，不直接抚养子女的父或母，有探望子女的义务”、[9]“子女有要求离婚后的父或母探望的权利”、不去探望子女应承担何种法律后果等内容的条款，以加强对离婚后未成年子女合法权益的保护。这样，一方面可以防止像本案中的离婚当事人自由协商规避法律的违法协议内容出现；另一方面也有利于法院在依法审理和裁判离婚案件和探望权案件时具有可操作性，注重对未成年子女利益的特别保护和慎用自由裁量权。

二、李某某诉郜某某离婚损害赔偿纠纷案

知识背景

（一）离婚损害赔偿的概念及其构成要件

离婚损害赔偿是指在婚姻关系存续期间，夫妻一方有法定过错行为导致离婚的，无过错方有权要求过错方以个人财产给予经济赔偿的法律制度。[10]该制度是我国2001年《婚姻法》（修正案）增设的一项法律制度，其立法宗旨是保障婚姻关系中受害方的合法权益和对过错方给予民事制裁。它的特点如下：请求赔偿的权利主体与承担赔偿的义务主体必须是夫妻；损害行为必须是发生在婚姻关系存续期间；其损害的后果必须是直接导致夫妻离婚；离婚损害赔偿

〔9〕 笔者注：有“不利于子女身心健康的”探望权法定中止理由的除外，如患有严重的传染病或精神病；有不良嗜好和违法犯罪行为等（对“不利于子女身心健康的”探望权法定中止的理由，也是目前需要婚姻法及其司法解释立法加以明确规定的内容）。

〔10〕 陈苇主编：《婚姻家庭继承法学》（第二版），中国人民公安大学出版社2012年版，第282页。

只能由侵权一方的夫或妻承担;是否请求损害赔偿,完全由受害方自己决定等。

构成离婚损害赔偿,必须同时具备以下三个要件:第一,夫妻一方须有法定过错。过错不仅指行为人主观上的故意或过失,还包括行为人的行为违反了法律与道德,并造成了对另一方的损害结果。该过错具体是指《婚姻法》第46条明确规定的四项严重法定过错情形,即重婚;有配偶者与他人同居;实施家庭暴力;虐待、遗弃家庭成员。第二,另一方须无过错。即享有离婚损害赔偿请求权的一方,须无上述四种法定过错和导致婚姻关系破裂的其他过错,如果婚姻双方当事人都有过错或都无过错,则都不适用提起离婚损害赔偿。第三,一方法定过错行为的损害后果是直接导致与无过错方离婚。如果违法行为未导致离婚的后果,比如无过错方不要求离婚而单纯请求损害赔偿的,人民法院不予受理;或者是法院判决不准予离婚的案件,对于当事人根据《婚姻法》第46条提出的损害赔偿请求,法院也不予支持。

(二)离婚损害赔偿制度的适用范围和赔偿方式

离婚损害赔偿的适用范围,既适用于登记(协议)离婚,也适用于诉讼(裁判)离婚。在登记离婚时,是否给予损害赔偿,可由双方当事人协议商定。如果当事人在协议离婚时并未提及离婚损害赔偿事项,登记离婚生效后,无过错方依法仍然可以提起损害赔偿之诉,但诉权保护时效为离婚生效之日起一年内。在诉讼离婚时,依据《婚姻法解释一》第30条的规定,人民法院负有告知义务,即应当将《婚姻法》第46条规定的离婚损害赔偿条件、当事人双方的相关权利义务,以书面形式告知当事人。然后把无过错一方分为离婚原告和离婚被告两种情况分别作了规定,即无过错方作为原告向人民法院要求与过错方离婚并提起离婚损害赔偿请求的,必须在离婚诉讼的同时提出,过时不提出,视为放弃该权利;而无过错方作为被告的离婚诉讼案件,如果被告不同意与过错方离婚并未提起损害赔偿请求的,可以在离婚后一年内就此单独提起诉讼,或一审时被告未基于《婚姻法》第46条规定提出损害赔偿请求,二审期间提出的,人民法院应当进行调解,调解不成的,告知当事人在离婚后一年内另行起诉。

离婚损害赔偿的方式,根据《婚姻法解释一》第28条的规定:“婚姻法第四十六条规定的‘损害赔偿’,包括物质损害赔偿和精神损害赔偿”两种方式。离婚物质损害赔偿,是指婚姻关系存续期间,过错方因实施家庭暴力和虐待、遗弃行为,使无过错方身体受到损害,离婚时过错方应当赔偿的一切经济损失。[11] 离婚精神损害赔偿,又分为两种情况的损害:一是过错方对无过错方实施人身损害后,引起的痛苦、恐惧、悲伤等精神上的损害;二是过错方因实施了法定过错中的重婚或有配偶者与他人同居的行为,虽没有直接伤害到无过错方的身体,但是使其精神利益(指人格利益或身份利益)遭受损害和痛苦,离婚时也应承担相应的精神损害赔偿责任。

案例评介

(一)案情简介

原告李某某(女)与被告郜某某(男)原系大学同学,双方自由恋爱,于1996年10月登记结婚。原告李某某诉称,结婚初期双方感情尚好,婚后生育一女,取名郜某媛。婚后我一直在家料理家务,照顾孩子。但令我意想不到的是,在我们婚姻关系存续期间,被告竟然与第三者同居发生婚外情,被告还为第三者购买住房并长期与第三者同居,且生有一子。更令人无法忍受的是被告还将第三者带回北京的家中,为此双方多次发生争吵,我还遭到被告毒打。在被告的逼迫之下,我与被告于2007年11月19日协议离婚,离婚时我未分得任何财产。现在依据婚姻法的有关规定,向法院提出诉讼,要求判令被告赔偿精神损害赔偿金20万元。

原告李某某诉被告郜某某离婚后精神损害赔偿纠纷一案,经法院审理查明,李某某与郜某某是于2007年11月19日在山西省临汾市尧都区登记离婚的。在本案审理期间,法院以邮寄送达方式向郜某某送达了起诉状副本及开庭传票,但郜某某未按法院规定的时间到庭参加诉讼,亦未提交书面答辩意见。上述事实,有离婚证复印件、李某某提供的郜某某与另一女人及孩子的照片等证据在案佐证。

(二)审理结果

一审法院认为:婚姻法规定,夫妻应该相互忠实,互相尊重。李某某与郜

[11] 笔者注:具体参见最高人民法院2004年《关于审理人身损害赔偿案件适用法律若干问题的解释》第17条的规定。

某某系自由恋爱、自主结婚，具有一定的感情基础。但在双方共同生活中，郜某某私下与婚外异性交往，并且与其同居，还生育一子。其行为严重违反了婚姻法关于“夫妻应该相互忠实，互相尊重”的原则，亦违背了社会道德规范，客观上已经构成对李某某的精神伤害，对造成郜某某与李某某的离婚具有一定过错。据此，李某某向法院提出诉讼，要求郜某某赔偿精神损失，理由充分，于法有据，法院予以支持。关于赔偿数额，由于目前国家对此类赔偿案件的赔偿数额尚无明确规定，故法院对李某某提出的赔偿数额予以酌情判定。在本案审理期间，法院以邮寄送达方式向郜某某送达了起诉状副本及开庭传票，但郜某某未按法院规定的时间到庭参加诉讼，亦未提交书面答辩意见，应视为郜某某放弃了对李某某的主张进行抗辩和质证的权利，法院依法缺席判决。

最后，法院依据《中华人民共和国民事诉讼法》第130条、《中华人民共和国婚姻法》第46条第2款之规定，判决被告郜某某于判决生效后七日内赔偿原告李某某精神损失费三万元。

（三）法理评析

本案原告李某某与被告郜某某离婚损害赔偿纠纷一案，是双方2007年11月19日在最初登记结婚的婚姻登记机关山西省临汾市尧都区协议办理了登记离婚手续之后，一年内李某某又以郜某某在与之婚姻关系存续期间和第三者同居，并生有一子，以及离婚时其未分得任何财产为由，向被告现居住地法院单独提起的离婚损害赔偿诉讼案，要求判令被告赔偿其精神损害赔偿金20万元。受诉法院经审理后，依法判决郜某某赔偿李某某精神损失费3万元。该案是近年来在离婚损害赔偿案件中，具有典型性和代表性的个案，本文结合我国法律和司法实践进行如下两点法理评析：

1. 现行离婚损害赔偿制度对请求权人在程序上和实体上的保护权限

一审法院之所以能够受理此案，是根据我国《婚姻法解释二》第27条的规定，“当事人在婚姻登记机关办理离婚登记手续后，以《婚姻法》第46条规定为由向人民法院提出损害赔偿请求的，人民法院应当受理。但当事人在协议离婚时已经明确表示放弃该项请求，或者在办理离婚登记手续一年后提出的，不予支持。”而本案原告的离婚损害赔偿请求权不仅在程序上符合我国婚姻法司法解释的上述要求，没有超过一年的诉讼保护时效，也没有在离婚登记协议上明示放弃该项权利；同时，在实体上本案被告郜某某实施了婚姻法所禁止的“有配偶者与他人同居”的违法行为，与婚外异性，不以夫妻名义，持续、稳定地共同居住，并生育一子，严重违反了婚姻法关于“夫妻应该相互忠实，互相尊重”的原则，是直接导致与李某某离婚的直接原因和过错方，给原告的身心和精神造成严重损害和痛苦，这些都完全具备和符合离婚损害赔偿的构成要件。因此，法院依法判决郜某某赔偿李某某精神损失费3万元，一方面保护了无过错方李某某的合法权益，使其精神伤害得到相应的经济补偿和精神安慰，另一方面体现了对离婚过错方公开挑战我国一夫一妻制违法行为的惩罚性，彰显了法律的公平正义和严肃性。

通过结合本案对我国现行离婚损害赔偿制度的构成要件、适用范围和诉讼时效等方面的法律规定进行梳理归纳，可以看出该制度是建立在严格意义上的法律规范，只有配偶一方具备《婚姻法》第46条规定的：重婚；有配偶者与他人同居；实施家庭暴力；虐待、遗弃家庭成员四种法定违法行为情形之一的，还须同时具备因此而导致离婚后果发生、配偶另一方无过错等要件，才可要求离婚损害赔偿，除上述四种法定情形以外的其他违法行为，都不能构成离婚损害赔偿的条件。对此，有学者认为这一规定范围太窄，应将配偶一方通奸、卖淫、嫖娼等导致离婚，给无过错配偶造成精神损害的情形，也纳入离婚损害赔偿的范围。〔12〕 还有学者不赞同这种意见，认为通奸属于不道德行为，不宜由法律来规范；卖淫、嫖娼行为主要是危害社会公共秩序，我国刑法和有关行政处罚条例对其已规定有相应的处罚措施，我们不应脱离法律规定，对离婚损害赔偿的适用范围作任意扩大解释。〔13〕 笔者认为，在司法审判实践中，是否可以把没有列入《婚姻法》第46条的其他违法情形，在离婚分割夫妻共同财产时，依据“照顾无过错一方原则”的婚姻法司法解释加以考虑并进行裁判。因为我国婚姻法虽然规定了离婚损害赔偿制度仅适用于法定的四项过错行为，但是在现实生活中，除这四项法定过错引起的离婚外，还有通奸、婚外恋、嫖娼、吸毒、赌博、严重挥霍浪费夫妻共同财产、犯罪等多种过错行为引起的夫妻感情破裂而离婚，这不仅使无过错方受到精神痛苦，而且还耗费了大量的夫妻共同财产，因此，离婚时采取照顾无过错方原则，让其适当多分共同财

〔12〕 于大水：“简论婚姻纠纷中的精神损害赔偿”，载《政法论丛》2002年第4期。

〔13〕 张竞芳：“论我国的离婚精神损害赔偿制度”，载《婚姻法学专题研究》（2007年卷），中国人民公安大学出版社2008年版，第136页。

产,弥补其财产损失,体现了法律的公平公正。所以,离婚损害赔偿与照顾无过错方原则,应当分别适用不同的过错情形为宜。

2. 离婚的精神损害和损害赔偿数额的确定

这是在离婚损害赔偿理论和实践中谈论比较多的话题。关于离婚的精神损害,从理论上讲,包括精神痛苦和精神利益的损害两部分。前者是指因过错配偶方实施重婚、与他人同居、家庭暴力、虐待和遗弃等违法行为,致使婚姻关系破裂而离婚,造成无过错配偶方的肉体上和精神上的痛苦;后者则是指无过错配偶方的人格利益(如名誉权、自由权、贞操权等)或身份利益(如配偶权)遭受损害。但从实践中看,由于精神损害具有无形性和主观性的特征,不同的离婚案件,无过错配偶方所受到的精神损害程度也各有不同,所以,让无过错方将其所受的精神损害准确地表达出来,并举证证明,是十分困难的。因此,如何确定离婚精神损害赔偿的数额,也并非易事,各国法律规定所遵循的原则和方式各不相同。代表性的主要有英美法系的酌情赔偿原则、日本的固定赔偿原则、德国的比例赔偿原则等。[14] 那么,在我国对于离婚精神损害的赔偿数额,究竟是否应立法规定一个统一的标准,学者有不同观点。有的认为,立法应对其规定一个“起步价”或规定“最低限额与最高限额”,以确保无过错方的合法权益,限制法官自由裁量权。还有的认为,我国立法对离婚精神损害赔偿数额不宜规定一个笼统的标准,应根据具体情况可由当事人双方协商,协商不成时,由法官酌定。就我国目前的司法审判实践来看,是根据《婚姻法解释一》第28条中“……涉及精神损害赔偿的,适用最高人民法院《关于确定民事侵权精神损害赔偿责任若干问题的解释》的有关规定。”即最高人民法院《关于确定民事侵权精神损害赔偿责任若干问题的解释》第10条的规定,精神损害的赔偿数额是根据侵权人的过错程度,侵害的手段、场合、行为方式等具体情节,侵权行为所造成的后果,侵权人承担责任的经济能力,受诉法院所在地平均生活水平等综合因素,由法官在审理离婚精神损害赔偿案件时确定。实际上是赋予了办案法官依据上述司法解释和审判实践经验,针对不同离婚案件当事人的不同具体情况的自由裁量权。

结合本案来看,笔者认为受诉法院判决被告郜某某赔偿原告李某某精神

---

〔14〕 黄砚丽:“论离婚损害赔偿制度”,载《婚姻法理论与适用》,人民法院出版社2005年版,第308页。

损失费3万元还是比较合理和恰当的。虽然原告在前边的协议离婚时称未分得任何财产，实际上是她在登记离婚的双方协议上放弃了要求分割夫妻共同财产的权利，并在协议离婚书上签字同意，之后，即使在一年内提起诉讼，又不能证明自己在协议放弃权利时存在欺诈、胁迫等情形，也不会得到法院的支持。另外，从原告在单独提起的精神损害赔偿案件时，要求的精神损害赔偿金是20万元来看，法院基于我国尚无明确损害赔偿数额依据和无法衡量判断具体的精神损失，且亦无法支持。因为精神损害是一种无形损害，不能完全客观地以金钱计量和赔偿，因此，其赔偿数额只能是补偿性的，而不是等价性的，只能是补偿受害人所受到的精神损害，也不能以此来替代或弥补原告之前放弃分割财产的损失。当然，就本案来看，被告郜某某实施的法律禁止的破坏婚姻家庭的违法行为，属于比较严重的侵犯配偶人格权的行为，给原告李某某造成的精神损害和精神痛苦也是难以量化的，如果精神损害赔偿数额过低，根本就起不到抚慰受害人，弥补其内心痛苦和悲伤的作用，同样也起不到惩罚制裁过错方的作用。所以，本案法官在行使自由裁量权时，充分考虑到该离婚案件双方当事人的具体情况，权衡法定综合因素，尽可能地使精神损害赔偿数额的确定既合法又合情合理。

深度研究　离婚损害赔偿的责任能否由“第三者”承担

这是司法界与学理界较有争议的问题之一。以本案为例，如果被告郜某某不执行法院最终生效的缺席判决，原告申请执行程序，法院执行又找不到郜某某，无法采取强制执行措施时，李某某是否可以另案起诉与郜某某同居的“第三者”，要求其承担造成离婚的损害赔偿呢？或者在本案的一开始就直接起诉“第三者”要求其赔偿呢？根据《婚姻法解释一》第29条的规定：“承担《婚姻法》第46条规定的损害赔偿责任的主体，为离婚诉讼当事人中无过错方的配偶。”也就是说，离婚损害赔偿责任的承担主体，指的是离婚诉讼中有法定过错的夫或妻一方，不适用于婚姻关系以外的第三方共同侵权人。但是，21世纪高等院校法学精品课程教材中说，如果婚姻关系以外的第三人，与夫妻一方重婚的、公开同居的或者与之对无过错方共同实施了人身伤害造成后果的，应另行起诉，按一般损害赔偿处理。[15] 笔者认为，如果“第三者”与夫或妻一方，共同实施人身伤害行为造成后果严重，构成犯罪的，可按刑法相关罪名追责和附带民事损害赔偿处理；不构成犯罪的按一般民事侵权损害赔偿处理。可是就本案来说，李某某并没有提起人身上的伤害赔偿请求，而诉讼请求的是离婚精神上的损害赔偿（实践中不少离婚案的受害人请求精神损害赔偿）。从我国目前的法律和司法解释规定来看，由“第三者”承担离婚（精神）损害赔偿责任，也没有法律依据。对此，最高人民法院的解释是：“由于配偶权问题在立法中没有规定，受害配偶对实施侵犯配偶权行为的第三人请求损害赔偿就没有法律基础和依据，所以基于第 46 条规定提起的损害赔偿请求不能向配偶以外的其他人提出。”[16]

而从国外立法和判例的视角来看，他们对离婚损害赔偿请求权的权利主体和义务主体是如何规定的呢？对破坏他人婚姻关系的“第三者”是否可以要求承担损害赔偿责任呢？从请求权的权利主体看，大多数国家仅限于离婚的无过错配偶一方。而日本判例则把未成年子女有限制地承认为请求权的权利主体。如日本最高法院 1979 年 3 月 30 日就配偶一方有外遇，受害配偶和未成年子女向插足引起家庭破裂之第三者请求损害赔偿的两个案件做出同样的判决，确立以下规则：妻子或丈夫（向第三者提出）的损害赔偿请求，只有在第三者故意或过失而构成违法行为的场合，才得以承认；未成年子女（向第三者提出）的损害赔偿请求，只有在第三者怀有故意并积极阻止父亲或母亲对子女履行监护等义务的情况下，才予承认。[17] 从请求权的义务主体看，大多数国家立法仅限于离婚的过错配偶一方，但日本、美国及我国台湾地区的判例承认，破坏他人婚姻关系的有过错的第三人应承担赔偿损失的责任。如在美国，北卡罗来纳州法院 1997 年 8 月 5 日作出了美国司法史上首次“第三者”受罚的判例。该州一名妇女援引北卡罗来纳州一项有百年历史的保护家庭不受第三者破坏的法律，向法院控告第三者与自己的丈夫通奸，使原本美满幸福的

---

〔15〕 陈苇主编：《婚姻家庭继承法学》（第二版），中国人民公安大学出版社 2012 年版，第 283 页。

〔16〕 刘银春：“关于适用《中华人民共和国婚姻法》若干问题解释（一）的理解与适用”，载《公检法办案指南》（第 3 辑），中国人民公安大学出版社 2002 年版，第 103 页。

〔17〕 罗丽：“日本关于第三者插足引起家庭破裂的损害赔偿的理论与实践”，载《法学评论》1997 年第 3 期，第 71 页。

婚姻关系破裂而离婚，要求其为此支付赔偿金。对此，北卡罗来纳州格拉姆法院的陪审团做出一个令所有惨遭遗弃的怨妇扬眉吐气的裁决，要求第三者向该妇女支付高达100万美元之巨的赔偿金！再如，美国一些州的法律还规定，第三人以诱惑、离间与通奸行为导致夫妻感情疏远，甚至婚姻关系解体，受害的配偶一方有权要求第三人予以赔偿损失。[18]

笔者认为，基于公平正义原则和教育、引导公民严肃认真地对待婚姻家庭，保障合法婚姻关系和无过错方合法权益，以及制裁加害方，并维护社会秩序稳定之目的，我国法律和司法解释可以借鉴国外对有过错的第三人应承担离婚损害赔偿责任的法律规定和司法判例，对于有过错的配偶不能作为请求权的权利主体；对于请求权的义务主体，应既包括离婚的过错配偶一方，也包括实施破坏婚姻关系违法行为的第三人。至于未成年子女因第三者破坏婚姻关系所受之损害，可作为无过错配偶一方请求赔偿金确定数额时考虑的因素，而不宜把未成年子女列为请求权人。

三、原告韩某诉被告刘某某确认亲子关系纠纷案

知识背景

（一）亲子鉴定的概念

亲子鉴定，又称亲权鉴定，是指用医学及人类学等学科理论和技术判断有争议的父母与子女是否存在亲生血缘关系。通常，亲子鉴定根据以下几个方面进行：妊娠期限、生育能力、身体遗传特征和血液特征。早期的血型检验方法只能采用否定的方法，其比例高低取决于测定血型系统的多少，其准确性方面的限制导致亲子鉴定方法难以广泛运用于司法审判。近些年来，随着有关DNA分析技术的迅猛发展，亲子鉴定结论已经实现由单纯否定到科学肯定的飞跃，全世界已有一百二十多个国家和地区采用DNA技术直接作为判案的依据。由于亲子鉴定关系到当事人享有的人身自由权利，所以，法院不能强制进行亲子鉴定，因此，许多国家的亲子法都规定了对婚生子女的推定与否定制度。其最主要的目的，一方面是为了确认亲生的父母子女关系，使其更好地履

〔18〕 胡苷用：“美国：‘小三’有赔偿义务”，载《法制日报》2011年12月6日，第10版。

行亲生父母对未成年子女的抚养和教育义务，有利于子女的健康成长和婚姻家庭的稳定；另一方面如果确认是非亲生的父母子女关系，当事人可以依法解除其原有的抚养和教育义务，并对所造成的损害赋予请求赔偿的权利。

（二）亲子关系及其相关法律规制

亲子关系，即父母子女关系。在法律上是指父母和子女之间的权利、义务关系。父母和子女是血缘最近的直系血亲，是家庭关系的重要组成部分。根据我国现行《婚姻法》第 21 条至第 27 条的规定，父母子女关系可以分为两大类：一是自然血亲的父母子女关系。这是基于子女出生的法律事实而发生的，其中包括生父母和婚生子女的关系、生父母和非婚生子女的关系。其特点为：自然血亲的父母子女关系，只能因依法送养子女或父母子女一方死亡的原因而终止。在通常情况下，他们之间的相互关系是不允许解除的。二是拟制血亲的父母子女关系。这是基于收养或再婚的法律行为以及事实上抚养关系的形成，由法律认可而人为设定的。包括养父母和养子女的关系，继父母和受其抚养教育的继子女的关系。其特点为：拟制血亲的父母子女关系，可因收养的解除或继父（母）与生母（父）离婚及相互抚养关系的变化而终止。在上述两大类四种亲子关系中，无论是哪一种父母子女之间的关系，在法律上他们的权利和义务都是相同的，比如“父母对子女有抚养、教育的义务；父母不履行抚养义务时，未成年的或不能独立生活的子女，有要求父母付给抚养费的权利”。再如对于非婚生子女来说，他们与婚生子女在法律地位上是完全平等的，“享有与婚生子女同等的权利，任何人不得加以危害和歧视；不直接抚养非婚生子女的生父或生母，应当负担子女的生活费和教育费，直至子女能独立生活为止。”

虽然目前我国《婚姻法》中有父母子女之间的权利义务规范，但是从立法上看，亲子关系的法律制度尚不够健全、完善和系统，比如对如何确定自然血亲父母子女之间的身份关系没有明确的规定和规制，缺乏亲子身份关系的推定和否定（撤销）制度，以及男女同居期间或婚外所生子女的亲子身份关系的准正与认领制度，使得一些婚生和非婚生未成年子女的利益受到父母行为或过错的殃及损害而又得不到法律的保护。另外，从司法实践中看，随着社会和经济的发展，人们对贞操观、婚恋观的变化，试婚、非婚同居、事实婚、婚外恋、非婚生育子女等现象时有发生，使得父母子女身份关系的确认变得日趋复杂，也使确认亲子关系的纠纷案件有所增加，因此，急需建立确定父母与子女身份关系的法律规制，以最大限度地保护未成年子女的利益和维护婚姻家庭的稳定，也为填补立法空白，顺应现代家庭生活的实际需要。

案例评介

（一）案情简介

原告韩某（男）与被告刘某某（女）原系夫妻关系，于2001年5月28日登记结婚，同年11月28日生育一女，取名韩某儒。因夫妻感情破裂于2006年12月8日经一审法院审理后判决二人离婚，婚生之女韩某儒由韩某抚养，刘某某每月给付子女抚育费人民币200元。但韩某不服一审判决提出上诉，二审期间，韩某提出韩某儒由刘某某抚养，抚育费由刘某某自行负担。刘某某对此表示同意。2007年4月3日，北京市第一中级人民法院以（2007）一中民终字第01549号民事判决书判决韩某与刘某某离婚；韩某儒由刘某某抚养，并自行负担韩某儒抚育费，韩某儒自2007年3月离开韩某与刘某某生活。

原告韩某诉称，我与被告刘某某原系夫妻关系，2006年12月8日经北京市某区人民法院判决离婚，婚生女韩某儒由我抚养。但我提出上诉，上诉期间，我发现女儿与我长相差距很大，故自行委托北京市朝阳医院进行了亲子鉴定，结果韩某儒不是我的亲生女儿，这个结论对我及父母打击很大。北京市第一中级人民法院终审判决韩某儒由刘某某抚养。现刘某某对上述鉴定结论予以否认，故我起诉要求确认韩某儒非我与刘某某所生之女；要求刘某某按每月1666元赔偿我支付给韩某儒的抚育费70000元；赔偿我精神损失费25000元；鉴定费3000元和差旅费2000元由刘某某负担。

被告刘某某辩称，韩某儒是我与韩某的女儿，我同意对韩某儒做亲子鉴定。但韩某要求我赔偿70000元抚育费的请求过高，应该按北京市居民人均消费支出给付自韩某儒出生至北京市第一中级人民法院判决时止。韩某所述精神损失费没有道理，因为精神损失赔偿采用的是过错原则。我与韩某婚前就已怀孕，这一点他是知道的，因此我没有过错。故我不同意韩某的诉讼请求。

在本案审理过程中，韩某提出书面申请，要求对韩某儒进行亲缘关系鉴定，经北京华大方瑞司法物证鉴定中心进行DNA亲子鉴定，结论为：不支持韩某是韩某儒的生物学父亲；支持刘某某是韩某儒的生物学母亲。审理中，韩某向法庭提供其为韩某儒支出医药费 4021.65 元收据和托儿费 8114 元收据，并要求刘某某承担上述费用。经质证，刘某某对上述费用的真实性认可，但不同意承担。另查，韩某因亲子鉴定支付鉴定费 3000 元和差旅费 2000 元。经核实，北京市居民人均消费支出水平自 2001 年至 2006 年分别为：8922.7 元、10284.6 元、11123.84 元、12200.4 元、13244.2 元、14825.4 元。

（二）审理结果

一审法院经审理认为，依据婚姻法的相关规定，夫妻应当互相忠实、互相尊重。原告韩某与被告刘某某虽已经法院判决离婚，但刘某某在夫妻关系存续期间，应遵守上述原则，不应有悖损害家庭关系和违反公秩良俗之行为。刘某某与韩某作为夫妻，为其生育子女，亦属夫妻应尽之义务。但本案中，韩某儒经 DNA 亲子鉴定后，确定韩某非韩某儒亲生父亲，这一结论的确对韩某造成了极大的精神伤害。对此，刘某某除应赔偿韩某的精神损失之外，还应赔偿其相应的经济损失。韩某儒即非韩某与刘某某的婚生之女，韩某对其并无法定的抚养、教育之义务。因此，刘某某应退还韩某抚养韩某儒的相应费用，具体数额本院将参照北京市年人均支出水平，从韩某儒出生至 2007 年 3 月依法判定。韩某为韩某儒支出的医药费用及为亲子鉴定支出的差旅费用，亦应予以退还。刘某某给付韩某精神损失的数额，本院将依双方情况和责任，依法判定。

最后，法院依据《中华人民共和国婚姻法》第四条、第三十七条之规定，判决被告刘某某给付原告韩某抚育费人民币三万三千元；医药费人民币六千元及差旅费人民币二千元；精神损失费人民币二万元。

（三）法理评析

本案是从原、被告前一离婚案中，因子女由谁抚养的问题，而引发出来的一起另案处理的原、被告确认亲子关系纠纷案。在现实社会和司法实践中该案颇具代表性和典型性。本文从以下两个方面进行评析：

1. 婚生子女的推定与否认制度与本案的处理

何为婚生子女，许多国家和地区的立法均有规定，只是具体规定的表述不尽相同。[19] 从我国之前和现行的《婚姻法》来看，虽然都使用了婚生子女的称谓，但均未对婚生子女的概念作明确规定，也没有婚生子女的推定与否认制度。因此，有学者指出，明确婚生子女的概念，是完善我国亲子关系法首先需要解决的问题，建议对婚生子女的概念规定为：“于婚姻关系存续期间受胎或出生的子女为婚生子女。”[20] 根据法理，婚生子女应具备以下四个要件：一是其父母之间有婚姻关系存在，这是婚生与非婚生的根本区别；二是须为生父之妻所分娩；三是其受胎是在婚姻关系存续期间；四是须与生母之夫有血缘关系，否则不能将该子女视为婚生子女。上述四个要件中，前两个要件比较容易证明，可直接根据生母怀胎、分娩的事实和生父母婚姻关系存在的客观状况加以确认。反之，要证明后两个要件就比较困难。因此，世界上大多数国家都规定了婚生子女的推定制度。它是指子女婚生性的法律强制规定，即在婚姻关系存续期间，妻子受胎所生的子女，推定为婚生子女。而且，许多国家已明确规定，婚前受胎而在婚姻关系存续期间出生的子女，视为婚生子女。这样一来，使得婚生子女必须具备的条件变得宽松，对于维护夫妻关系的稳定，巩固社会秩序，特别是未成年子女利益的保护，有着十分重要的意义。

从本案来看，韩某儒系原告韩某和被告刘某某婚姻关系存续期间所生，应当推定为婚生之女，但后经鉴定机构鉴定，原告韩某并非韩某儒的生物学父亲，所以，韩某儒又被认定为非韩某与刘某某的婚生之女。韩某对其不仅无法定的抚养、教育义务，还要求刘某某退还韩某抚养韩某儒的相应费用。这又涉及婚生子女的否认制度，即当事人依法享有否认婚生子女是自己亲生子女的诉讼请求权制度。既然婚生子女的推定，是法律上的推究，而非对事实的确认。但亲子身份关系的确立仍以血统真实主义为主，即父子间应有血缘上的联系。[21] 因此，当推定结果违反客观事实时，法律赋予了利害关系人推翻该推定结果的权利，有权提起婚生子女否认之诉予以救济。也就是说，现实生活中确实有经法律推定的婚生子女而实际上是婚外性关系所生子女的情况。本案韩某儒在法理上即属于这种情况，但本案的不同点在于，事实上韩某儒是刘某某未婚先孕又与韩某结婚后出生的子女，这一点韩某是知情的；但刘某某在

---

〔19〕 参见陈苇：《中国婚姻家庭法立法研究》，群众出版社2000年版，第314页。

〔20〕 杨大文主编：《亲属法》，法律出版社1997年版，第243页。

〔21〕 戴炎辉、戴东雄、戴瑀如：《亲属法》，台湾大学法学院福利社2009年版，第303页。

婚前不仅和韩某而且和其他异性也有过婚前性关系,这一点韩某是不知情的,只是韩某最终和刘某某登记结婚,韩某儒又是韩某和刘某某婚姻关系存续期间出生的,即成为法律推定的婚生子女。之后,因韩某和刘某某离婚时对韩某儒由谁抚养的问题发生争议,韩某通过启动婚生子女否认之诉,经亲子鉴定得出韩某儒非韩某与刘某某的婚生之女,才解除了韩某对韩某儒的抚养、教育义务。而韩某儒不仅被判决由刘某某抚养,抚养费刘某某自行负担(见之前的离婚案),而且在确认亲子关系纠纷的本案中,刘某某还要赔偿韩某对韩某儒从出生到法院生效判决时止所造成的经济和精神等方面的损失。

2. 亲子鉴定的运用与拒绝做亲子鉴定的法律后果

本案原告韩某在与被告刘某某的离婚案二审中,曾因韩某儒的相貌与己不同,怀疑非己所生,自行委托北京市朝阳医院进行过亲子鉴定,鉴定结果韩某儒不是韩某的亲生女儿。为此,对韩某及其父母打击很大,故韩某又单独提起确认亲子关系诉讼案并要求赔偿损失。在本案审理中,被告刘某某否认韩某自行委托的北京市朝阳医院所做的鉴定结论,同意法院指定的鉴定机构(北京华大方瑞司法物证鉴定中心)与韩某儒做亲子鉴定。虽然两家鉴定机构的鉴定结果都是相同的,即不支持韩某是韩某儒的生物学父亲;支持刘某某是韩某儒的生物学母亲。但在送检的程序和法律意义上是不同的。因为亲子鉴定是对亲子关系中的婚生子女与其父母是否是真正事实上的亲生父母,用科学的方法所做的亲生血缘关系的判断。做亲子关系鉴定,是父母双方的权利,一般需要双方送检,并由法院指定送检机构鉴定(一方送检,另一方没有异议的除外)。所以,本案在双方当事人均同意做亲子鉴定的基础上,得出了程序正当、双方知情和事实客观的,韩某与韩某儒没有亲生血缘关系的鉴定结论,解除了其与韩某儒之间的父女权利义务关系,并获得了刘某某相应的赔偿。

另外,在司法实践中,有许多与本案同类的案件,在一方当事人向法院提交亲子鉴定申请时,另一方坚持不同意鉴定。在这种情况下,法院依职权强行进行鉴定的可能性不大(极特殊案件除外),因其涉及人身自由权、个人隐私权和未成年子女利益等诸多权益。所以,对于当事人起诉确认亲子关系纠纷的案件,如一方拒绝做亲子鉴定的,目前根据《婚姻法解释三》第2条的规定:“夫妻一方向人民法院起诉请求确认亲子关系不存在,并已提供必要证据予以证明,另一方没有相反证据又拒绝做亲子鉴定的,人民法院可以推定请求确认亲子关系不存在一方的主张成立；当事人一方起诉请求确认亲子关系，并提供必要证据予以证明，另一方没有相反证据又拒绝做亲子鉴定的，人民法院可以推定请求确认亲子关系一方的主张成立。”也就是说，在确认亲子关系纠纷的案件中，双方当事人如对做亲子鉴定的意见不同，法院将采用逻辑推理的方式，推定支持提供证据一方的主张成立，而另一方拒绝做亲子鉴定的法律后果，将面临承担案件败诉的风险。

深度研究　亲子鉴定在确认亲子关系案件中的应用原则与探讨

鉴于我国目前尚无系统、完善的亲子关系法律制度，也无明确完整的亲子身份关系的推定与否认制度。因此，在确认亲子关系案件的司法审判实践中，亲子鉴定对于此类案件的最终裁判结果起着举足轻重的证明作用。由于亲子鉴定技术能够发现父母子女之间是否存在亲生血缘关系，而且这种亲生血缘关系的存在又是构成婚生子女的四个必备要件之一，如果法院一概有求必应地采取该技术鉴定手段，很容易迅速搞清哪些子女与父母之间是有血缘的或没血缘的、婚生或非婚生的关系，如果仅仅依此来直接简单处理所有确认亲子关系纠纷的案件，势必会引起多方利益的冲突和家庭及社会秩序的不稳定。因此，对于亲子鉴定技术的应用必须进行法律规制和尽早建立系统配套的亲子关系法律制度。

笔者认为，亲子鉴定以亲子血缘关系存否为证明对象，并与未成年子女的利益密切相关，所以，在未来亲子关系立法和处理亲子关系纠纷及启动亲子鉴定程序时，应遵循“未成年子女最佳利益”原则。因亲子关系纠纷案件的背后常潜藏着多数当事人的利益及其复杂关系，比如父母离婚不愿承担未成年子女抚养责任或抚养费；与亲子关系之外的亲属产生的赡养、继承关系等提起亲子身份鉴定；这些纠纷的处理结果都会影响到他们和睦的家庭和正常的生活状态。甚至亲子鉴定本身也会引起家庭关系的动荡，如因丈夫对妻子不信任，怀疑自己非孩子的生父，主动提出或背着妻子对孩子进行亲子鉴定，导致夫妻感情破裂，使婚姻走向终结的案件也不少。因此，立法和司法都应当考虑目前家庭已有的生活秩序，并优先考虑和照顾未成年子女的利益，不轻易启动亲子鉴定程序。只有当亲子鉴定符合必要性和正当性目的时才予以应用，正当性指亲子鉴定必须以给未成年人带来更好保护和安全感、归属感的亲子关系确定为目的；必要性指亲子鉴定与待证事实（生物学上亲子关系之存否）具有关联性、重要性及有效性时，方可启动亲子鉴定程序。为避免亲子鉴定成为“探索的证明”（即申请人抽象的主张），申请人应负担提交具体理由之责任。[22]

另外，结合分析本案来探讨保护“未成年子女最佳利益”原则。笔者认为，本案的特殊性就在于，韩某儒是刘某某婚前受孕后与韩某结婚，并在其婚姻关系存续期间出生的，从法理上应推定为婚生子女。韩某是在六年后因与刘某某离婚，由谁来抚养韩某儒的问题，提出了亲子鉴定申请，鉴定结果为韩某儒不是韩某的亲生女儿。这一结论说明，刘某某在婚前不仅和韩某，还和另外异性有性关系（不是在婚外，而是在婚前生活作风不检点），未婚先孕韩某和刘某某均知情，但均不知韩某儒非二人亲生，而是在离婚案中通过亲子鉴定才发现的。因此，父母之过错不能影响未成年子女之利益。根据法理，韩某对韩某儒的抚养教育义务应从亲子鉴定结果公布或法院确认亲子关系不存在的生效判决时起解除。之前韩某对韩某儒所支付的抚养费、医药费、托儿费等，是建立在韩某儒是其法理推定的婚生子女基础上的义务（已消费），不应由刘某某赔偿。而给韩某所造成的精神损失，刘某某可以加倍补偿。笔者认为，本案如这样考虑，既有利于对未成年子女利益的保护（不应用支付给孩子的费用来承担父母的过错责任或惩罚父母），韩某也得到了精神补偿，又体现了公平的原则，并为未来制定亲子法提供了参考。[23] 总之，本案给我们的启示是：在现实与真实发生冲突时，法律应如何选择？如何在确认亲子关系纠纷案件中，最大限度的保护未成年子女利益，是未来在亲子法立法时应重点考虑的核心问题。

四、原告周某某诉被告刘某某离婚后财产分割纠纷案

知识背景

（一）离婚对婚姻当事人的法律效力和对财产分割的处理

离婚是导致夫妻婚姻关系终止的一种法律行为，它将在婚姻双方当事人之间、婚姻当事人与子女及其他相关亲属之间产生一系列相应的法律后果，即

〔22〕 马忆南、郭岩：“论亲子鉴定在亲子关系认定案中的应用原则”，载《家事法研究》，社会科学出版社2011年版，第172～173页。

〔23〕 笔者意见可供商榷。

离婚的法律效力。离婚对于婚姻双方当事人的法律效力主要涉及两个方面：一方面是解除夫妻的身份关系，基于夫妻身份关系而产生的一切人身权利和义务，随之消灭。即夫妻称谓的消除，双方均取得再婚自由权；夫妻同居的义务终止；夫妻间相互抚养的权利义务终止；夫妻日常家事代理权终止；夫妻法定继承人资格丧失、姻亲关系终止。另一方面是对夫妻共同财产的分割和债务的清偿、对生活困难一方的经济帮助等问题的处理。关于夫妻共同财产〔24〕的分割，我国现行《婚姻法》第39条规定：“离婚时，夫妻的共同财产由双方协议处理；协议不成时，由人民法院根据财产的具体情况，照顾子女和女方权益的原则判决。夫或妻在家庭土地承包经营中享有的权益等，应当依法予以保护。”这是指导处理离婚夫妻共同财产分割问题的基本法律依据。还有婚姻法司法解释和之前出台的相关司法解释，对离婚时处理夫妻财产问题也有具体规定。关于夫妻共同财产分割的原则，根据我国《婚姻法》和相关司法解释的基本精神，应当坚持以下原则：第一，男女平等原则；第二，照顾子女和女方权益原则；第三，照顾无过错方原则；第四，尊重当事人意愿原则（即约定优先于法定）；第五，有利于生产和方便生活需要原则；第六，不得损害国家、集体和他人利益原则。关于夫妻共同财产分割的方法，首先由双方当事人协议分割，如协商不成，再由人民法院根据前述六项原则，结合具体案情和财产的实际情况进行判决分割。夫妻共同财产，原则上均等分割；在不破坏财产使用价值的基础上，一般采取实物分割、价金分割及物质与价格补偿相结合等具体处理办法。总之，在分割夫妻共同财产时，应严格区分夫妻共同财产、个人财产与家庭其他成员财产之间的界限，注意保护未成年子女的财产权利。离婚时，可供分割的仅限于夫妻共同财产。

（二）起诉与反诉的概念及其必备条件

起诉，俗称“打官司”、“告状”，是指民事纠纷的原告认为自己的民事权益受到侵犯，或与他人发生争执时，以自己的名义，请求人民法院通过审理和判决给以法律上保护的诉讼行为。而一件诉讼案件是否成立，还取决于原告提

---

〔24〕 根据《婚姻法》第17条的规定：夫妻在婚姻关系存续期间所得的财产，为夫妻共同财产。其范围包括：一方或双方的工资、奖金；生产、经营的收益；知识产权的收益；继承或赠与所得的财产；《婚姻法解释二》第11条规定的其他应当归共同所有的财产。

出诉讼请求后，经人民法院审查是否决定收案审理。如果只有当事人提起诉讼，而法院不予受理，诉讼就不能成立；反之，如果没有当事人的起诉，法院也不产生受理诉讼的问题。因此，当事人起诉与人民法院受理的结合是诉讼程序的开始。但原告向人民法院起诉，也必须具备一定条件：其一，原告必须是与本案有直接利害关系的公民、法人或其他组织。其二，必须要有明确的被告，即是谁侵犯了你的权益，或是你和谁发生了争议。其三，必须要有具体的诉讼请求和事实、理由。即你提起诉讼的目的何在，请求解决什么问题；提出请求有什么事实与根据。其四，必须属于人民法院受理民事诉讼的范围和受诉人民法院管辖，即该案是属于法院行使审判权解决的诉讼，而且受诉法院对其请求有法律规定的管辖权。以上四条必须同时具备，原告的起诉才能被法院受理。

根据我国《民事诉讼法》第 8 条规定的保障诉讼当事人平等地行使诉讼权利原则，人民法院不仅要保护原告人的诉讼权利，也同样要保护被告人的诉讼权利。因此，原告有权提出诉求，被告也有权提起反诉。何谓反诉，它是指民事诉讼开始后，被告向法院以起诉的程序和方式，对原告提出的独立诉讼请求。反诉必须符合以下条件：第一，反诉应当以本诉为前提。没有本诉，也就没有反诉。因此，反诉的被告必须是本诉的原告，反诉的原告必须是本诉的被告。第二，反诉必须与本诉有关联性，又有其独立性。关联性在于，反诉是针对本诉的诉讼请求而提出的具有对抗性的诉讼请求，反诉的目的是为了与本诉合并审理，以达到抵销、并吞原告全部或部分诉讼请求的目的。举个例子说明，如原告请求被告给付子女抚育费，被告反诉要求原告将子女交由自己抚养。独立性在于，本诉与反诉各为独立之诉，反诉不因本诉的撤回而终结；反诉的撤回也不影响本诉的继续审理。第三，反诉必须是向本诉的受诉法院提起。如果是各自向两个法院提起的诉讼，即使是当事人相同，而诉讼内容又具有抵销、并吞的性质，也不是反诉。第四，反诉应当在本诉提起以后，法院作出裁决以前提出。综之，被告对原告提起的诉讼，符合上述条件，才能作为反诉，而与本诉合并审理；反之，则另案审理。

案例评介

（一）案情简介

原告（反诉被告）周某某（女）与被告（反诉原告）刘某某（男）原系夫妻关

系,2007 年 12 月 3 日经北京市第一中级人民法院终审判决离婚,北京市海淀区永定路 26 号 6 楼乙门 1 层 2 号房屋归刘某某所有,但刘某某应给付周某某相当于房屋价值一半的折价款。为此刘某某再次诉至法院,在诉讼中,双方于 2008 年 1 月 29 日达成协议:一、刘某某于 2008 年 7 月 31 日前给付周某某房屋折价款 375000 元;二、刘某某在给付前述款项时,可抵扣周某某应给付刘某某的财产款项 13 万元及两次诉讼费的一半计 50 元;三、在刘某某依约全部给付周某某前述价款之前,周某某有权继续居住在北京市海淀区永定路 26 号 6 楼乙门 1 层 2 号房屋内。协议签订后,刘某某未按约定履行,并于 2008 年 6 月 11 日起不让周某某进入其房屋内。周某某为此花费开锁费 100 元,在外住宿费 220 元。诉讼中,经刘某某申请,北京源恒房地产估价有限公司对北京市海淀区永定路 26 号 6 楼乙门 1 层 2 号房屋按军产房现值进行了评估,总值为:327135 元。房屋建筑面积 100.75 平方米。

现本案原告(反诉被告)周某某诉称,原、被告于 2007 年 12 月经法院判决离婚。经法院确认:北京市海淀区永定路 26 号 6 楼乙门 1 层 2 号作为夫妻共同财产的住房归刘某某所有,由刘某某给付周某某一半的折价款。后双方于 2008 年 1 月 29 日达成调解协议,协议约定:刘某某于 2008 年 7 月 31 日前给付周某某房屋折价款 375000 元,在抵扣相应款项后,应给付 245000 元。在刘某某全部给付完毕前,周某某有权继续居住在该房屋内。但达成协议后,刘某某不仅恶意违背协议内容,拒绝给付折价款,还屡屡打人。并乘周某某出门之际,将门锁更换,使周某某无法在该房屋居住。6 月 10 日开始,周某某只能在外借住。故诉至法院,请求判令刘某某全面履行协议,给付周某某房屋折价款 245000 元;在给付折价款前,周某某有权利在房屋内居住;判令刘某某给付周某某被迫在外居住费用以及精神损害赔偿 10000 元。

被告(反诉原告)刘某某辩称,双方于 2008 年 1 月 29 日签署协议,当时协议中约定房屋以 75 万元进行分割,这对被告刘某某不公平。按照评估公司作出的结论是 32 万元,与双方签署的协议显然价款差了一倍多。关于周某某所说在外居住问题,在双方离婚的时候,一审和二审法院都明确将房屋判归刘某某所有,不存在刘某某给付周某某居住费用的问题。因双方原签订的协议存在重大误解,且对我显失公平,故我提出反诉,要求变更双方于 2008 年 1 月 29 日签订的折价款协议,依据评估报告,要求将房屋价值变更为 327135 元,按此费用一半,刘某某给付周某某房屋折价款。

原告周某某对被告刘某某的反诉辩称,本协议不存在重大误解,当时都是明确的。评估报告是无效的,评估结果产生的基础是建立在假定基础之上,是刘某某要求按照军产房进行评估的。在假定基础上作出的评估,用假定得出的结论来反对当时达成的协议,这是一个很荒谬的评估体系。

(二)审理结果

法院经审理认为,本案争议的焦点是双方在签订协议时对房屋价值是否产生重大误解,按此价格补偿是否显失公平。在双方当事人离婚时,房屋权属的确定是在房屋未评估的情况下由法院判定的。作为夫妻共同财产,周某某当时亦有权主张房屋的所有权。如按本次评估数额支付补偿款,另一方显然无法用此款项取得相应面积的住房,而取得房屋权属的一方显然受益,此有违婚姻法中保护女方权益的原则。且刘某某在取得房屋所有权之后,自行与周某某调解,自愿达成协议,同意按375000元对周某某进行补偿。此行为系双方当事人的真实意思表示,不存在重大误解及显失公平之处。故刘某某反诉之请求,没有事实及法律依据,法院不予支持。刘某某不能擅自违反约定,在既不支付补偿款的情况下,又不让周某某在诉争房屋内居住,使周某某作为妇女及老年人的权益不能得到保障。故刘某某应依双方之约定及时给付补偿款,在其支付补偿款之前,诉争房屋应由周某某继续居住使用。周某某要求的在外居住费用及精神损害赔偿,不属于离婚后财产纠纷,本案中不予处理,其可另行解决。

一审法院依据《中华人民共和国婚姻法》第三十九条、《中华人民共和国合同法》第一百零七条之规定,判决被告刘某某给付原告周某某房屋折价款二十四万四千九百五十元;在刘某某给付周某某折价款前,周某某享有在北京市海淀区永定路26号6号楼乙门1层2号房屋内居住的权利;驳回周某某其他诉讼请求;驳回刘某某的反诉请求。

(三)法理评析

本案是经法院终审判决的一起老年夫妻离婚案,因离婚后房屋财产分割协议的履行产生纷争,又起诉到法院,一方要求履行协议,另一方要求变更协议的本诉与反诉合并审理的民事诉讼案件。近年来,随着市场经济的发展给房地产业带来了勃勃生机,房屋价格不断攀升,使得围绕婚姻家庭涉及房产纠

纷的诉讼案件有所增加。本案在同类案件中具有其特殊性,结合该案特点本文作如下两点评析:

1. 本案原、被告双方签订的住房折价款协议的性质和法律效力

关于本案原、被告所争讼的协议,从签订的时间上看,是在二审法院终审判决双方离婚,并已对作为夫妻共同财产的住房进行分割处理之后(即北京市海淀区永定路26号6楼乙门1层2号房屋归刘某某所有,但刘某某应给付周某某相当于房屋价值一半的折价款),又为房屋一半折价款的数额问题诉至法院,在诉讼过程中,达成并签订了刘某某给付周某某房屋(75万元的一半)折价款375000元的协议。该协议属于典型单一的民事合同性质,其本身不涉及之前离婚案中夫妻身份关系的解除内容,是离婚后双方专门就共同财产分割的具体数额补偿和履行问题所自愿签订的协议,符合我国《合同法》的基本原理和第8条的规定,该协议对原、被告双方均产生约束力。所以,人民法院在受理和经审理本案后,没有发现该协议有违法和侵害国家、集体和他人利益的情形,依据《中华人民共和国婚姻法》第39条和《中华人民共和国合同法》第107条之规定,“当事人一方不履行合同义务或者履行合同义务不符合约定的,应当承担继续履行、采取补救措施或者赔偿损失等违约责任。”确认了原、被告双方所签订的财产分割协议具有法律效力,并判决刘某某按协议内容履行合同,如不履行则将依法承担相应的违约责任。

2. 本案被告提出的反诉理由是否成立

本案被告(反诉原告)刘某某之所以不按期履约,是因为在他与周某某签订财产分割协议之后,又自行向北京源恒房地产估价有限公司申请,对北京市海淀区永定路26号6楼乙门1层2号协议分割的房屋,按军产房现值进行了评估,得出该房总值为327135元(房屋建筑面积100.75平方米)。这和之前与周某某双方签署的协议,显然(总)价款(75万元)差了一倍多。故提出要按照评估公司作出的房屋总值32万的一半给付周某某,其理由是:双方原签订的协议存在重大误解,且对其显失公平,故其提出反诉,要求变更双方之初签订的折价款协议,依据评估报告,要求将房屋价值变更为327135元,按此费用的一半给付周某某房屋折价款。

关于房屋价值的界定。法院在处理离婚案件分割房产时,一般是以房产现值作为分割的依据,而非购房时的价值。很多当事人在离婚房产分割时,习惯以购买时的价格计算及分割,这在司法实践中是不能成立的。针对本案刘

某某私自申请房地产评估公司按军产房现值评估所争议的房产价值，是个人行为，没有得到另一方的同意和认可，是不能作为变更房屋折价款的理由和依据的。而且，房价的市值一般是由当事人双方估价后达成一致的意见（本案就是如此）；若不能达成一致的意见，一般由原告申请向法院评估，并预交评估费用，由法院委托相关评估机构进行评估作价，以该评估报告作为分割标准。而本案刘某某单方委托房产评估公司的房屋作价不能作为法院断案的依据。

基于本案协议的性质属于民事合同，依据《合同法》第54条第1款之规定：因重大误解订立和在订立合同时显失公平的合同，当事人一方有权请求人民法院或者仲裁机构变更或者撤销。因此，双方在签订协议时对于房屋价值是否存在重大误解，按此价格（75万元的一半）补偿是否显失公平，就成为了该协议是否可变更的重要事实依据和争议焦点。

结合法院对本案的审理，从案件的前后经过来看，在双方当事人离婚时，房屋权属的确定是在房屋未作评估的情况下由法院判定给刘某某的。其实，作为夫妻共同财产的房屋，周某某当时也有权利主张房屋的所有权，但由于考虑是“军产房”性质，法院判定由刘某某给付其房屋价值一半的折价款。现如按刘某某自行申请的北京源恒房地产估价有限公司评估数额32万元的一半支付补偿款，周某某一方显然无法用此款项购得相应面积的住房，而取得房屋权属的刘某某一方则显然受益，如果照此数额变更协议，反而将对周某某显失公平，也有违婚姻法中保护女方权益的原则。况且刘某某在离婚案取得房屋所有权之后，又通过了法院的诉讼程序，在诉讼过程中，自行与周某某自愿达成协议，同意按375000元对周某某进行住房补偿。如此这般事实证明，刘、周二人最初签订的房屋财产分割协议系双方当事人的真实意思表示，不存在重大误解及显失公平之处，更不存在欺诈或乘人之危。故刘某某的反诉理由没有事实及法律依据，所以不能成立。

深度研究 离婚财产分割协议的种类、性质、效力与法律适用

离婚财产分割协议，是指夫妻双方对离婚后财产的归属和处置所达成的意思表示一致的协议。按其形成的时间和背景不同，笔者把它分为三种情形：第一种情形，是在离婚诉讼之前夫妻双方已经就财产分割问题达成的协议，与同意离婚和子女抚养问题共同构成了诉前离婚协议的总和。这种关于离婚、

子女抚养、财产分割的协议一经婚姻登记机关审查得到行政确认之后,即发生法律效力。第二种情形,是在当事人双方达成诉前离婚协议之后,一方反悔,拒绝办理离婚登记手续,之后向法院起诉离婚,在离婚诉讼中一方拿出原来已经达成的财产分割协议,作为分割夫妻共同财产的依据,且往往成为离婚案件争议的焦点。第三种情形是直接向法院起诉离婚,在离婚诉讼中,经法院调解双方当事人就离婚、子女抚养和财产分割等问题一并达成一致意见,以法院制作调解书的形式而解除婚姻关系,此调解书与法院判决书具有同等效力。从以上三种离婚财产分割协议的情形看,只有第三种情形由法院出具调解书形式使双方达成的离婚财产分割意见,不会再次诉至法院,其他两种情形都避免不了当事人就离婚财产分割协议的内容和履行再次发生纷争。随之就涉及这两种离婚财产分割协议的性质、效力和法律适用。

第一种情形,即办理完离婚登记手续,取得离婚证后,诉前的离婚协议生效,婚姻关系解除,如当事人再就离婚财产分割协议的内容单方反悔或不去履行,不具有法律效力。其理由有二:一是离婚意愿本身属于人身关系性质,既要尊重当事人的意思自治,又不能自行协议解除,必须依据相关法律、法规办理批准、登记手续后方可生效,这体现了国家对此问题的关怀和慎重态度。此时的离婚财产分割协议是登记离婚协议中不可分割的组成部分,其属于附生效条件的民事协议,离婚成立时,离婚财产分割协议亦生效,因此具有不可改变性。二是当事人一旦经过行政程序确认登记离婚生效后,当事人的婚姻关系不能自行恢复,离婚财产分割协议也不能单方反悔,这又体现了离婚行政程序的严肃性。在司法实践中,如发生当事人单方反悔或不履行离婚财产分割协议的,当事人起诉到法院,适用于《婚姻法解释二》第 8 条、第 9 条的规定。

第二种情形,是诉前当事人达成离婚协议后,有一方反悔,拒绝到婚姻登记机关办理离婚登记手续,而选择到法院进行诉讼离婚,在离婚诉讼中一方要求以诉前已达成的财产分割协议,作为分割夫妻共同财产的依据。对于这种离婚财产分割协议的性质和效力的问题,理论界与实务界均有不同观点:第一种观点认为,诉前离婚协议虽然包括夫妻身份关系的解除及财产分割、子女抚养等多方面内容,但实质上只是一个涉及人身关系的行为。该行为以登记为生效条件,未经离婚登记的诉前离婚协议不具有拘束力。“离婚协议的性质应为涉及人身关系的单一合同范畴,……诉前离婚协议其实质应为离婚意向,如当事人在办理离婚登记前反悔,除非追认协议全部或部分条款,否则该协议对双方无拘束力。”[25]第二种观点认为,离婚协议是集人身关系、财产关系、抚养关系等为一体的综合书面约定,其法律性质属于混合型民事合同。[26]其中关于自愿离婚和子女抚养的内容属于人身关系的性质,这两种涉及平等主体之间人身关系的约定,只能在办理了离婚登记后才发生效力;而关于财产及债务处理属于财产关系的性质,其约定完全属于一般的民事合同性质,自双方达成合意时就具有法律效力。第三种观点认为,离婚财产分割协议无论是与离婚本身处于一个离婚协议中,还是单独存在,其均含有一个前提,即“如果离婚,则按以下方式处理财产”,是一种附条件的民事协议(合同),自应在条件成就时生效。所以在其生效问题上,应排除适用《合同法》第44条“依法成立的合同,自成立时生效”的规定,而应参照适用《合同法》第45条“当事人对合同的效力可以约定附条件。附生效条件的合同,自条件成就时生效”的规定。在当事人协议解除婚姻关系(即登记离婚成立)后财产分割协议方能生效。

上述观点,均具有一定道理和法理逻辑。对于诉前的离婚财产分割协议在离婚诉讼案件中是否具有法律效力,即可否作为法院处理案件的直接依据,笔者认为,关键在于离婚财产分割协议在诉讼之前是否生效,应分为两种情况:(1)按照上述第一种情形,经登记离婚程序完毕,诉前的离婚协议生效后,离婚财产分割协议即对当事人双方具有约束力,如就该协议发生纠纷,可依据《婚姻法解释二》第8条的规定:“离婚协议中关于财产分割的条款或者当事人因离婚就财产分割达成的协议,对男女双方具有法律约束力。当事人因履行上述财产分割协议发生纠纷提起诉讼的,人民法院应当受理。”如当事人请求变更或者撤销财产分割协议的,应当按《婚姻法解释二》第9条的规定:“男女双方协议离婚后一年内就财产分割问题反悔,请求变更或者撤销财产分割协议的,人民法院应当受理。人民法院审理后,未发现订立财产分割协议时存在欺诈、胁迫等情形的,应当依法驳回当事人的诉讼请求。”(2)按照上述第二种情形,诉讼前双方达成的离婚财产分割协议,因一方反悔,登记离婚未果,在之后进入诉讼离婚的程序中,该协议还能否作为人民法院处理离婚案件的直接

---

〔25〕 贾明军主编:《婚姻家庭纠纷案件律师业务》,法律出版社2008年版,第171页。

〔26〕 孙瑞玺:“离婚协议的性质及效力”,转引自中国民商裁判网,2007年9月25日访问。

依据。笔者同意江苏省高级人民法院《关于适用〈中华人民共和国婚姻法〉及司法解释若干问题的讨论纪要(征求意见稿)八》关于“诉讼外离婚协议的效力”的观点,男女双方在离婚诉讼前所达成的离婚协议中关于子女抚养、财产分割的约定,是以双方协议离婚为前提,一方或者双方为了达到离婚的目的,可能在子女抚养、财产分割等方面作出有条件的让步。在双方未能在婚姻登记机关协议离婚的情况下,该协议未生效,对双方当事人均不产生法律约束力,其中关于子女抚养、财产分割的约定,不能作为人民法院处理离婚案件的直接依据。但是,这并不妨碍人民法院在处理离婚案件时将之作为子女抚养、财产处理的参考。这种观点赋予了审案法官根据具体案件进行具体处理的有限自由裁量权,笔者认为是比较科学的。

结合本案来看,它实际上是一起因当事人离婚后就财产分割协议的履行和变更产生争议的民事诉讼个案。它与我们上面所讨论的离婚财产分割协议的不同之处在于:当事人双方签订该财产分割协议的时间,既不是在离婚诉讼之前,也不是在离婚诉讼之中,而是在法院判决离婚和分割夫妻共同房产结案之后。取得房屋产权的一方为给付另一方房屋一半折价款的具体数额,又单独通过法院的诉讼程序,双方自愿签订并达成了财产分割协议。之后又反悔,要求按自请的房产评估公司评估的房屋作价变更协议,而另一方则要求其全面履行协议,而引发了本案的诉讼。关于该协议的性质和法律效力,以及反诉不成立的理由,笔者已在法理评析中予以阐述,此处不再赘述。

总之,离婚财产分割协议在性质上是民事合同,因此它适用于《合同法》的相关规定。而在离婚协议中,解除婚姻关系的协议、子女抚养的协议,属于人身关系的协议,则不适用《合同法》的规定,[27]应该适用《婚姻法》及相关司法解释等的规定。由于离婚问题涉及的法律关系比较复杂,在审判实践中,不免会出现涉及诸多法律规范的适用问题,如《民法通则》、《婚姻法》、《合同法》、《物权法》等等。在适用中,同一级别的法律或条款之间发生冲突时,应遵循特别法优于普通法、新法优于旧法的适用原则来判案。

---

〔27〕 参见《合同法》第2条:“本法所称合同是平等主体的自然人、法人、其他组织之间设立、变更、终止民事权利义务关系的协议。婚姻、收养、监护等有关身份关系的协议,适用其他法律的规定。”

五、李某某诉杨某某离婚后财产纠纷一案（涉新类型财产）

知识背景

（一）夫妻共同财产相关概念及法律规定

卢梭曾经指出：财产权是公民神圣不可侵犯的权利，该权利在某些方面甚至比自由还要重要，这是因为财产密切的影响着生命，而且财产权更容易受到侵犯。[28] 夫妻在离婚时争议最大的往往是财产问题。夫妻共同财产是指受到我国《婚姻法》调整的在夫妻关系存续期间夫妻所共同拥有的财产。

关于夫妻共同财产，我国在《婚姻法》第17条有明确的法律规定规定，“夫妻在婚姻关系存续期间所得的下列财产，归夫妻共同所有：（一）工资、奖金；（二）生产、经营的收益；（三）知识产权的收益；（四）继承或赠与所得的财产，但本法第十八条第三项规定的除外；（五）其他应当归共同所有的财产，夫妻对共同所有的财产，有平等的处理权。”关于夫妻共同财产在《婚姻法》相关解释中也有所规定，《婚姻法解释一》第17条规定，“夫或妻在处理夫妻共同财产上的权利是平等的；因日常生活需要而处理夫妻共同财产的，任何一方均有决定权；夫或妻非因日常生活需要对夫妻共同财产做重要处理决定，夫妻双方应平等协商，取得一致意见。他人有理由相信其为夫妻双方共同意思表示的，另一方不得以不同意或不知道为由对抗第三人。”

《婚姻法解释二》第11条对《婚姻法》第17条中的“其他应当共同所有的财产进行了解释，第11条规定，“婚姻关系存续期间，下列财产属于《婚姻法》第十七条规定的其他应当归共同所有的财产：（一）一方以个人财产投资取得的收益；（二）男女双方实际取得或者应当取得的住房补贴、住房公积金；（三）男女双方实际取得或者应当取得的养老保险金、破产安置补偿费”。

《婚姻法解释三》第5条规定：“夫妻一方个人财产在婚后产生的收益，除孳息和自然增值外，应认定为夫妻共同财产。”

在处分夫妻共有财产时，应当注意以下原则：男女平等；照顾女方和子女的利益；有利于当事人的生产和生活；对无过错一方予以照顾；不损害国家、集

---

〔28〕 钟良生：“夫妻离婚，无形财产如何分割”，载《上海法治报》2009年3月，第B08版。

体和他人的利益。[29]

（二）离婚协议的相关概念及法律规定

我国的夫妻财产制分为法定财产制和约定财产制。约定财产制是指夫妻双方以协议约定的方式确定的财产制形式。《婚姻法》第19条规定：“夫妻可以约定婚姻关系存续期间所得的财产以及婚前财产归各自所有、共同所有或部分各自所有、部分共同所有。约定应当采用书面形式，没有约定或约定不明确的，适用本法第17条、第18条的规定。夫妻对婚姻关系存续期间所得的财产以及婚前财产的约定，对双方具有约束力。夫妻对婚姻关系存续期间所得的财产约定归各自所有的，夫或妻一方对外担负的债务，第三人知道该约定的，以夫或妻一方所有的财产清偿。”离婚协议属于约定财产制的范畴。

（三）虚拟财产的概念及法律规定

类似淘宝网店的各种网店一般认为属于无形财产、虚拟财产。无形财产渊源于古罗马法，公元2世纪罗马法学家盖尤斯在其所著《法学阶梯》里将物划分为“有体物”（也称有形物）和“无体物”（也称无形物）。他认为，有体物（corporales）是可以触摸的物品，如土地、衣服、金银；无体物（incorporales）则是不能触摸的物品，它们体现为某种权利，如继承权、债权和用益权等虚拟财产是无形的、非物质化的财产形式。[30] 虚拟财产，又称“网财”，是指以一定的数据、信息、符号存储到网络中的虚拟物。[31] 关于虚拟财产我国目前没有相应的法律规定，在韩国、我国台湾、香港地区均有较为完善的规定。在这里以韩国为例，起初，韩国并没有虚拟财产的立法，关于虚拟财产的立法也经过波折，曾有观点认为，既然虚拟财产存在种种难以解决的问题，倒不如以立法的方式禁止虚拟交易，以此来杜绝这些问题。韩国就曾采取通过立法完全禁止虚拟财产，不承认虚拟财产的合法性。但在立法禁止虚拟财产进行交易后，并未起到解决问题的效果。现实中虚拟交易仍然大量进行，且形成一条完整的灰色产业链，并出现了大量的纠纷，众多的用户因法律上不承认虚拟财产而导

---

〔29〕 李国荣：《婚姻法学》，中国法制出版社1999年版，第153页。

〔30〕 ［古罗马］盖尤斯：《法学阶梯》，黄风译，中国政法大学出版社1996年版，第82页。

〔31〕 孟勤国、黄莹：《中国物权法的理论探索》，武汉大学出版社2004年版，第205页。

致利益受到侵害又无法获得法律救济。这种情况使得韩国有关机构不得不重新审视虚拟交易,最终在法律上承认了虚拟物品的合法性,虚拟交易也受法律保护。[32]

案例评介

(一)案情简介

李某某(男)和杨某某(女)于2011年11月因感情破裂在民政局办理离婚,双方对夫妻财产的处理方式是通过离婚协议书形式,并且将协议书在民政局进行了备案。双方约定离婚以后杨某某将淘宝网店转给李某某个人经营,还约定在实名制还没有变更时,一切事宜杨某某配合李某某办理。李某某为此支付给杨某某一定款项作为补偿。但是协议签订并办理离婚之后,杨某某没有依照协议约定履行自己的义务,还提取了支付宝账户中的款项。李某某于2012年起诉杨某某要求确认该淘宝网店归自己所有,并且返还从支付宝账户中取走的经营收益以及被转移的其他款项。

李某某诉称,原告和被告于2011年11月在民政局办理离婚,登记备案了《离婚协议书》。该《离婚协议书》中对淘宝网店的归属作出了明确的约定,由于该淘宝网店有实名认证为杨某某,所以杨某某要在该协议签订之后的7天内,将淘宝网店无条件转给李某某使用,其中包括提供淘宝网密码、提供客服旺旺密码、支付宝密码,支付宝招商银行卡和变更手机验证码。协议约定在未变更实名制手续期间,杨某某遵照淘宝店规定协助李某某办理经营网店需要的手续及其他相关事宜,如果不配合,李某某保留起诉的权利。协议中约定李某某分期支付杨某某补偿款,但是在协议签订之后李某某发现杨某某不仅没有履行协议约定,还修改了密码导致自己无法经营,甚至从支付宝中提取大量现金。故起诉要求确认双方所签订的《离婚协议书》有效,以及确认淘宝网店的归属,并要求杨某某返还从支付宝中转移走的经营收益和其他现金款项。

杨某某辩称,双方在登记结婚以后经常发生矛盾,感情已经完全破裂,而且原告还多次对自己实施家庭暴力,自己在无法忍受的情况下与原告签订了

〔32〕 杨立新、王中合:“论网络虚拟财产的物权属性及其基本规则”,载《国家检察官学院学报》2002年12月,第4页。

《离婚协议书》并且办理了离婚登记。自己之所以没有按照约定将网店转给原告李某某,是因为这个网店是自己实名认证的,而且与之相关联的支付宝、手机、银行卡、淘宝客服旺旺都为实名注册和认证,如果转为原告李某某经营便违反了淘宝网的服务规则和法律的强制性规定,客观上也无法履行。

(二)审理结果

一审法院判决认为双方的《离婚协议书》合法有效,并且应该按照该协议中约定的淘宝网店归李某某所有,根据淘宝网卖家实名认证流程进行操作,变更为李某某所有。杨某某履行协议约定支付李某某相应的补偿款,李某某返还从支付宝账户中转移的经营收益和其他款项。法定期限内,被告提出上诉。

(三)法理评析

本案是涉及离婚协议、虚拟财产的离婚案件,近年来通过离婚协议处理财产的案件逐渐增多,而由于网络的兴起,电子商务越来越融入普通百姓的生活,这导致虚拟财产成为新的引人关注的财产类型。本案中,双方在离婚协议约定了对淘宝网店的归属分配,但是由于一方未履行协议,导致双方产生争议诉诸法院,最终法院经过审理查明,判决双方履行协议内容,分割虚拟财产。本案的案情和法院裁决具有一定代表性,本文从以下三个方面加以剖析:

1. 离婚协议的效力

本案中,夫妻双方通过签订《离婚协议书》确定了淘宝网店的归属,在《离婚协议书》合法有效的情况下,应该根据《离婚协议书》的内容履行相应义务并享有相应的权利。原被告一方对协议书效力存在异议时应负担举证责任并承担举证不利的后果,比如本案中被告方提出是在被胁迫的情况下签订的离婚协议书,但是如果没有举证相应的情况存在,那么是不能得到支持的。

2. 虚拟财产也可属于夫妻共同财产

本案中的淘宝网店属于夫妻共同财产,虽然淘宝网店的自身属于虚拟财产、无形财产,但是这并不排除其仍然是财产的性质,只要是财产,自然是可以作为夫妻财产进行分割的。由于我国夫妻财产采取的约定制和法定制,所以夫妻在离婚时也可以选择对财产进行约定处理,当然虚拟财产也可以成为夫妻约定财产分割的对象,只不过虚拟财产因其独特的性质,具体约定、分割方式会有不同。

3. 淘宝网店所涉及的具体财产类型

淘宝网店涉及的具体财产类型主要包括实物财产和虚拟、无形财产。淘宝网店是开设在网络空间上的商店，既然是商店就有货物和资金，所以淘宝网店的具体实物财产类型首先包括网店需要流转的货物和运转的资金，这两部分属于传统的实物财产。当涉及实物财产的分割时，等同与传统夫妻共同财产的作价方法、分割方式，其中所包含的法律关系无非是债券和物权之内容，不会存在过大难度。但淘宝网店所涉及的最关键分割难点是网店的信誉等级和由此累积的客户群。在淘宝上经营网店时，信誉等级直接影响到网店的客流量和吸引度等，较高的信誉等级可以获得更高的关注度和搜索量从而提高交易额。所以如果在具体案件中需要分割淘宝网店，那么该淘宝网店的无形价值分割是难度最大的。

4. 淘宝网店的身份性质和财产性质

在本案中存在一个争议较大的问题，淘宝网店是否完全具有完全依附身份而存在的性质，它的财产性质是否应该完全依附于身份性质。笔者认为淘宝网店虽然是实名注册，但是其经营并非只是由实名注册这一个人完成，这时的实名注册更具备了一种符号意味，类似于名称性质的东西，实名注册的更深层次意义在于增加顾客的信任感和保障淘宝网正常管理的可能性和便利性，而并非法律层面的身份性质，这与夫妻婚姻关系存续期间个人的伤残赔偿金之类的身份性质财产是完全不同的内涵。

深度研究

1. 立法空白亟待解决

随着科技的发展，我国的经济生活方式也产生了变化，网络交易的兴起，大量网店的出现，不仅改变了人们的交易习惯，也促使家庭财产的构成产生了变化。但是我国并没有专门针对虚拟财产的立法，这对实践中的法律适用非常不利。除了本案中出现的淘宝网店分割以外，我国还出现过诸如游戏账号、QQ、手机号等新类型财产的分割、继承之争。如果没有专门的虚拟财产法律法规的出台，那么实务审判只能比照其他相关法律进行裁决，难免会出现偏差引发争议。

2. 虚拟财产估价难

虚拟财产权是一种新型的财产权，既具有传统财产权的共通特征，同时又有着自己特有的、新的属性。[33] 虚拟财产由于其虚拟性，导致作价评估难度大，淘宝网上的网店、网络游戏中的游戏账号均存在这个问题。法官作为法律专业人才，在法律的理解和适用方面具有一定的权威性，但是法官毕竟不是全才，在具体案件中比如医疗事故、工程造价等也需要启动鉴定程序，借鉴参考鉴定结论作为审理判决的依据，建议设立相应的对虚拟财产的评估鉴定程序手段，通过更加专业的方式方法评定虚拟财产的价值，最大限度地实现分割中的公平公正。

3. 第三方机构的配合

虚拟财产，由于其虚拟性，往往需要在一定的载体上得到体现，比如淘宝网店，需要在淘宝网这个平台上运营，除了要符合法律法规的规定，还得依照淘宝网的具体管理规则从事经营活动。比如本案中的网店实名制，按照淘宝网的规定网店是不能够转让的，但是根据离婚协议的约定及夫妻财产分割的相关原则，该网店并非存在法律层面的不可转让性，但是这两者之间仍然存在矛盾。如果在具体案例中法院判决淘宝网店属于夫妻共同财产涉及权属分配与登记名不一致情况，那么需要淘宝网的配合才能进行实名变更等业务的办理。所以实务中虚拟财产的处理，不仅影响到夫妻双方，还与第三方有紧密联系。上述问题在今后的理论研究、实务审判中均应注意并进行深入探讨，以期早日能出台具有实用性和前瞻性的法律法规、司法解释。而法院在处理新类型财产时也应该更加谨慎，正确把握裁判标准和尺度，避免由此损害到第三方利益。

六、宋某某诉白某某离婚纠纷一案（经济帮助）

知识背景

（一）经济帮助的概念

离婚救济制度的设立彰显了夫妻双方人格独立与平等的理念，致力于损害与救济之间的衡平，在离婚自由和社会正义之间架起了法律的桥梁。[34] 离婚时的经济帮助属于离婚救济制度，主要是指夫妻离婚时，因一方生活确有困

〔33〕 叶凯宏：“论虚拟财产之法律性质及其法律保护”，载《丽水学院学报》2006 年 4 月，第 11 页。

〔34〕 梁慧星：《民法总论》，法律出版社 1996 年版。

难,经双方协议或法院判决,由有条件的一方从其个人财产中给予另一方适当资助的制度。[35] 离婚的圆满解决离不开经济帮助的适用,这既保障了婚姻自主权的行使,也防止了因离婚增加而导致的一方生活困难继而引发的社会不安定。在经济帮助中,男女是平等受到保护的,任何一方只要符合应该得到经济帮助的条件,那么就同样享受接受经济帮助的权利。经济帮助的产生不以过错、过失为前提,而是一种客观的具有资助性质的帮助形式。

(二)经济帮助在法律中的规定

经济帮助的相关法律规定主要集中在《中华人民共和国婚姻法》和最高人民法院《关于适用〈中华人民共和国婚姻法〉若干问题的解释(一)》中,我国《婚姻法》第42条规定,“离婚时,如一方生活困难,另一方应从其住房等个人财产中给予适当帮助。具体办法由双方协议;协议不成时,由人民法院判决”。最高人民法院《关于适用〈中华人民共和国婚姻法〉若干问题的解释(一)》第27条规定,“婚姻法第四十二条所称一方‘生活困难’,是指依靠个人财产和离婚时分得的财产无法维持当地基本生活水平。一方离婚后没有住处的,属于生活困难。离婚时,一方以个人财产中的住房对生活困难者进行帮助的形式,可以是房屋的居住权或者房屋的所有权”。

(三)外国相关立法状况

美国和法国的经济帮助比较典型和完善,本文主要分析这两个国家的立法例。

1. 美国

美国的离婚抚养费具有类似经济帮助的性质,根据各州的不同规定,离婚扶养费大体可以分为四种不同的类型:临时性扶养费、永久性扶养费、恢复性扶养费、补偿性扶养费,[36]具体如下:

法院可以判给离婚配偶一方扶养费,只要发现请求方缺乏足够的财产来满足其生活需要,或者不能通过正当就业来维持生活,以及作为子女的监护人

---

〔35〕 陈苇主编:《婚姻家庭继承法学》,法律出版社2002年版,第371~372页。

〔36〕 张文杰:“离婚经济帮助制度研究”,吉林大学2010年硕士学位论文。

而子女的状况又不允许其离家工作。[37]

美国法律计算给付数额时考虑的因素主要包括:一是请求给付一方的需要。这种需要是产生扶养给付的前提条件,需要的多与少直接关系到扶养给付数额的确定。二是给付一方的支付能力。给付一方有无给付的能离以及给付能力的大小直接关系到扶养费的实现,如果给付一方没有给付的能力,即使请求给付的一方需求再多也无济于事,不可能真正的到落实。三是婚姻存续时间的长短。四是夫妻双方的年龄和健康状况。五是婚姻存续期间的生活水平。六是为了使请求给付一方获得适当的就业而必须接受的教育或者培训所需要的时间。[38]

在离婚扶养费变更问题上,法院有广泛的自由裁量权,标准为:离婚配偶的需要以及给付能力,但具体如何来对此加以衡量还并没有形成一致性的意见。[39] 当然这样的抚养费不能一直持续,法律中也规定了相应的终止的事由,主要包括一方当事人死亡、受领方再婚、受领方与他人的婚姻被宣告无效或者被撤销、受领方与他人同居。一旦出现以上事由,离婚抚养费终止给付。

2. 法国

法国对于离婚扶养制度的规定主要体现在补偿性给付、离婚后的救助义务以及离婚后的住房提供这三个方面。其中补偿性给付是离婚救济的最主要的形式。《法国民法典》第 270 条规定:“除基于共同生活破裂宣告离婚之情形外离婚即告终止该法典第二百一十二条规定的夫妻相互间的救助义务;但是,一方配偶得向另一方配偶支付旨在补偿因婚姻中断而造成的各自生活条件差异的补偿金。”在这里有个类似离婚后生活标准维持的概念存在,即离婚后也应该维持在婚姻关系存续期间的生活状态。

法国的离婚救助明确了主体,《法国民法典》第 281 条明确规定:“在因共同生活破裂宣告离婚的情况下,主动提出离婚的一方完全负有救助义务。”

关于住房帮助,法国规定了明确的帮助方式。据《法国民法典》第 285 条

---

〔37〕 Ira Mark Ellman, Paul M. Kurtzand Katharine T. Bartlett, Family Law: Cases, Text, Problems, The Miehie Com Pany Law Publishers, 1991, p. 265.

〔38〕 李俊:《离婚救济制度研究》,法律出版社 2008 年版。

〔39〕 参见[美]哈里·D. 格劳斯:《家庭法》(英文影印本),陈苇等译,法律出版社 1999 年版,第 412 页。

第1款的规定，如果家庭住房属于一方配偶的自有财产或归其个人所有，法官可于下列情形下判令将其租让给对方配偶：一是在由另一方配偶对一子女或数子女行使亲权时；或者在双方共同行使亲权的情况下，一子女或数子女惯常在此房内居住时。二是在宣告离婚是因作为住房所有人的一方配偶以共同生活破裂为理由提出请求时。在第一种情况下，法官应确定租让契约的时间，并可以延伸至最小子女成年为止；在第二种情况下，租约所订立的时间不得超过9年，但可依新作出的决定而延展。[40]

案例评介

（一）案情简介

宋某某（男）和白某某（女）是网友，通过网络相识不久后就确定了恋爱关系。双方于2007年11月登记结婚，均系再婚，婚后均未生育子女。由于婚前缺乏深入的了解，未建立起较为深厚的感情基础，婚后双方缺点不断暴露，频繁争吵，矛盾加剧，并且分居一年多。宋某某在北京有稳定职业，有婚前住房一套。白某某无业无稳定收入，而且无住房。宋某某曾在2008年10月提起过离婚诉讼，后经过法院调解后撤诉。宋某某在2009年5月又向法院提起离婚诉讼要求与白某某离婚。白某某称其对宋某某感到很失望，且不知道宋某某在结婚前就和其他女人共同生活并生育一子，还称宋某某曾于2009年3月对自己实施过家庭暴力。

宋某某称，原被告双方通过网络相识，之后确定了恋爱关系，并于2007年11月登记结婚，双方均系再婚，但是婚后未生育子女。由于婚前缺乏了解，双方也并未建立起相应的感情基础，导致婚后生活不幸福。双方的缺点在婚后不断暴露，两个人频繁的争吵打架，矛盾越来越深，感情已经完全破裂，双方也分居一年以上了。原告曾于2009年5月向法院提起过诉讼，经过法院调解撤诉，但撤诉之后双方感情并无实际改善，故再次起诉请求判决离婚。

白某某辩称，同意离婚，但是原告对自己伤害很大，双方在结婚时缺乏了解，原告向被告隐瞒了有其他女人和孩子的情况。并且婚后不承担任何家庭事务，没有任何家庭责任感。原告还于2009年3月对被告实施过家庭暴力行

〔40〕 张文杰：“离婚经济帮助制度研究”，吉林大学2010年硕士学位论文。

为,导致被告身心受伤。现在被告没有地方居住,没有稳定职业,没有收入,健康状况堪忧,要求原告宋某某给予经济帮助4万元。

(二)审理结果

一审法院经审理认为:原被告双方系自由恋爱、自主结婚,但因双方感情基础差,共同生活期间因性格差异产生矛盾致使感情破裂,宋某某曾与2008年10月提起过诉讼要求与白某某离婚,经过法院调解撤诉后双方关系并无实际改善。2008年8月双方开始分居该事实也得到双方认可。现双方均同意离婚,本院应予准许。庭审中,白某某称宋某某有第三者,并且对自己实施过家庭暴力,存在一定过错但是并未提供充分证据予以证明。庭审中查明财产状况,宋某某有婚前财产住房一套,白某某在京无住房也无稳定职业和收入来源,身体状况欠佳。离婚时,如一方生活困难,另一方应从其住房等个人财产中给予适当帮助。鉴于白某某目前没有住房,没有收入来源,宋某某应该给付宋某某适当经济帮助费,具体数额由本院酌定为贰万元。在法定期限内,双方均未提出上诉。

(三)法理评析

本案是涉及生活帮助金的离婚案件,近年来,该类型案件并不少见。本案中被告以没有住房、没有收入、身体不好原因提出要求经济帮助,法院根据具体情况予以酌定支持,本案案情和法院的裁决具有一定的代表性,本文从以下三个方面加以剖析:

1. 经济帮助的条件

(1)困难标准

我国规定的经济帮助采取的标准是绝对困难标准,即单纯依靠个人的财产或者离婚时所分割到的财产无法维持当地基本的生活水平或者没有住所。

(2)提出时间

关于经济困难的时间也有所要求,必须是在离婚当时存在经济困难,而不是离婚前或者离婚后,否则不符合经济帮助的限定条件即在离婚时的经济困难,否则也丧失了紧迫进行经济帮助的必要性和合理性。大多数国家的立法均要求配偶一方应于离婚诉讼中提出离婚后扶养的请求,只有少数国家还允许离婚配偶一方在离婚后仍可基于法定情况的出现而提请获得离婚后的扶养,如俄罗斯、日本。[41] 本案中,白某某在离婚时提出经济帮助,符合提出时间的限定。

(3)对方能力

经济帮助的提出不仅应该察看提出该项主张的当事人一方的经济能力和提出时间,还得考虑被提出经济帮助方的经济状况和能力,只有在被提出经济帮助人的当事人的财产状况允许的情况下(包括个人财产和离婚应该可能分得的财产),才能够进行对对方的经济帮助,并且即使进行经济帮助也不会导致自己的生存无法维持,否则有悖伦理道理。办案中宋某某有住房和稳定职业以及收入来源,具备提供经济帮助的条件。

2. 经济帮助的方式

1984年《民事意见》第14条对经济帮助的方式有所提及,即对离婚时生活暂有困难的离婚配偶,给予短期的或一次性的经济帮助,而对于结婚多年且年老病残、失去劳动能力而又无生活来源的离婚配偶,则由对方在居住和生活方面给予适当的安排。现行经济帮助的方式方法主要也是通过金钱、居住形式进行帮助,具体选择哪种形式在不同的案件中根据不同的困难形式有所区分。但是实践中金钱帮助明显多于房屋的居住帮助。

3. 经济帮助的限期

经济帮助的时间是比较灵活的,可以进行一次性的帮助,也可以月或年为时间单位定期帮助。具体在不同案件中根据当事人自身的意愿、双方的经济水平、收入能力、身体状况、年龄情况来确定。经济帮助并非没有期限的持续帮助,而是存在终止条件的。最高人民法院1984年《民事意见》第14条对离婚经济帮助的终止条件有所规定,即因为经济帮助的执行完毕或者被帮助者的再婚而终止。

深度研究

经济帮助在实践中需要注意的问题有以下几个方面:

(一)当事人提出经济帮助的案件数量少

在审判实践中,并非所有的案件当事人都会提出经济帮助,这与当事人的

〔41〕 李俊:《离婚救济制度研究》,法律出版社2008年版,第279页。

困难状况有关,也与当事人的法律知识和意识有关。具体原因有两点:第一,绝对困难的标准要求过于严格,如果当事人达到最低生活保障,那么不被视为生活困难,或者当事人难以举证自己符合最低困难标准。第二,当事人不了解不清楚该项法律规定,某些生活困难的当事人往往教育程度、文化水平都比较低,在进行离婚诉讼时,难以获悉相关的法律规定和知识,连离婚案件中的基本程序和情况都不甚了解,更别说关于经济帮助的规定了。所以法官应考虑在具体案件做区分对待,比如在当事人不符合绝对困难标准又确实生活较为困难的,考虑酌情要求对方提供经济帮助;对于恶意提出经济帮助的,及时发现并且教育批评;对于符合经济困难条件又未提出经济帮助条件的,探寻背后深层次原因区分当事人是因为知道该项规定而不愿提出,还是因为不了解该项规定而不能提出,根据不同的情况恰如其分地行使释明权。

(二)金钱帮助形式高于房产帮助形式

经济帮助的形式主要有金钱帮助和房产帮助两种形式,房产帮助的形式低于金钱帮助的形式。实践中,金钱具体数额没有明确的标准,大部分需要依据法官的裁量权,但是该项裁量权的行使在某些时候会因为双方当事人经济情况的未全面了解而不得已受到客观的限制。而房产帮助也存在相应的问题,虽然我国的经济不断发展,但是由于房价的高涨,一般生活水平的普通居民的房屋占有数量仍然较低,只有一套房屋或者没有房屋的居民数量仍然占绝大部分。尤其是北京近几年来,房价的节节攀升,导致离婚案件中夫妻双方对夫妻共同财产中的房产分割之争呈现白热化趋势,如果在经济帮助中频繁提供房屋所有权、使用权或者居住权的帮助,那么由此可能会引发新的问题。如果用金钱帮助形式解决没有房屋居住的经济困难问题,又会陷入由于租金过高,金钱帮助金额也较高的泥潭。

(三)经济帮助的因素应多元化

经济帮助不应该成为离婚案件中的“鸡肋”条款,经济帮助相关概念的提出以及立法意图具有极大的先进性和正面意义,但是笔者认为在经济帮助的大原则下,还应该增加经济帮助的因素参考,提高经济帮助的适用率和强化积极的后果。此处可以借鉴国外在进行离婚财产分割中的因素考虑,作为扩充法官自由裁量权的依据,并且灵活经济帮助的方式方法。建议在考虑经济帮助时，不光考虑到困难程度和对方能力，还可考量提出离婚主体，婚姻关系存续时间的长短，一方为婚姻财产、家庭生活所做的贡献，就业和谋生能力，子女抚养情况等，还有通过离婚后生活与离婚前生活差别不易过大标准进行恰当把握。

七、张某某诉李某某离婚纠纷一案（抚养）

知识背景

（一）抚养权的概念

抚养权是指父母对其子女的一项人身权利，抚养有婚生的抚养与非婚生的抚养之分，在现实生活中由于各种原因的出现与发生，导致父母对子女的抚养权得不到很好的保障。抚养权是从亲权中衍生的概念，亲权如同日本学者我妻荣先生所言：“人由于有父母子女的关系，从而发生各种各样法律上的效力。但是，父母子女关系有最重要效力，而且是与其他亲属关系有本质不同的父母子女关系的特有效力，恐怕是父母应该处于对未成年子女进行哺育、监护、教育的地位。”[42]

（二）婚姻法关于抚养权的规定

从我国《婚姻法》看，第36条规定了抚养和探视的相关事项，“父母与子女间的关系，不因父母离婚而消除。离婚后，子女无论由父或母直接抚养，仍是父母双方的子女。离婚后，父母对于子女仍有抚养和教育的权利和义务。离婚后，哺乳期内的子女，以随哺乳的母亲抚养为原则。哺乳期后的子女，如双方因抚养问题发生争执不能达成协议时，由人民法院根据子女的权益和双方的具体情况判决。行使探望权利的方式、时间由当事人协议；协议不成时，由人民法院判决。父或母探望子女，不利于子女身心健康的，由人民法院依法中止探望的权利；中止的事由消失后，应当恢复探望的权利。”

我国《婚姻法》第21—25、36、37、38条，《未成年人保护法》、《收养法》的有关条文以及最高人民法院《关于审理离婚案件处理子女抚养问题的若干具

〔42〕［日］我妻荣、有泉亨：《日本民法·亲属法》，夏玉芝译，工商出版社1996年版，第130页。

体意见》等若干个司法解释均对前述亲权核心内容作出具体规定，这些规定共同构成了我国目前亲权制度的全貌。从这个意义上可以说，我国已初步建立了实质意义上的亲权制度。[43]

（三）国外相关法律

世界范围内各个国家如何行使亲权，根据行使的主体不同主要有三种亲权行使主义。第一种是单独亲权主义即单方行使，顾名思义就是离婚时法院判决由父母单独一方独立行使亲权，比如法国、德国、日本。第二种是共同亲权主义即双方共同行使，即夫妻双方即使离婚也不加区分的对子女行使亲权，亲权的形式并不受离婚行为的影响。第三种是单独亲权主义与共同亲权主义的折中，即单独行使与共同行使的结合，第三种方式充分考虑到了亲权行使的灵活度，主要有我国台湾地区等。关于亲权行使方式的选择和变更，许多国家都经历过发展与变革，比如在美国，传统采取单一的单方监护模式，但到20世纪70年代中期，由于父母双方争夺监护权矛盾的激化导致产生了共同监护概念出现。到1995年全美有11个州的立法倾向于适用共同监护，采取推定共同监护有利于子女利益的立法模式，即推定共同监护有利于子女的最大利益，只要一方要求共同监护，且不存在不适合共同监护的情况，法院即判决共同监护。[44]

案例评介

（一）案情简介

张某某（男）、李某某（女）于2005年5月8日登记结婚，2007年3月2日生育一女，取名张小雅。张某某和李某某在举行婚礼时就由于双方习俗意见不一致等原因产生不和，后来又因为双方父母前来北京共同生活产生矛盾，最终导致夫妻感情破裂，并且从2010年3月开始分居。分居至今双方多次协商离婚事项，但是均没有达成一致意见。2010年7月张某某起向人民法院提起诉讼，希望判决双方离婚，分割夫妻共同财产，并判女儿张小雅由自己抚养，李

〔43〕 陈小君、易军：“亲权制度及其立法建构”，载《私法研究》（第1卷）。

〔44〕 夏吟兰：《美国现代婚姻制度》，中国政法大学出版社1998年版，第295页。

某某每月支付抚养费1500元。在诉讼进行过程中,双方对女儿张小雅的抚养权归属产生了巨大分歧。张某某在起诉之前将女儿张小雅从北京带回山东老家让其父母抚养,期间被告及父母五次奔赴山东进行看望,期间出现原被告双方及双方父母为争抢孩子大打出手的事件。

原告张某某诉称,2004年原被告双方经人介绍相识并且建立了恋爱关系,2005年5月8日登记结婚。2007年3月2日女儿张小雅出生,在起诉之时张小雅随原告方一起生活。在筹备婚礼的过程中,双方因为南北方差异、地域差异导致意见不合。在孩子出生以后,双方的父母为了照顾孩子来到北京与原被告一起生活,这导致了更多的矛盾发生,而被告不尊重原告的父母,加剧了原被告双方的感情破裂。被告李某某还可能与第三人有暧昧关系。双方认为没有和好的可能性了,从2010年3月开始分居。分居之后双方也多次协商离婚事宜,但是因为财产分割、子女抚养问题有分歧而未果,故起诉至法院请求判决原告和被告离婚,婚生女张小雅由原告抚养,判决被告每月支付孩子的抚养费1500元,并且依法分割夫妻共同财产。

被告李某某辩称,双方婚姻基础薄弱,从相识到结婚时间过短,婚前就没有建立起良好的感情基础。婚后双方沟通也不好,经常冷战,在孩子出生后原告对被告照顾不周,并且频繁因生活琐事与被告争吵,甚至当着女儿张小雅的面说出要离婚之类的狠话。原告不尊重被告的父母,总是干扰被告向自己父母尽孝道。关于女儿张小雅的抚养问题主张由被告抚养,因为被告注重育儿知识的学习,可以运用科学的方法教育培养女儿。被告还可以提供良好的女儿学习生活的条件,具备抚养女儿的经济基础,被告父母退休前均为干部,个人素质比较高,身体也很健康完全可以帮助抚养女儿。而原告方父母家在农村,生活条件卫生条件均达不到抚养女儿的条件。所以被告虽然同意离婚,但是坚决要求抚养女儿张小雅,由原告每月支付抚养费3500元。

(二)审理结果

一审法院经审理认为:原告与被告系夫妻关系,在婚姻关系存续期间缺乏基本的信任和尊重,由生活琐事导致矛盾不断升级,最终感情破裂。现原告张某某主张离婚,被告李某某同意离婚,本院应予准许。双方均主张对方对婚姻破裂存在过错,但是均未举出相应证据证明对方过错的存在,所以本院对两人该项主张不予采信。本院根据财产的具体情况,按照“照顾子女和女方权益”

的原则对争议财产进行判决。在双方均争夺子女抚养权时，依照子女利益优先的原则进行处理。双方均有稳定的职业和固定的收入，具备良好的抚养条件，但是离婚之前婚生女张小雅便已经跟随张某某的父母在山东生活，且双方在诉讼前和诉讼过程中均因抚养权和争抢子女产生严重矛盾，所以为了避免冲突对子女的再次伤害，本院本着有利于张小雅生活、成长环境稳定的原则，认为由张某某抚养为宜，李某某根据收入情况支付相应的抚养费。最后，法院根据《中华人民共和国婚姻法》第三十六条、第三十七条判决婚生女张小雅由张某某抚养。在法定上诉期间，被告提出上诉请求。

（三）法理评析

本案是涉及子女抚养权的离婚案件，近年来双方均争夺抚养权的案件并不少见。本案中，原被告双方均想获得抚养权，但考虑到孩子在离婚诉讼前就随原告生活较长时间，故判决原告获得抚养权，本案的案情和法院裁决具有一定代表性，本文从以下三个方面加以剖析：

1. 子女利益最大化原则的指导意义

本案在判决孩子的抚养权归属时，充分考虑到“子女利益最大化原则”，又称为“儿童利益最大化原则”，该原则是联合国1959年在《儿童权利宣言》中提出的保护儿童的原则。该宣言指出：儿童（注：特指18岁以下）应受到特别保护，并应通过法律和其他途径获得各种机会与便利，使其能在健康而正常的状态和自由与尊严的条件下，得到身体、心智、道德、精神和社会等方面的发展。当前，国际社会已普遍接受“儿童利益最大化原则”，许多国家在立法或司法中均明确规定了“儿童利益最大化原则”。[45] 幼年子女如果频繁的进行生活环境的变更，会感到不安定感和不稳定感，不利于健康成长，所以通常判决抚养权时，尽量考虑到维持稳定的生活环境，当然这个环境需要为一个健康良好的环境。

2. 抚养费的确定

我国《婚姻法》第37条规定：“离婚后，一方抚养的子女，另一方应负担必

〔45〕 如英国1989年《儿童法》第1条明确确立了“儿童最大利益优先原则”。澳大利亚1995年《家庭法改革法案》（Family Law Reform Act 1995）确立了“儿童最大利益优先原则”。美国1997年《收养和家庭保障条例》（ASFA · 1997）中也确立了“儿童最大利益优先原则”。

要的生活费和教育费的一部或全部,负担费用的多少和期限的长短,由双方协议;协议不成时,由人民法院判决。关于子女生活费和教育费的协议或判决,不妨碍子女在必要时向父母任何一方提出超过协议或判决原定数额的合理要求。”本案中将抚养权判给张某某,那李某某依法应当承担相应的抚养费。离婚夫妻任何一方只要有抚养能力,都应该以自己的收入抚养子女,不得逃避义务,而支付的原则就是保障子女的合法权益和正常生活学习。[46]

3. 探视权概念的引入

一方获得抚养权,另外一方获得有相应的探视权。探视权可以说是亲权的延伸。本案中,张某某获得了女儿张小雅的抚养权,那么在离婚之后,张小雅便随张某某生活,但是李某某根据法律的规定仍然可以探视张小雅。探视权,是指离婚后不直接抚养子女的父亲或母亲一方享有的对未成年子女探望、与其联系、会面、交往、短期共同生活的权利。从法理上看,这是基于亲权的一种派生权利,只要身份关系存在,探视权就应该是非直接抚养一方的权利。《婚姻法》第 38 条规定,“离婚后,不直接抚养子女的父或母,有探望子女的权利,另一方有协助的义务。行使探望权利的方式、时间由当事人协议;协议不成时,由人民法院判决。父或母探望子女,不利于子女身心健康的,由人民法院依法中止探望的权利;中止的事由消失后,应当恢复探望的权利。”

但是在实务中,如果享有抚养权的一方不予配合,那么享有探视权的一方对该项权利的实现是存在障碍的。

深度研究

1. 隐匿抢夺子女是对子女最大的伤害

实务中离婚案件,双方为了争夺抚养权,往往存在诉讼前或者诉讼前中隐匿抢夺子女的现象,这样做伤害最大的是子女。法院在裁判时虽然考虑到不改变子女生活的原则,但是也会根据具体案情比如居住时间和抚养能力等来进行裁判,而不是完全依据子女在哪方就判决给哪方的原则。对于严重的隐匿、抢夺子女行为,会依照民事诉讼法相应条款进行处理。实践中,还有的当事人将抚养权的争夺作为对对方不满情绪的报复或者财产分割的筹码,这样

〔46〕 郭立红:《冲突与平衡:婚姻法实践问题研究》,人民法院出版社 2005 年版,第 212 页。

做是不理智而且非常不利于子女成长的。

2. 抚养权的变更

子女抚养权的归属并非一成不变的，父母双方在离婚以后，在主客观条件发生变化时，可以根据父母双方具体情况或者子女的实际需求的变化，依法变更抚养权。如果双方达成一致意见，那么可以进行协议变更，如果不能达成一致意见，可以到法院进行起诉。根据最高人民法院《关于审理离婚案件处理子女抚养问题的若干意见》第16条规定，“一方要求变更子女抚养关系有下列情形之一的，应予支持：1. 与子女共同生活的一方因患严重疾病或因伤残无力继续抚养子女的；2. 与子女共同生活的一方不尽抚养义务或有虐待子女行为，或其与子女共同生活对子女身心健康确有不利影响的；3. 10周岁以上未成年子女，愿随另一方生活，该方又有抚养能力的；4. 有其他理由需要变更的。”

3. 探视权的延伸

我国《婚姻法》第38条规定，“父或母探望子女，不利于子女身心健康的，由人民法院依法中止探望的权利；中止的事由消失后，应当恢复探望的权利。”法律明确了探视权的目的。探视不仅是父母关心、爱护、抚养、教育子女的情感需要和现实需要，还密切了双方联系和增加亲密感，通过接触的频繁加深了解，最终达到子女健康成长的目的，即满足子女对父母完整的心理需求和提供子女亲情体验的机会，从某种程度上减轻家庭破碎带来的负面心理。所以父母在行使探视权时一定要注意方式方法，用理性行为来表达对子女的关心爱护，千万不能因为一己之念再对子女进行多次伤害。

4. 探视权实现的障碍

探视权的执行一直是理论界、实务界研究的重要问题之一，因为探视权是一种身份权，当直接抚养子女方不让对方探视孩子时，法院不可能用强制执行的手段来帮助不直接抚养孩子方行使探视权。因为强制执行只能是对拒不履行协助另一方行使探视权的有关个人和单位采取拘留、罚款等强制措施，而不能对子女的人身、探视行为进行强制执行。[47] 所以还期待更有效果的执行方式、方法的出现，真正保障探视权的实现，从根本上保障孩子的健康成长。

---

〔47〕 汤雯：“探望权制度的审思与完善”，载《扬州大学》2010年第7期。

图书在版编目(CIP)数据

“中国式离婚”调查报告 / 林建军主编. —北京 : 法律出版社, 2015.1

ISBN 978-7-5118-7404-7

Ⅰ. ①中… Ⅱ. ①林… Ⅲ. ①离婚—调查报告—中国 Ⅳ. ①D669.1

中国版本图书馆 CIP 数据核字(2014)第 307645 号

责任编辑/陈 慧 **装帧设计**/凌点工作室

出版/法律出版社 **编辑统筹**/法律教育出版分社
总发行/中国法律图书有限公司 **经销**/新华书店
印刷/北京嘉恒彩色印刷有限责任公司 **责任印制**/沙 磊

开本/720 毫米×960 毫米 1/16 **印张**/13.5 **字数**/220 千
版本/2016 年 7 月第 1 版 **印次**/2016 年 7 月第 1 次印刷

法律出版社/北京市丰台区莲花池西里 7 号(100073)
电子邮件/info@lawpress.com.cn **销售热线**/010-63939792/9779
网址/www.lawpress.com.cn **咨询电话**/010-63939796

中国法律图书有限公司/北京市丰台区莲花池西里 7 号(100073)
全国各地中法图分、子公司电话:
第一法律书店/010-63939781/9782 **西安分公司**/029-85388843 **重庆公司**/023-65382816/2908
上海公司/021-62071010/1636 **北京分公司**/010-62534456 **深圳公司**/0755-83072995

书号:ISBN 978-7-5118-7404-7 **定价:**32.00 元

(如有缺页或倒装,中国法律图书有限公司负责退换)